今注本二十四史

漢書

漢 班固 撰 唐 顏師古 注

孫曉 主持校注

中國社會科學出版社

三

紀【三】表【一】

漢書　卷八

宣紀第八^[1]

[1]【今注】案，宣紀，蔡琪本、大德本、殿本作“宣帝紀”。

　　孝宣皇帝，^[1]武帝曾孫，戾太子孫也。^[2]太子納史良娣，^[3]生史皇孫。^[4]皇孫納王夫人，生宣帝，號曰皇曾孫。生數月，遭巫蠱事，^[5]太子、良娣、皇孫、王夫人皆遇害。語在《太子傳》。曾孫雖在襁褓，^[6]猶坐收繫郡邸獄。^[7]而邴吉爲廷尉監，^[8]治巫蠱於郡邸，憐曾孫之亡辜，使女徒復作淮陽趙徵卿、渭城胡組更乳養，^[9]私給衣食，視遇甚有恩。

　　[1]【顔注】荀悦曰：諱詢，字次卿。詢之字曰謀。應劭曰：諡法“聖善周聞曰宣”。

　　[2]【顔注】韋昭曰：以違戾擅發兵，故諡曰戾。臣瓚曰：太子誅江充以除讒賊，而事不見明。後武帝覺寤，遂族充家，宣帝不得以加惡諡也。董仲舒書曰“有其功無其意謂之戾，有其功有其意謂之罪”（有其功，蔡琪本、大德本、殿本作“無其功”）。師古曰：瓚説是也。【今注】戾太子：即漢武帝長子劉據，因巫蠱之禍被廢殺，宣帝即位後諡爲“戾”。傳見本書卷六三。關於“戾”的意義，周壽昌《漢書注校補》卷四認爲，漢宣帝不當

以暴戾、乖戾、罪戾等意義作爲乃祖諡號。根據《說文》，“戾”有“曲”的意思，此處當言衛太子“身受曲戾不能自伸”之意。雖則如此，此諡號亦非美諡，衛太子亦未加帝號。這是因爲漢代去古未遠，承襲上古風俗，不如後世隆厚。今案，本書《戾太子傳》中稱戾太子死後，武帝“憐太子無辜”，則太子似已被平反，不當加惡諡，故臣瓚、顏師古、周壽昌有此疑惑。然張小鋒先生根據皇曾孫長期被羈押，直至武帝臨終之際方被赦免，指出戾太子在武帝末年並未被徹底平反（參見張小鋒《西漢中後期政局演變探微》，天津古籍出版社 2007 年版）。近人吳恂《漢書注商》更指出，戾太子殺江充、韓說，可視爲其伸冤泄憤，然其後忿然調動各處兵馬，驅趕四市百姓攻丞相劉屈氂，致死者數萬，“諡之爲戾，不亦宜乎”？吳氏所言甚是，事實上，戾太子先擅殺使者，後又大興刀兵，直接挑戰皇權，於武帝而言，實與造反無異。即令其巫蠱事冤枉，此行事亦絕難容於禮教與皇權。宣帝此時剛剛即位，並無實權，無力改變公論，諡爲“戾”實乃正常，無須曲解。

　　[3]【顏注】服虔曰：史，姓也。良娣，官也。師古曰：太子有妃，有良娣，有孺子，凡三等。娣音次弟之弟（次弟之弟，蔡琪本、大德本、殿本作“次第之第”）。

　　[4]【顏注】師古曰：以外家姓稱之，故曰史皇孫。【今注】史皇孫：名進，見本書《戾太子傳》。

　　[5]【今注】巫蠱：古代迷信活動，用巫術詛咒木偶人並埋入地下，用以害人。漢武帝晚年猜疑他人以巫蠱害己，殺戮頗多。丞相公孫賀及公主皆牽連被殺。征和二年（前91），武帝太子劉據懼“巫蠱”之罪名而起兵，與丞相劉屈氂大戰於長安城中，死者數萬。最終太子敗亡。史稱“巫蠱之禍”。詳見本書卷六《武紀》、卷六三《戾太子傳》、卷四五《江充傳》。

　　[6]【顏注】李奇曰：褯，絡也，以繒布爲之，絡負小兒。緥，小兒大藉也。孟康曰：緥，小兒被也。師古曰：褯即今之小

兒繃也。緵，孟説是也。禠音居丈反。緵音保。繃音補耕反。

[7]【顏注】如淳曰：謂諸郡邸置獄也。師古曰：據漢舊儀，郡邸獄治天下郡國上計者，屬大鴻臚。此蓋巫蠱獄繁，收繫者衆，故曾孫寄在郡邸獄。【今注】郡邸獄：漢時各郡國在京邸舍臨時設置的羈獄。屬大鴻臚。

[8]【顏注】師古曰：監者，廷尉之官屬。【今注】邴吉：字少卿，因此養育之恩，甚爲宣帝所親，後在宣帝朝得任丞相。傳見本書卷七四。殿本作“丙吉”。　廷尉監：職官名。廷尉屬官。分左、右監，秩均千石，主逮捕事。

[9]【顏注】李奇曰：復作者，女徒也。謂輕罪，男子守邊一歲，女子輭弱不任守，復令作於官，亦一歲，故謂之復作徒也。孟康曰：“復”音“服”，謂弛刑徒也，有赦令詔書去其鉗釱赭衣。更犯事，不從徒加，與民爲例，故當復爲官作，滿其本罪年月日，律名爲復作也。師古曰：孟説是也。趙徵卿淮陽人，胡組渭城人，皆女徒也。二人更遞乳養曾孫。而《邴吉傳》云郭徵卿。紀、傳不同，未知孰是。更音工衡反。【今注】復作：漢刑律名。犯者不服刑具，刑期一年。陳直《漢書新證》指出，舊有將“復作”視爲“女徒”的觀點不正確。《居延漢簡釋文》中有“復作大男籔市”“居延復作大男王建”的記載，可見男女徒一年刑者，皆可稱爲復作。　淮陽：郡名。治陳縣（今河南淮陽縣）。　趙徵卿：如顏注所言，《丙吉傳》載其名爲“郭徵卿”。周壽昌《漢書注校補》卷四認爲，之所以紀、傳所載姓氏不同，是因一爲家姓，一爲夫姓，故不相同。　渭城：縣名。屬右扶風，治所在今陝西咸陽市東北聶家溝。

　　巫蠱事連歲不決。至後元二年，[1]武帝疾，往來長楊、五柞宮，[2]望氣者言長安獄中有天子氣，上遣使者分條中都官獄[3]繫者，輕重皆殺之。[4]內謁者令郭穰夜至郡邸獄，[5]吉拒閉，使者不得入，曾孫賴吉得全。因遭大赦，吉迺載曾孫送祖母史良娣家。語在《吉》及《外戚傳》。

[1]【今注】後元二年：公元前 87 年。《漢書考正》劉攽認爲，後元二年無赦，此處當是將"後元年"誤爲"後元二年"。但吳仁傑《兩漢刊誤補遺》卷二指出，《武紀》有云"後元二年，行幸五柞宮"；《丙吉傳》亦稱"後元二年"武帝赴五柞，皇曾孫遭赦；是知此事確在二年。是歲兩赦，六月之赦在昭帝即位之後，二月之赦則記載在《丙吉傳》中。《武紀》失於記錄此事。後元，漢武帝年號（前 88—前 87）。

[2]【顏注】師古曰：長楊、五柞二宮並在盩厔，皆以樹名之。帝往來二宮之間也。"柞"字或作"莋"（莋，蔡琪本、大德本、殿本作"柞"），其音同。【今注】長楊：宮名。故址在今陝西周至縣東南。據《三輔黃圖·秦宮》記載，長楊宮本爲秦宮，漢承之。宮中有垂楊數畝，因爲宮名。 五柞：宮名。因宮中有五柞樹，故名。故址在今陝西周至縣東南。

[3]【顏注】師古曰：中都官，凡京師諸官府也。【今注】條：王先謙《漢書補注》指出，"條"爲"錄治"之意。 中都官獄：西漢的中都官獄爲朝廷列卿屬下的監獄，與三輔、郡國獄分屬不同。中都官獄或泛指中央機構的監獄，或專指武帝以降的特設"詔獄"（參見宋傑《西漢的中都官獄》，《中國史研究》2008 年第 2 期）。

[4]【今注】輕重：楊樹達《漢書窺管》根據《丙吉傳》的記載，認爲此處"輕重"二字前當有"亡"字。

[5]【顏注】師古曰：《百官表》云內者署屬少府。《續漢書·志》云掌宮中布張諸褻物。丁孚《漢官》云令秩千石，蓋當時權爲此使。【今注】内謁者令：《漢書考正》劉攽、劉敞皆認爲，

"謁"爲衍字，當爲"内者令"。《漢書考證》齊召南認爲，《丙吉傳》亦作"内謁者"，且據《百官表》，謁者署與内者署都屬於少府；"謁"或非衍字。周壽昌《漢書注校補》認爲，成帝建始四年（前29）將中書謁者令更名爲中謁者令，亦可稱内謁者令。内謁者令所指當即中書謁者令，這裏是史家據後來的官名追書此事。今案，察顔師古此注，其所見本爲"内者令"甚明，且本書卷六六《劉屈氂傳》亦云"内者令郭穰"，是知劉攽、劉敞其説可從。齊、周之説求之太深，反失其真。内者令所掌見顔注，中謁者令掌文書等事。　郭穰：郭穰卷入武帝末年巫蠱事頗深，除此事外，還曾在征和三年（前90）上告劉屈氂之妻，亦即李廣利之女詛武帝，以致劉屈氂全家被殺，李廣利降匈奴，宗族被誅滅。事見本書《劉屈氂傳》。有學者從鉤弋夫人身世及入宫背景入手，認爲告發劉屈氂、謀殺皇曾孫等事是支持鉤弋夫人的宦官集團與術士集團之陰謀，甚至戾太子之敗亦源於鉤弋集團與李氏集團之共謀，而鉤弋被迫自殺亦與謀殺皇曾孫未遂有關。此説雖乏確據，然從情理而言，可備一説。（參見孫景壇《蘇文應是漢武帝晚年"巫蠱之禍"的元凶》，《南京社會科學》2008年第10期；成祖明《漢帝國嗣君之爭與春秋史的書寫》，《齊魯學刊》2017年第3期）

後有詔掖庭養視，上屬籍宗正。[1]時掖庭令張賀嘗事戾太子，[2]思顧舊恩，[3]哀曾孫，奉養甚謹，以私錢供給教書。既壯，爲取暴室嗇夫許廣漢女，[4]曾孫因依倚廣漢兄弟及祖母家史氏。[5]受《詩》於東海澓中翁，[6]高材好學，然亦喜游俠，[7]鬥雞走馬，具知閭里奸邪，吏治得失。數上下諸陵，[8]周徧三輔，[9]常困於蓮勺鹵中。[10]尤樂杜、鄠之間，[11]率常在下杜。[12]時會朝請，舍長安尚冠里，[13]身足下有毛，臥居數有光燿。[14]每買餅，所從買家輒大讎，[15]亦以是自怪。[16]

[1]【顔注】應劭曰：掖庭，宮人之官，有令丞，宦者爲之。詔勅掖庭養視之，始令宗正著其屬籍。【今注】掖庭：也作“掖廷”。秦和漢初稱永巷，漢武帝更名掖廷。本指宮中旁舍，嬪妃、宮女居住的地方，因置掖廷令管理，故又爲官署名。屬少府，其長官稱令，另有副長官丞八人，掌後宮宮女及供御雜務，管理宮中詔獄等，由宦者擔任。　宗正：秦置，一説西周至戰國皆置，秦、漢沿置，管理皇族外戚事務。例由宗室擔任。列卿之一，秩中二千石。

[2]【今注】張賀：張安世之兄，因受戾太子巫蠱案之牽連而下腐刑，後爲掖庭令。事見本書卷五九《張安世傳》及卷九七上《外戚傳上》。

[3]【顔注】師古曰：顧，念也。

[4]【顔注】應劭曰：暴室，宮人獄也，今曰薄室。許廣漢坐法腐爲宦者，作嗇夫也。師古曰：暴室者，掖庭主織作染練之署，故謂之暴室，取暴曬爲名耳。或云薄室者，薄亦暴也。今俗語亦云薄曬。蓋暴室職務既多，因爲置獄主治其罪人，故往往云暴室獄耳。然本非獄名，應説失之矣。嗇夫者，暴室屬官，亦猶縣鄉之嗇夫也。曬音所懈反，又音所智反。【今注】暴室嗇夫：周壽昌《漢書注校補》認爲，除鄉嗇夫外，尚有上林苑嗇夫、厩嗇夫，並此暴室嗇夫，其秩大約相類。陳直《漢書新證》指出，《百官表》記載鄉有三老、有秩、嗇夫、游徼。嗇夫掌賦税，其“嗇”字疑爲“穡”字省文。九卿屬下之佐史，多借用嗇夫、游徼之名。《張釋之傳》所載上林虎圈嗇夫爲其例。縣吏中亦有嗇夫，如轑陽侯江德本爲圈厩嗇夫。樂浪漆器諸題名中有郡國工官中的嗇夫之名。樂府令有游徼，僅見於《張延壽傳》。從各種出土傳世漢廷銅器題名來看，漢宮中如掖庭、内者、宦者令各官署中，嗇夫之名尤

爲普遍，當爲宮廷佐史中之要職。此外，居延木簡還有"關嗇夫"的記載，性質與厩嗇夫相等。案，張賀本欲以其女孫嫁宣帝，而爲張安世所止。許廣漢女乃得嫁宣帝。霍光死後，許廣漢獲封平恩侯，在宣帝平滅霍氏的鬥爭中頗受倚重。事見本書卷九七上《外戚傳上》、卷六八《霍光傳》。

[5]【顔注】師古曰：倚音於綺反。【今注】案，因宣帝幼年之交往，宣、元兩朝外戚以許、史兩姓最爲煊赫，以致時人多以許、史代指外戚。

[6]【顔注】服虔曰：澓音馥。師古曰：東海人，姓澓，字中翁也。澓音房福反。中讀曰仲。【今注】東海：郡名。秦置，治郯縣（今山東郯城縣北）。

[7]【顔注】師古曰：喜音許吏反。

[8]【顔注】師古曰：諸陵皆據高敞地爲之，縣即在其側。帝每周游往來諸陵縣，去則上，來則下，故言上下諸陵。

[9]【顔注】師古曰：游行皆至其處。【今注】三輔：長安及周邊的三個郡級區劃，即京兆尹、左馮翊、右扶風（三者詳細解釋見後文注釋）。在十三州之外，由司隸校尉部負責監察。

[10]【顔注】如淳曰：爲人所困辱也。蓮勺縣有鹽池，縱廣十餘里，其鄉人名爲鹵中。蓮音輦。勺音灼。師古曰：如説是也。鹵者，鹹地也，今在櫟楊縣東（櫟楊，蔡琪本、殿本、大德本作"櫟陽"）。其鄉人謂此中爲鹵鹽池也。【今注】蓮勺：縣名。屬左馮翊，治所在今陝西渭南市臨渭區下邽鎮東北。

[11]【顔注】師古曰：二縣之間也。杜屬京兆，鄠屬扶風。鄠音扈。【今注】杜：縣名。屬京兆尹，治所在今陝西西安市東南。
鄠：縣名。屬右扶風，治所在今陝西西安市鄠邑區北。

[12]【顔注】孟康曰：在長安南。師古曰：率者，總計之言也。下杜即今之杜城。

[13]【顔注】文穎曰：以屬弟尚親，故歲時隨宗室朝會也。

如淳曰：春曰朝，秋曰請。師古曰：舍，止也。尚冠者，長安中里名。帝會朝請之時，即於此里中止息。請音才姓反。【今注】尚冠里：《三輔黃圖》云“三輔治所京兆，在故城南尚冠里”，然則尚冠里在長安城南。案，《東觀漢記》載劉秀“高才好學，然亦喜游俠，鬭雞走馬，具知閭里姦邪，吏治得失。時會朝請，舍長安尚冠里”，文字與此雷同。

[14]【顏注】師古曰：遍身及足下皆有毛。

[15]【顏注】師古曰：隴讀曰售。

[16]【今注】案，周壽昌《漢書注校補》指出，這段文字與高帝向王媼、武負買酒，“每酤留飲，酒讎數倍”相類。“自怪”亦與高帝“自負”相類。

元平元年四月，昭帝崩，毋嗣。大將軍霍光請皇后徵昌邑王。[1]六月丙寅，王受皇帝璽綬，尊皇后曰皇太后。癸巳，光奏王賀淫亂，[2]請廢。語在賀及光傳。[3]

[1]【今注】大將軍：戰國以來掌征伐的高級武官統稱，秦漢沿置，漢初爲臨時封號，位在三公後，事訖則罷，至漢武帝元朔五年（前124）封衛青爲大將軍後，乃爲掌武職的常置之官。漢武帝之後，章奏的拆讀與審議轉歸以大將軍爲首的尚書，分丞相權。霍光：霍去病之弟，昭、宣朝權臣。傳見本書卷六八。　皇后：即漢昭帝上官皇后，上官桀之孫女，霍光之外孫女。事見本書卷九七上《外戚傳上》。　昌邑：諸侯王國名。漢武帝以山陽郡置，治昌邑（今山東巨野縣南）。

[2]【今注】賀：劉賀，漢武帝孫，昌邑哀王髆子。元平元年（前74）漢昭帝死後，被迎立爲皇帝，二十七日而爲霍光以“淫亂”等罪名廢爲庶人。宣帝時復封爲海昏侯。

[3]【今注】案，除此二傳外，劉賀廢立事又散見於本書《五行志中之上》《五行志下之上》、卷六六《楊敞傳》、卷七二《王吉傳》、卷七五《夏侯勝傳》、卷七六《張敞傳》、卷八九《龔遂傳》。關於其廢立一事，古代學者考證、質疑頗多，相關材料可參見王健《略談傳統史論視閾下的劉賀立廢事件》（載《縱論海昏——"南昌海昏侯墓發掘暨秦漢區域文化"國際學術研討會論文集》，江西教育出版社 2016 年版）。近代以來，呂思勉《秦漢史》對此事曾有質疑，而今人廖伯源對此事之考證最爲詳細、系統，可詳參（參見呂思勉《秦漢史》，上海古籍出版社 2005 年版，第 135 頁；廖伯源《制度與政治——政治制度與西漢後期之政局變化》，中華書局 2017 年版）。隨着 2011 至 2015 年劉賀墓的發掘，劉賀的相關史事在近年來一度成爲熱點。綜括來看，劉賀之廢立主因實爲權力鬥爭，其罪名不可盡信。而霍光雖因權力鬥爭而廢昌邑王，然其主宰漢廷政務，内政外交皆極可稱，頗有順守之道，論者不當偏廢。

秋七月，光奏議曰："禮，人道親親故尊祖，尊祖故敬宗。[1]大宗毋嗣，[2]擇支子孫賢者爲嗣。孝武皇帝曾孫病已，[3]有詔掖庭養視，至今年十八，師受《詩》《論語》《孝經》，[4]操行節儉，慈仁愛人，可以嗣孝昭皇帝後，奉承祖宗，子萬姓。"[5]奏可。[6]遣宗正德至曾孫尚冠里舍，[7]洗沐，賜御府衣。[8]太僕以軨獵車奉迎曾孫，[9]就齊宗正府。[10]庚申，[11]入未央宫，[12]見皇太后，封爲陽武侯。[13]已而群臣奏上璽綬，[14]即皇帝位，謁高廟。[15]八月己巳，丞相敞薨。[16]

[1]【今注】案，此句出自《禮記·大傳》。
[2]【今注】案，大宗毋嗣，大德本、殿本作"大宗無嗣"。

王鳴盛《十七史商榷》卷九認爲，昭帝爲武帝之子，宣帝爲武帝曾孫，以宣帝繼嗣昭帝，亂了順序。關於“爲人後者爲之子”這套理論的出典、誤讀、影響及其在廢昌邑王立宣帝等事中的作用，可參見孫筱《從“爲人後者爲之子”談漢廢帝劉賀的立與廢》（《史學月刊》2016 年第 9 期）。

　　[3]【顏注】師古曰：蓋以凤遭屯難而多病苦，故名病已，欲其速差也。後以爲鄙，更改諱詢。【今注】病已：陳直《漢書新證》指出，“病已”即枚乘《七發》“霍然病已”之義，與去病、去疾等名亦相類。《景武昭宣元成功臣表》有“桀病已”之名。《漢印文字徵》中則有“艦病已”“王病已”“李病已”等印。今案，由陳直注可見“病已”之名之普遍，是以元康二年（前 64），以百姓上書多觸諱犯罪而改名，見後文。

　　[4]【今注】詩：指《詩經》，儒家五經之一。　論語：孔子及其弟子言論的彙編，由孔子門生及再傳弟子集録整理，是研究孔子及儒家思想的重要資料。　孝經：儒家講孝道之書，相傳爲曾子弟子所作。

　　[5]【顏注】師古曰：天子以萬姓爲子，故云“子萬姓”。

　　[6]【今注】可：王先謙《漢書補注》指出，這裏是皇太后詔“可”。

　　[7]【今注】德：劉德。楚元王之後，精於黄老之學，父劉辟彊善屬文，子劉向、孫劉歆皆爲西漢著名經學家、天文學家、目録學家，在成、哀之際整理群書，編爲《七略》，奠定了中國古代目録學的基礎。事見本書卷三六《楚元王傳》。

　　[8]【今注】賜御府衣：陳直《漢書新證》指出，《百官表》中，少府屬官有御府令丞，當即主尚衣事。

　　[9]【顏注】文穎曰：軨獵，小車，前有曲輿不衣也，近世謂之軨獵車也。孟康曰：今之載獵車也。前有曲軨，特高大，獵時立其中格射禽獸。李奇曰：蘭輿輕車也。師古曰：文、李二説

皆是。時未備天子車駕，故且取其輕便耳，非藉高大也。孟説失之。斡音鈴。【今注】太僕：周置，秦、漢沿置。掌皇帝專用車馬，兼管官府畜牧業。列位九卿，秩中二千石。

[10]【今注】齊：錢大昭《漢書辨疑》指出，此處"齊"讀"齋"。

[11]【今注】庚申：王先謙《漢書補注》指出，廢昌邑王在癸巳，至此，漢朝無君已二十七日。

[12]【今注】未央宫：漢正宫。在秦章臺基礎上修建，位於漢長安城地勢最高的西南角龍首原上，因在長安城安門大街之西，又稱西宫。（參見李毓芳《漢長安城未央宫的考古發掘與研究》，《文博》1995年第3期；陳蘇鎮《未央宫四殿考》，《歷史研究》2016年第5期）

[13]【顔注】師古曰：先封侯者，不欲立庶人爲天子也。【今注】陽武：縣名、侯國名。屬河南郡，治所在今河南原陽縣東南。

[14]【今注】案，奏，蔡琪本、大德本同，殿本作"奉"。

[15]【今注】高廟：即高祖廟，又稱"太祖廟"，是祭祀開國皇帝劉邦的宗廟。西漢新帝即位，須拜謁高祖廟，以宣示自己的合法性和正統性。霍光廢昌邑王時，即曾以"未見命高廟"爲由。惠帝時始設，地方諸郡國皆立。據《三輔黃圖》，京師高廟在長安城安門街東（參見劉慶柱、李毓芳《關於西漢帝陵形制諸問題的探討》，《考古與文物》1985年第5期）。

[16]【顔注】師古曰：楊敞也。【今注】敞：楊敞，霍光親信，司馬遷之婿。傳見本書卷六六。楊敞死後，御史大夫蔡義繼之爲相。

九月，大赦天下。十一月壬子，立皇后許氏。[1]賜諸侯王以下金錢，至吏民鰥寡孤獨各有差。皇太后歸長樂宫。[2]長樂宫初置屯衛。[3]

[1]【今注】許氏：即許廣漢女，漢宣帝結髮妻，元帝生母。

[2]【今注】長樂宮：本秦興樂宮，"周迴二十里"（《資治通鑑》卷一一《漢紀》太祖高皇帝五年胡三省注引程大昌《雍錄》）。漢高祖時擴建，改名長樂宮，在此視朝。漢惠帝以後爲太后寢宮。遺址在今陝西西安市西北漢長安故城東南隅。案，《資治通鑑》卷二四《漢紀》孝昭皇帝元平元年胡三省注指出，漢代太后一般居長樂宮。廢昌邑王時，太后入居未央宮，直至此時。現宣帝已立，太后乃歸長樂宮。何焯《義門讀書記》卷一五進一步指出，宣帝在七月即位，直至十一月太后纔歸長樂宮。這是鑒於昌邑王與霍光爭權之事而采取的措施。

[3]【今注】案，殿本無"長樂宮"三字。　初置屯衛：周壽昌《漢書注校補》指出，《高后紀》《武五子傳》皆有長樂宮衛的記載，是知長樂在漢初已置衛。不過，《百官表》有云"不常置"。當是置而旋廢，至此時又置之，故云"初置"。今案，長樂宮置屯衛亦當是霍光鑒於昌邑王之事而采取的措施。

　　本始元年春正月，募郡國吏民訾百萬以上徙平陵。[1]遣使者持節詔郡國二千石謹牧養民而風德化。[2]

[1]【顏注】文穎曰：昭帝陵。【今注】訾：資產。　平陵：縣名。治所在今陝西咸陽市西北。其地本屬槐里縣，割地以爲昭帝修建平陵，因陵爲縣。漢封泥有"平陵獄丞"。初屬太常管轄，元帝永光三年（前41）改屬右扶風。（參見劉慶柱、李毓芳《西漢十一陵》，陝西人民出版社1987年版）

[2]【顏注】師古曰：以德化被於下，故云風也。《詩序》曰"上以風化下"。【今注】二千石：因漢代所得俸祿以米穀爲準，故官秩等級以重量單位"石"名。漢朝二千石爲中央政府機構的列卿，及地方州牧郡守、諸侯王國相等。又可細分爲中兩千石、兩千

石、比兩千石三等。據《百官公卿表》顏師古注，中二千石者月各百八十斛，二千石者百二十斛，比二千石者百斛。根據張家山漢簡《秩律》與《新書》《史記》等傳世文獻，閻步克先生又指出漢初祇有二千石，並無中二千石等細分等級，最早的中二千石的記載出現在文帝死後景帝發布的詔書中。楊振紅先生則進一步認爲中二千石的官位是文帝時在賈誼的建議下設立的，是爲了區別漢廷官員與諸侯官員之地位。而早期中二千石官員亦不止《百官公卿表》所載諸官，如内史、主爵都尉均曾列於中二千石。（參見閻步克《〈二年律令·秩律〉的中二千石秩級闕如問題》，《河北學刊》2003年第5期；楊振紅《出土簡牘與秦漢社會（續編）》，廣西師範大學出版社2015年版，第51—57頁）

　　大將軍光稽首歸政，[1]上謙讓委任焉。論定策功，益封大將軍光萬七千户，車騎將軍光禄勳富平侯安世萬户。[2]詔曰：“故丞相安平侯敞等居位守職，[3]與大將軍光、車騎將軍安世建議定策，以安宗廟，功賞未加而薨。其益封敞嗣子忠及丞相陽平侯義、[4]度遼將軍平陵侯明友、[5]前將軍龍雒侯增、[6]太僕建平侯延年、[7]太常蒲侯昌、[8]諫大夫宜春侯譚、[9]當塗侯平、[10]杜侯屠耆堂、[11]長信少府關内侯勝[12]邑户各有差。封御史大夫廣明爲昌水侯，[13]後將軍充國爲營平侯，[14]大司農延年爲陽城侯，[15]少府樂成爲爰氏侯，[16]光禄大夫遷爲平丘侯。[17]賜右扶風德、[18]典屬國武、[19]廷尉光、[20]宗正德、[21]大鴻臚賢、[22]詹事畸、[23]光禄大夫吉、[24]京輔都尉廣漢[25]爵皆關内侯。德、武食邑。”[26]

［1］【今注】稽首：古代的一种跪拜禮，叩頭至地。

［2］【顔注】李斐曰：居光禄位，以車騎官號尊之（號，殿本作“号”），無車騎官屬。【今注】車騎將軍：漢初爲臨時將軍之號，因領車騎士得名，事訖即罷。武帝後常設，地位次於大將軍、驃騎將軍。武帝後常典京城、皇宮禁衛軍隊，出征時常總領諸將軍。文官輔政者亦或加此銜，領尚書政務，成爲中朝重要官員。關於張安世之執掌，錢大昭《漢書辨疑》認爲，李斐説有誤。張安世是以車騎將軍兼光禄勳，車騎非加銜，不可謂其無官屬。案，錢説是，後文有謂“其罷車騎將軍、右將軍屯兵”，是知張安世所任車騎將軍確有實權，非加銜。　光禄勳：秦稱郎中令，漢因之，武帝時更名光禄勳，掌宮掖門户。秩中二千石，位列九卿。　安世：張安世，張湯之子，霍光親信，其兄張賀於宣帝有舊恩。傳見本書卷五九。

［3］【今注】等：楊樹達《漢書窺管》認爲，祇有楊敞一人未賞而薨，敞下不當有“等”字。此“等”字或當在“車騎將軍安世”之下。案，此處論功，似該包括後文所封諸位功臣。“等”字或非衍，而後文“功賞未加而薨”前或缺一“敞”字。

［4］【顔注】師古曰：蔡義。【今注】陽平：侯國名。屬東郡，治所在今山東莘縣。　義：蔡義。本出霍光幕府，後爲昭帝講經而得擢拔，歷任少府、御史大夫，至此乃代楊敞爲相。傳見本書卷六六。

［5］【顔注】師古曰：范明友。【今注】明友：范明友，霍光女婿，漢昭帝元鳳三年（前78）冬征烏桓大勝，次年獲封平陵侯。事見本書卷六八《霍光傳》、卷九四上《匈奴傳上》。

［6］【顔注】師古曰：韓增。【今注】前將軍：官名。漢代有前、後、左、右將軍，漢武帝時始設，初爲大將軍出征時手下裨將臨時名號，事訖即罷，昭、宣以後常置，典掌禁兵，戍衛京師，或任征伐，皆“位上卿，金印紫綬”。　龍頟：侯國名。治所在今山

東齊河縣西北。武帝元朔五年（前 124）封韓説爲龍額侯，元鼎五年（前 112）國除。武帝後元元年（前 88）復置，成帝鴻嘉元年（前 20）國除。 增：韓增，一名曾。韓王信後裔，弓高侯韓頽當曾孫，按道侯韓説子。韓説爲戾太子所殺，嗣子復坐祝詛被殺，韓增乃得紹封。韓增在昭、宣二朝頗有戰功，得列麒麟閣，然其行事有"保身固寵，不能有所建明"之譏。參見本書卷三三《韓王信傳》、卷七《昭紀》顏師古注、卷一六《高惠高后文功臣表》、卷五四《蘇武傳》。

[7]【顏注】師古曰：杜延年。【今注】建平：侯國名。治所在今河南夏邑縣西南。 延年：杜延年。杜周之子，霍光親信，其子與宣帝交好。事見本書卷六〇《杜延年傳》。

[8]【顏注】師古曰：蘇昌。【今注】太常：又名"奉常"。主管祭祀社稷、宗廟和朝會、喪葬禮儀，管理皇帝陵墓、寢廟所在縣邑，每月巡視諸陵，兼管文教。 蒲：侯國名。屬琅琊郡。昌：蘇昌。漢武帝征和二年（前 91），故城父令公孫勇反，衣繡衣至陳留圉縣，爲尉史蘇昌等所擒，昌得封蒲侯。或言昌時爲圉小史，捕反者故越王子鄒起，而得封侯。昭帝元鳳四年任太常，宣帝地節四年（前 66），因受霍氏牽連而被免職。事見本書卷六《武紀》、卷一七《景武昭宣元成功臣表》、卷一九下《百官公卿表下》、卷九〇《田廣明傳》。

[9]【顏注】師古曰：王譚。【今注】諫大夫：漢武帝置，掌諫爭、顧問應對，議論朝政，無定員，秩比八百石。 宜春：侯國名。治所在今河南汝南縣西南。漢武帝元朔五年，封衛青子衛伉爲宜春侯，元鼎元年國除。昭帝元鳳四年，封王訢爲宜春侯。 譚：王譚，漢昭帝朝丞相王訢之子。事見本書卷六六《王訢傳》、卷一八《外戚恩澤侯表》。

[10]【顏注】師古曰：《功臣表》云魏不害以捕反者胡倩功封當塗侯，其子聖以定策功益封，凡二千二百户。今此紀言當塗

侯平，與表乖錯，未知孰是。或者有二名乎？【今注】當塗：侯國名。治所在今安徽懷遠縣南。漢武帝征和二年，封魏不害爲當塗侯。　平：魏不害之子。楊樹達《漢書窺管》據《霍光傳》，認爲"平"當作"聖"。依本書《田廣明傳》，胡倩爲田廣明所捕斬，而魏不害任圉縣守尉，因與蘇昌等同擒公孫勇而得封侯。表、傳不同，亦未知孰是。

[11]【顔注】蘇林曰：姓復陸，其祖父復陸支本匈奴胡也，歸義爲屬國王從驃騎有功，乃更封也。【今注】屠耆堂：錢大昭《漢書辨疑》認爲，此處與《霍光傳》皆衍"堂"字，當從《功臣表》作"屠耆"。屠耆堂爲匈奴右賢王（亦即握衍朐鞮單于），非杜侯。今案，屠耆堂本爲匈奴名之譯音，異人同名、同名異譯本極常見，錢説恐難成立。其祖父復陸支本爲匈奴因淳王，事見本書《景武昭宣元成功臣表》。

[12]【顔注】師古曰：夏侯勝。【今注】長信少府：漢景帝時更名長信詹事置，掌皇太后宮中事務，秩二千石。長信，本書《百官公卿表》張晏注認爲長信宮與長樂宮爲不同的兩宮。然《三輔黃圖》卷三"長樂宮"條下載有"長信宮"，爲太后常居之所。《資治通鑑》卷二四《漢紀》孝昭皇帝元平元年胡三省注進一步指出，據《百官公卿表》記載，平帝時"長信少府"改爲"長樂少府"。然則長信宮當爲長樂宮中的一座宮殿，爲太后所居之殿。　關內侯：秦置二十等爵，漢沿襲，關內侯爲第十九級，一般無具體封土而享受租税收入。　勝：夏侯勝，經學家。傳見本書卷七五。

[13]【顔注】師古曰：田廣明。【今注】御史大夫：丞相副貳，秩中二千石，協調處理天下政務，而以監察、執法爲主要職掌，爲全國最高監察、執法長官。主管圖籍秘書檔案、四方文書，百官奏議經其上呈，皇帝詔命由其承轉丞相下達執行，負責考課、監察、彈劾官吏，典掌刑獄，收捕、審訊有罪官吏等，或派員巡察地方，鎮壓事變，有時亦督兵出征。丞相缺位，常由其遞補。詳見

本書《百官公卿表上》。　廣明：田廣明。武、昭、宣時期酷吏、將軍，時以左馮翊代蔡義爲御史大夫。傳見本書卷九〇，事亦見本書《匈奴傳上》。

[14]【顏注】師古曰：趙充國。【今注】後將軍：官名。漢代有前、後、左、右將軍，漢武帝時始設，初爲大將軍出征時手下裨將臨時名號，事訖即罷，昭、宣以後常置，典掌禁兵，成衛京師，或任征伐，皆"位上卿，金印紫綬"。　充國：趙充國。武、昭、宣三朝名將。傳見本書卷六九。　營平：侯國名。屬濟南郡。漢宣帝本始元年（前73）始封。

[15]【顏注】師古曰：田延年。【今注】大司農：漢武帝改大農令置。掌管全國租賦收入和國家財政開支。秩中二千石，列位九卿。　延年：田延年。霍光親信，廢昌邑王時劍脅群臣，出力最多。傳見本書卷九〇，事見本書《霍光傳》。

[16]【顏注】師古曰：史樂成。【今注】少府：官名。漢代中央諸卿之一。爲皇帝私府，專管帝室財政及生活諸事。機構龐大，屬官繁多。秩中二千石。　樂成：史樂成，又作"使樂成""便樂成"，《霍光傳》載其出身云"使樂成小家子得幸將軍，至九卿封侯"，具體事迹不詳。相關記載見本書《外戚恩澤侯表》、卷六〇《杜延年傳》、卷六八《霍光傳》。

[17]【顏注】師古曰：王遷。【今注】光禄大夫：漢武帝時改中大夫置，掌論議。屬光禄勳，秩比二千石。　遷：王遷。事見本書《外戚恩澤侯表》。　平丘：侯國名、縣名。治所在今河南封丘縣東。

[18]【顏注】師古曰：周德。【今注】右扶風：秦及漢初設主爵中尉，掌列侯。漢武帝時改名右扶風，掌治内史右地，與左馮翊、京兆尹合稱三輔。治長安縣（今陝西西安市西北）。職掌相當於郡太守，因地屬畿輔，故不稱郡。周德元鳳六年任右扶風，見本書《百官公卿表下》。楊樹達《漢書窺管》云："王榮商云：於三輔

但賜右扶風者，前定策時，左馮翊即御史大夫田廣明，守京兆尹者即京輔都尉趙廣漢也。"

[19]【顏注】師古曰：蘇武。【今注】典屬國：官名。秦置，漢承之，掌蠻夷降者，即負責歸附少數民族事務，秩中二千石（一說二千石），銀印青綬，居列卿之位。 武：蘇武。衛青裨將蘇建之子，出使匈奴受困十九年，守節不降，終得返漢廷。傳見本書卷五四。

[20]【顏注】師古曰：李光。【今注】廷尉：戰國秦始置，秦、西漢沿置。主管詔獄。列位九卿，秩中二千石。 光：李光，元鳳六年任廷尉，見本書《百官公卿表下》。

[21]【顏注】師古曰：楚元王之曾孫，劉辟彊子（彊，蔡琪本作"疆"）。

[22]【顏注】師古曰：韋賢。【今注】大鴻臚：源自秦代負責少數民族事務的官職典客，漢景帝時更名爲大行令，武帝時復更名爲大鴻臚。因漢代施行郡國並行制，故除典客舊有職責外，大鴻臚還負責諸侯王的相關事務。列卿之一，秩中二千石。 賢：韋賢。本以經術任博士，後教授昭帝，被擢拔爲大鴻臚，後任丞相。傳見本書卷七三。

[23]【顏注】蘇林曰：畸音踦隻之踦。師古曰：宋踦也（踦，蔡琪本、大德本同，殿本作"畸"）。音居宜反。 【今注】詹事：負責爲皇后、太子服務的官吏。

[24]【顏注】師古曰：邴吉（邴吉，大德本、殿本作"丙吉"）。

[25]【顏注】師古曰：趙廣漢也。三輔郡皆有都尉，如諸郡。左輔都尉治高陵，右輔都尉治郿，京輔都尉治華陰灌比（比，殿本作"北"）。【今注】京輔都尉：漢武帝時置。佐助京兆尹掌典武職甲卒之官，置於漢武帝太初年間三輔形成後。秩比二千石。廣漢：趙廣漢。昭、宣朝能吏，時以京輔都尉守京兆尹。傳見本書

卷七六。

[26]【顏注】張晏曰：舊關內侯無邑也，以蘇武守節外國，劉德宗室俊彥，故特令食邑。【今注】食邑：錢大昕《廿二史考異·漢書一》指出，上文中，右扶風周德排在蘇武之前，宗正劉德排在蘇武之後。此處先德後武，則所指當爲周德，非劉德。且《劉德傳》無食邑之文，張晏説或誤。王先謙《漢書補注》指出，《韋賢傳》亦記載其以關內侯食邑，是知食邑不獨德、武。吳恂《漢書注商》認爲，韋賢食邑之事，若非記録有誤，或係之後復受食邑之賞。今案，張晏云“舊關內侯無邑”不確。本書《田廣明傳》載，武帝時，擒公孫勇之小史獲封關內侯，亦得食邑，則關內侯食邑雖爲特殊，然亦有舊例，不始於此。又，此詔中，封爵賞賜分爲若干檔，各檔分別與漢初除諸呂之大臣爲比，詳見本書《杜延年傳》。

　　夏四月庚午，地震。詔內郡國舉文學高第各一人。[1]五月，鳳皇集膠東、千乘。[2]赦天下。賜吏二千石、諸侯相、下至中都官、宦吏、六百石爵，各有差，[3]自左更至五大夫。[4]賜天下人爵各一級，[5]孝者二級，女子百户牛酒。[6]租税勿收。六月，詔曰：“故皇太子在湖，未有號謚。[7]歲時祠，其議謚，置園邑。”語在《太子傳》。秋七月，詔立燕剌王太子建爲廣陽王，[8]立廣陵王胥少子弘爲高密王。[9]

　　[1]【顏注】韋昭曰：中國爲內郡，緣邊有夷狄障塞者爲外郡。武帝時（武帝，蔡琪本、大德本、殿本作“成帝”。案，《成紀》載此事，當以“成帝”爲是），內郡舉方正，北邊二十三郡舉勇猛士（二十三，蔡琪本同，大德本、蔡琪本、殿本作“二十二”。案，《成紀》作“二十二”。）。

[2]【今注】膠東：國名。治即墨（今山東平度市東南）。千乘：郡名。治千乘（今山東高青縣東南）。

[3]【顏注】如淳曰：中都官宦吏，奄人爲吏者也。晉灼曰：凡職在京師者也。師古曰：二説皆非也。中都官（官，大德本、殿本作"官"），謂在京師諸官也。官吏（官，蔡琪本、大德本、殿本作"官"），諸奄官也。【今注】中都官：陳直《漢書新證》指出，《百官公卿表》稱諸侯王國都官如漢朝。都官猶衆官也，是知王國稱都官，漢廷則加稱爲中都官。　六百石：秦漢職官系統中，六百石是一個重要的分界綫，其各項待遇遠較其下各級爲高。二十等爵中，九級（五大夫）以上爵位衹有六百石以上官吏纔能被授予，是以後文有云"吏六百石位大夫，有罪先請，秩禄上通"。出土睡虎地秦簡亦云"六百石爲顯大夫"，是知六百石爲長吏與普通吏員之分界。參見楊振紅《秦漢官僚體系中的公卿大夫士爵位系統及其意義——中國古代官僚政治社會構造研究之一》（《文史哲》2008年第5期）。案，《漢書考正》劉敞指出，此次賜爵不及中二千石，是因宣帝即位時，九卿已皆爲關內侯。

[4]【顏注】師古曰：左更，第十二爵也。五大夫，第九爵也。更音工衡反。【今注】五大夫：漢承秦制，行二十等爵制，以酬軍功。具體爵名參見本書《百官公卿表上》。其中，從第一級公士至第八級公乘爲民爵，而第九級五大夫以上則爲官爵，普通民衆與下級吏員賜爵不過公乘，五大夫以上的爵位衹授予六百石以上的官員。故此處向諸官員賜爵之下限自五大夫起。漢興以來承平日久，賞封日濫，至漢末三國，吏民已普遍具有公乘爵，此爵制已名存實亡。參見錢大昭《漢書辨疑》、凌文超《漢初爵制結構的演變與官、民爵的形成》（《中國史研究》2012年第1期）。

[5]【今注】人：錢大昭《漢書辨疑》指出，"人"當作"民"。

[6]【今注】女子：《後漢書》卷三《章帝紀》李賢注云："《前書音義》：'蘇林曰，男賜爵，女子賜牛酒。姚察云，女子謂賜

爵者之妻.'《史記·封禪書》:'百户牛一頭,酒十石.'臣賢案:
此女子百户,若是户頭之妻,不得更稱爲户;此謂女户頭,即今之
女户也。天下稱慶,恩當普洽,所以男户賜爵,女子賜牛酒。"
百户牛酒:牛酒,牛和酒。古代用作饋贈、宴請、祭祀的物品。
"百户"指的是漢廷賞賜民間牛酒的標準。《史記·封禪書》云:
"賜民百户牛一,酒十石。"可見此句意當爲"每百户賞賜一頭牛、
十石酒"。因賜牛酒往往與賜爵、賜酺並行,因而有觀點認爲,牛
酒是用於賜爵之後的酒禮之會,其用意在於通過坐席的序列確立爵
位地位(參見[日]西嶋定生《中國古代帝國的形成與結構——
二十等爵制研究》第四章第三節《關於"女子百户牛酒"》,中華
書局 2004 年版;郭俊然《漢代賜牛酒現象探析》,《北方論叢》
2016 年第 6 期)。

[7]【顏注】師古曰:湖,縣名也。死於湖,因即葬焉。【今
注】湖:縣名。漢武帝時改胡縣置,屬京兆尹,治所在今河南靈寶
市西北。

[8]【顏注】師古曰:剌音來曷反。【今注】燕:諸侯王國
名。漢武帝以廣陽郡東部、北部置燕國,治所在薊(今北京市西
南部)。 廣陽:諸侯王國名。治所在薊(今北京市西南部)。

[9]【今注】廣陵:諸侯王國名、郡名。由故江都國部分地區
演變而來,治廣陵(今江蘇揚州市西北蜀崗上)。 高密:諸侯王
國名。改膠西郡置,治高密(今山東高密市西南)。案,《漢書考
證》齊召南指出,《漢興以來諸侯王年表》載封廣陽王的時間爲
"五月";封高密王的時間爲"十月",與《宣紀》皆在"七月"
不同。

二年春,以水衡錢爲平陵徙民起第宅。[1]大司農陽
城侯田延年有罪,自殺。[2]

　　[1]【顏注】應劭曰：水衡與少府皆天子私藏耳。縣官公作（公，殿本作"工"），當仰給司農，今出水衡錢，言宣帝即位爲異政也。晉灼曰：《食貨志》："初，大司農管鹽鐵，官布多，故置水衡，欲以主鹽鐵。及揚可告緡（揚，蔡琪本、大德本、殿本作"楊"），上林財物衆，乃令水衡主上林。上林三官，主鑄錢也。【今注】水衡：此處指水衡都尉的官府，即水衡都尉寺。水衡都尉，漢武帝元鼎二年（前115）置，掌皇家上林苑兼保管皇室財物及鑄錢，秩二千石。詳見本書《百官公卿表》。陳直《漢書新證》云："水衡省肉食獸，指上林苑中所養之諸獸，因水衡都尉官署設在上林苑，故總稱爲水衡。"案，中華書局1962年版《漢書》"平陵"後有逗號。然張焯《〈漢書〉標點一誤》（《史學月刊》1988年第2期）指出，"平陵"二字後不當標逗號。平陵爲昭帝陵，彼時早已建好，昭帝也已下葬。此處用水衡錢是在爲遷徙至平陵的移民建住宅。張説是，從之。

　　[2]【顏注】師古曰：坐增僦直而自入。【今注】案，田延年自殺事見本書卷九〇《酷吏傳》。

　　夏五月，[1]詔曰："朕以眇身奉承祖宗，夙夜惟念孝武皇帝躬履仁義，選明將，討不服，匈奴遠遁，[2]平氏、羌、昆明、南越，百蠻鄉風，[3]款塞來享；[4]建太學，修郊祀，定正朔，協音律；封泰山，[5]塞宣房，[6]符瑞應，[7]寶鼎出，[8]白麟獲。[9]功德茂盛，不能盡宣，而廟樂未稱，[10]其議奏。"有司奏請宜加尊號。六月庚午，尊孝武廟爲世宗廟，[11]奏盛德、文始、五行之舞，[12]天子世世獻。武帝巡狩所幸之郡國，皆立廟。賜民爵一級，女子百户牛酒。

[1]【今注】五月：荀悦《漢紀》作"四月"。郜積意《〈史記〉〈漢書〉年月考異》（上海古籍出版社 2015 年版，第 136 頁）認爲，根據下文"六月庚午"的記載，似當爲"四月"。

[2]【今注】匈奴：秦漢時期北方游牧民族。戰國時，分布於秦、趙、燕以北的地區。秦朝時，爲蒙恬擊敗而北遷。秦末至漢初，匈奴陸續統治了大漠南北及河西走廊地區。武帝時，被衛青、霍去病等所敗，退守漠北，故此處稱"遠遁"。傳見本書卷九四。

[3]【顏注】師古曰：鄉讀曰嚮也。【今注】氐：古族名。西漢前期活動在今陝西西南、四川北部、甘肅南部一帶，以畜牧及農耕爲業。　羌：西北古族名。西漢時主要分布在今青藏高原邊緣的青海、甘肅及四川等地，以游牧爲主業，兼務農作。部族衆多，不相統屬。　昆明：古族名。在今雲南大理市洱海一帶。事見本書卷九五《西南夷傳》　南越：一作"南粵"。國名。都番禺（今廣東廣州市番禺區）。秦始皇統一六國後，進軍嶺南，設桂林、南海、象郡三郡。秦末天下大亂，南海龍川令趙佗乃割據三郡，稱南越王。高帝十一年（前 196），封趙佗爲南越王。在漢初，南越一度與匈奴並稱，被視爲漢廷强敵。武帝元鼎五年（前 112），南越國相吕嘉殺國王和漢使，武帝派兵征討平定。傳見本書卷九五。

[4]【顏注】應劭曰：款，叩也，皆叩塞門来服從也。如淳曰：款，寬也。請除守塞者，自保不爲寇害也，故曰款五原塞。師古曰：應説是也。此况説夷狄来賓之事，非呼韓邪保塞意（蔡琪本、大德本、殿本結尾處有"也"字）。

[5]【今注】封泰山：古代帝王在泰山頂上築土爲壇祭天，在泰山脚下的梁父山築壇祭地，即"封禪"。

[6]【顏注】蘇林曰：隄名，在東郡界。李斐曰：決河上宫名也。張晏曰：瓠子隄名。師古曰：蘇、張二説皆是。【今注】宣房：漢武帝元光三年（前 132），黄河決於瓠子（古河堤名，在今河南濮陽市西南）。二十餘年後，元封二年（前 109），武帝祠泰

山，臨決河，命從臣將軍以下負薪塞決河，卒塞瓠子，築宮其上，名曰宣房。

［7］【今注】符瑞：吉祥徵兆。

［8］【今注】寶鼎出：漢武帝元鼎元年，得鼎於汾水。元鼎四年，復得寶鼎於后土祠旁。事見本書卷六《武紀》、卷六四上《吾丘壽王傳》。

［9］【今注】白麟獲：元狩元年（前122），漢武帝赴雍祠五畤時獲白麟，作《白麟之歌》。事見本書《武紀》。

［10］【顏注】師古曰：稱，副也。

［11］【今注】六月庚午尊孝武廟爲世宗廟：郜積意《〈史記〉〈漢書〉年月考異》（第136頁）指出，是年六月甲申朔，無庚午。此六月庚午事爲尊武帝廟爲世宗廟，與上文五月詔書議武帝廟樂相接。荀悦《漢紀》載議廟樂事在“四月”，則此“六月”，或當作“五月”。

［12］【顏注】應劭曰：宣帝復采昭德之舞爲盛德舞，以尊世宗廟也。諸帝廟皆常奏文始、四時、五行舞也。

匈奴數侵邊，又西伐烏孫。烏孫昆彌及公主因國使者上書，[1]言昆彌願發國精兵擊匈奴，唯天子哀憐，出兵以救公主。秋，大發興調關東輕車銳卒，[2]選郡國吏三百石伉健習騎射者，皆從軍。[3]御史大夫田廣明爲祁連將軍，[4]後將軍趙充國爲蒲類將軍，[5]雲中太守田順爲虎牙將軍，[6]及度遼將軍范明友、前將軍韓增，凡五將軍，兵十五萬騎，校尉常惠持節護烏孫兵，[7]咸擊匈奴。

［1］【顏注】師古曰：昆彌，烏孫王之號也。國使者，漢朝

之使也。【今注】烏孫：西域大國。元狩末元鼎初，漢武帝命張騫二使西域，是爲兩國交好之始。傳見本書卷九六下。　昆彌：一譯昆莫，烏孫王號。　公主：此指參與七國之亂而自殺的楚王戊孫女解憂公主。事見本書卷九六下《西域傳下》。案，通西域後，武帝用張騫策交好烏孫以禦匈奴，而烏孫亦迫於匈奴軍事壓力提出和親。元封六年（前105），以江都王建（武帝侄，以謀反罪自殺）女細君爲公主，嫁烏孫昆彌獵驕靡，復嫁其孫軍須靡，軍須靡後即位爲昆彌。細君死後，漢乃以解憂公主嫁軍須靡。軍須靡死後，其堂兄弟翁歸靡立爲昆彌，復尚解憂公主。此時匈奴侵烏孫，乃有解憂公主上書一事。事見本書卷六一《張騫傳》、卷九四上《匈奴傳上》、卷九六下《西域傳下》。

［2］【顏注】師古曰：調亦選也。銳，利也，言其勇利也。調音徒釣反。【今注】關東：函谷關或潼關以東地區。

［3］【顏注】師古曰：伉，強也，音口浪反。

［4］【顏注】應劭曰：祁連，匈奴中山名也。諸將分部，廣明值此山，因以爲號也。師古曰：祁音上夷反。【今注】祁連：祁連山。今甘肅西部和青海東部邊境山地之總稱，因在河西走廊南，亦稱南山。自霍去病奪取河西後，該地已非匈奴所有，應劭所言不確。

［5］【顏注】應劭曰：蒲類，匈奴中海名也，在燉煌北（燉，蔡琪本、大德本、殿本作“敦”）。晉灼曰：《匈奴傳》有蒲類澤。師古曰：晉說是也。【今注】蒲類將軍：官名。漢代雜號將軍之一。蒲類，古湖澤名。在今新疆巴里坤哈薩克自治縣西巴里坤湖。漢初爲匈奴右部地，漢廷取以爲將軍名號。

［6］【今注】雲中：郡名。治雲中（今内蒙古托克托縣古城村）。　太守：職官名。漢地方郡的最高長官。原稱郡守。漢景帝中二年（前148）更爲現名，秩二千石。　田順：故丞相田千秋子。事見本書卷六六《車千秋傳》。

[7]【今注】常惠：漢武帝天漢元年（前100）隨蘇武出使，困於匈奴十九年，昭帝始元六年（前81）得與蘇武同返漢廷，封光禄大夫。事見本書卷五四《蘇武傳》、卷七〇《常惠傳》。

三年春正月癸亥，皇后許氏崩。戊辰，五將軍師發長安。夏五月，軍罷。祁連將軍廣明、虎牙將軍順有罪，下有司，皆自殺。[1]校尉常惠將烏孫兵入匈奴右地，[2]大克獲，封列侯。[3]大旱。[4]郡國傷旱甚者，民毋出租賦。[5]三輔民就賤者，且毋收事，盡四年。[6]六月己丑，[7]丞相義薨。[8]

[1]【顔注】晉灼曰：田千秋子也。廣明坐逗留，順坐增虜獲。【今注】案，田廣明、田順被殺事見本書卷六六《車千秋傳》、卷九〇《田廣明傳》、卷九四上《匈奴傳上》。

[2]【今注】右地：王先謙《漢書補注》指出，右地爲右谷蠡王庭。

[3]封列侯：郜積意《〈史記〉〈漢書〉年月考異》（第136頁）指出，根據《景武昭宣元成功臣表》，常惠在本始四年（前70）四月封侯。這裏是敍其建功事，連及言之。

[4]【今注】大旱：關於旱災範圍，王先謙《漢書補注》指出，《五行志》云“東西數千里”。

[5]【今注】案，賦，蔡琪本作“税”。

[6]【顔注】晉灼曰：不給官役也。師古曰：收謂租賦也，事謂役使也。盡本始四年而止。

[7]【今注】六月己丑：《資治通鑑》卷二四《漢紀》孝昭皇帝元平三年《考異》指出，荀悦《漢紀》記此時間爲“乙丑”，誤，當以《宣紀》爲是。今案，查諸張培瑜《三千五百年曆日天

象》（大象出版社 1997 年版），本始三年六月己卯朔，己丑爲第十
一日，無乙丑。確當以己丑爲是。

[8]【顏注】師古曰：蔡義。【今注】義：蔡義。本書卷六六
《蔡義傳》云“議者或言光置宰相不選賢，苟用可顓制者”。今案，
蔡義死後，魏相繼之爲相。參見本書《蔡義傳》、卷九〇《田延年
傳》。

　　四年春正月，詔曰：“蓋聞農者興德之本也，今歲
不登，已遣使者振貸困乏。其令太官損膳省宰，[1]樂府
減樂人，[2]使歸就農業。丞相以下至都官令丞[3]上書入
穀，輸長安倉，助貸貧民。民以車船載穀入關者，[4]得
毋用傳。”[5]

[1]【顏注】師古曰：膳，具食也，食之善者也。宰爲屠殺
也。省，減也。《漢儀注》：“太宰令屠者七十二人，宰二百人。”
【今注】太官：陳直《漢書新證》指出，根據《百官表》，太宰令
屬太常，太官令屬少府，顏注誤以二者爲一。根據《漢舊儀》的記
載，“太官主飲酒，皆令丞治，與湯官各奴婢三千人”。

[2]【今注】樂府：陳直《漢書新證》根據《百官表》《禮樂
志》指出，樂府令屬少府，樂府之樂人共有八百二十九人。又《北
堂書鈔》卷五五引桓譚《新論》，稱其在成帝時爲樂府令，所領倡
優伎樂，“蓋有千人”。今案，本書《禮樂志》稱武帝定郊祀之禮
後，“乃立樂府，采詩夜誦，有趙、代、秦、楚之謳”。然其前文又
云“孝惠二年，使樂府令夏侯寬備其簫管，更名曰安世樂”，蓋樂
府之職當係先秦舊官，至武帝時規模、執掌多有擴充耳。樂府之建
制見本書《百官公卿表上》。

[3]【顏注】師古曰：都官令丞，京師諸署之令丞。

[4]【今注】關：此處主要指關東物資進出關中的關隘，據張

家山漢簡《二年律令·津關令》所載，主要有扞關、鄖關、函谷關、武關、臨晉關五關，宣帝時當亦類似。（參見王子今、劉華祝《説張家山漢簡〈二年律令·津關令〉所見五關》，《中國歷史文物》2003 年第 1 期）

[5]【顏注】師古曰：傳，傳符也。欲穀之多，故不問其出入也。傳，音張戀反。【今注】得毋用傳：即廢除出入關檢查身份證明的制度。案，周壽昌《漢書注校補》認爲，後世關津不税穀米的制度由此而來。

　　三月乙卯，[1]立皇后霍氏。[2]賜丞相以下至郎吏從官金錢帛各有差。赦天下。夏四月壬寅，郡國四十九地震，或山崩水出。[3]詔曰：“蓋災異者，天地之戒也。朕承洪業，奉宗廟，託于士民之上，未能和群生。迺者地震北海、琅邪，[4]壞祖宗廟，朕甚懼焉。丞相、御史其與列侯、中二千石博問經學之士，有以應變，[5]輔朕之不逮，毋有所諱。[6]令三輔、太常、内郡國舉賢良方正各一人。[7]律令有可蠲除以安百姓，條奏。被地震壞敗甚者，勿收租賦。”大赦天下。上以宗廟墮，素服，避正殿五日。[8]五月，鳳皇集北海安丘、淳于。[9]秋，廣川王吉有罪，[10]廢遷上庸，[11]自殺。

　　[1]【今注】案，查諸張培瑜《三千五百年曆日天象》，本始四年（前 70）二月乙亥朔，無乙卯。三月乙巳朔，乙卯爲第十一日。當以“三月”爲是。

　　[2]【今注】皇后霍氏：即霍光之女。事見本書卷九七上《外戚傳上》。

　　[3]【今注】案，王先謙《漢書補注》指出《五行志》亦有對

此事較爲詳細的記載。

[4]【今注】北海：郡名。西漢時治營陵（今山東昌樂縣東南）。 琅邪：郡名。秦置，西漢時治東武縣（今山東諸城市）。

[5]【顏注】師古曰：謂禦塞災異也。

[6]【今注】案，楊樹達《漢書窺管》指出，此詔書又見於《夏侯勝傳》。今案，《夏侯勝傳》爲詔書節録，録至“毋有所諱”而止。

[7]【今注】賢良：選舉科目。始於漢文帝，常與方正、文學、能直言極諫者連稱，也稱賢良文學、賢良方正。

[8]【顏注】師古曰：墮者，毀也，音火規反。

[9]【顏注】師古曰：二縣皆屬北海郡。【今注】安丘：縣名。屬北海郡，治所在今山東安丘市西南。 淳于：縣名。亦屬北海郡，治所在今山東安丘市東北杞城。

[10]【今注】廣川：諸侯王國名。治信都（今河北衡水市冀州區）。 吉：《漢書考正》宋祁指出，“廣川王吉”之“吉”，有的版本作“去”字。錢大昭《漢書辨疑》指出，廢遷罪名爲烹其夫人，不道。表、傳及荀悦《漢紀》中，“吉”皆作“去”。今案，劉去，景帝子劉越之後。傳見本書卷五三。

[11]【今注】上庸：縣名。屬漢中郡，治所在今湖北竹山縣西南。

地節元年[1]春正月，有星孛于西方。[2]三月，假郡國貧民田。[3]夏六月，詔曰：“蓋聞堯親九族，以和萬國。[4]朕蒙遺德，奉承聖業，惟念宗室屬未盡而以罪絶，若有賢材，改行勸善，其復屬，使得自新。”[5]冬十一月，楚王延壽謀反，自殺。[6]十二月癸亥晦，[7]日有食之。[8]

[1]【顏注】應劭曰：以先者地震，山崩水出，於是改元曰地節（元，蔡琪本、大德本、殿本作"年"），欲令地得其節。【今注】地節元年：居延漢簡發現有標有"本始六年三月"之文牘，故王國維認爲，地節元年乃至二年皆爲後來追改。辛德勇則進一步認爲，此事與當時政治形勢有很大關係，本始六年亦即地節二年，霍光去世，宣帝親政，追改年號爲地節，暗含對霍氏家族之警告（參見辛德勇《建元與改元——西漢新莽年號研究》，中華書局2013年版）。案，沈欽韓《漢書疏證》引《風俗通·正失篇》，增補是年刑罰情況——斷獄四萬七千餘人。

[2]【今注】孛：一般指彗星，有時也可能指新星和超新星。《高紀》李奇注、《文紀》文穎注皆認爲"孛"有除舊布新之寓意。

[3]【顏注】師古曰：權以給之，不常與。

[4]【顏注】師古曰：《尚書·堯典》云："克明俊德，以親九族。九族既睦，平章百姓。百姓昭明，協和萬邦。"故詔引之。

[5]【顏注】師古曰：復音扶目反。

[6]【今注】案，楚王延壽因黨附武帝子廣陵王劉胥而獲罪，事見本書卷三六《楚元王傳》。

[7]【今注】晦：農曆每月最末一日。

[8]【今注】日有食之：蔡琪本、大德本、殿本作"日有蝕之"。查諸日食表，公元前68年2月13日，亦即地節元年十二月癸亥晦確有日食，西安地區食甚時刻爲下午5時42分，食分僅爲0.07（參見張培瑜《三千五百年曆日天象》）。與此記載相合。

二年春三月庚午，[1]大司馬大將軍光薨。[2]詔曰："大司馬大將軍博陸侯[3]宿衛孝武皇帝三十餘年，輔孝昭皇帝十有餘年，遭大難，躬秉義，率三公、諸侯、九卿、大夫定萬世策，以安宗廟。天下蒸庶，咸以康寧，[4]功德茂盛，朕甚嘉之。復其後世，疇其爵邑，[5]

世世毋有所與。[6]功如蕭相國。"夏四月，鳳皇集魯，[7]群鳥從之。[8]大赦天下。

[1]【今注】春三月庚午：霍光去世時間，荀悦《漢紀》記錄爲"正月庚午"。郜積意《〈史記〉〈漢書〉年月考異》（第136頁）認爲，霍禹受封在二三月間，而其受封又在霍光去世之前，證明《漢紀》有誤。今案，郜氏以《霍光傳》爲據，認爲霍禹封右將軍在霍光生前。然荀悦《漢紀》叙霍禹爲右將軍又在霍光薨後，與《霍光傳》相反。然則郜氏之證僞邏輯不成立，由此難以確定荀説必誤。然荀悦"正月庚午"之説既爲孤證，成書又在後，且未説明理由，而"三月庚午"之説則在《漢書·百官公卿表》《史記·漢興以來將相名臣年表》皆有記載，當可從之。

[2]【今注】大司馬：《周禮》中所載的夏官之長，掌武事。漢初承秦制，以太尉爲武官之長，且亦不常置，更不設大司馬一職。漢武帝於元狩四年（前119）漠北大捷後，設大司馬爲加官，分別封衛青、霍去病。自霍光封大司馬大將軍之後，此職乃成爲常置固定之職。自霍光以來，秉政之貴戚大臣，多在大將軍、衛將軍或車騎將軍之前冠以大司馬，成爲内朝官之領袖。成帝時改官制，又以此職比附漢初之太尉，成爲三公之一。

[3]【顏注】師古曰：尊之，故不名。

[4]【顏注】師古曰：蒸庶，衆人也（殿本作"蒸衆，庶人也"）。康，安也。

[5]【顏注】張晏曰：律，非始封，十減二。疇者，等也，言不復減也。師古曰：復音方目反。

[6]【顏注】師古曰：與讀曰豫。

[7]【今注】魯：蔡琪本、大德本、殿本作"魯郡"。漢景帝三年（前154）置，治魯縣（今山東曲阜市魯故城）。《漢書考證》齊召南指出當時爲魯國，非魯郡，並贊賞《通鑑》"集魯"爲引用

得當。王念孫《讀書雜志‧漢書第一》則遍列類書，指出《通鑑》所引原文即爲“集魯”。王氏推斷正與北宋遞修本相合。王先謙《漢書補注》引蘇輿説，認爲這是因爲其下的“群”字與“郡”相似，乃有此誤。

　　[8]【顔注】師古曰：今流俗書本此下云“戊申立皇太子”，而後年又有立皇太子事，此蓋以元紀云元帝二歲宣帝即位，八歲爲皇太子，故後人妄於此書加之，舊本無也。據疏廣及景吉傳（景，蔡琪本、殿本、大德本作“丙”），並地節三年立皇太子（並，蔡琪本、大德本、殿本作“並云”），此即明驗，而或者妄爲臆説，乖於實矣。

　　五月，光禄大夫平丘侯王遷有罪，下獄死。[1]

　　[1]【今注】下獄死：王遷坐貪贓之罪，自殺。事見本書《外戚恩澤侯表》。

　　上始親政事，又思報大將軍功德，迺復使樂平侯山領尚書事，[1]而令群臣得奏封事，[2]以知下情。五日一聽事，自丞相以下各奉職奏事，以傅奏其言，[3]考試功能。侍中尚書功勞當遷及有異善，[4]厚加賞賜，至于子孫，終不改易。[5]樞機周密，品式備具，[6]上下相安，莫有苟且之意也。[7]

　　[1]【顔注】師古曰：霍山，光之兄孫。【今注】山：霍山。霍光之兄孫，或言霍山爲霍光兄子，見後文。　領尚書事：職衔。即以他官兼領尚書政事，參與政務，皆由重臣兼任。尚書，始於戰國，秦時爲少府屬官，掌殿内文書。漢初承秦制，設令、僕射、

丞、尚書吏，掌收發文書、傳達記録詔命章奏，隸少府。漢武帝時漸成爲重要宮廷政治機構，參與國家機密，常以中朝大臣兼領、平、視，以左右曹諸吏平尚書奏事，參與議政決策，宣示詔命。百官奏事先呈尚書，皆爲正、副二封，由領尚書者拆閱副封，加以裁決，可屏抑不奏。百官選舉任用考察詰責彈劾之責亦歸之。漢成帝時設尚書五人，開始分曹辦事，群臣章奏都經尚書。

[2]【今注】得奏封事：本書卷七四《魏相傳》云：“故事諸上書者皆爲二封，署其一曰副，領尚書者先發副封，所言不善，屏去不奏。相復因許伯白，去副封以防雍蔽。”蓋謂此也。王鳴盛指出，魏相爲河南太守時，爲霍光下之廷尉獄，久繫乃得赦。其爲御史大夫后，乃奏霍氏專權，並舉發其弒許后事。其初心難免有報復私仇的成分，但並非誣告，不當責之。

[3]【顏注】應劭曰：敷，陳也。各自奏陳其言，然後試之以官，考其功德也。師古曰：傅讀曰敷。【今注】傅奏其言：王先謙《漢書補注》根據應劭注，認爲應劭所見本當作“以敷奏其言”。“傅”“敷”兩字古時通用。

[4]【今注】侍中：官名。秦始置。西漢爲加官，無員，凡官員加此頭銜即可入禁中，親近皇帝。初掌雜務，後漸參與朝政。設僕射一人。

[5]【顏注】師古曰：言各久其職事也。【今注】至于子孫：《漢書考正》劉攽指出，“至于子孫”，指賞賜延及子孫，並非侍中、尚書官世代相承。王先謙《漢書補注》認爲，顏、劉之説皆是。荀悦《漢紀》記此事云“輒厚加賞錫，不數改易”，可見其意。

[6]【今注】案，何焯《義門讀書記》卷一五認爲，尚書之權由此而重，皇帝得以依賴尚書裁決政務。東漢“政歸臺閣，不任三公”即源於此。

[7]【今注】案，是歲，匈奴壺衍鞮單于去世，其弟左賢王繼

位，爲虛閭權渠單于。

三年春三月，[1]詔曰："蓋聞有功不賞，有罪不誅，雖唐虞猶不能以化天下。[2]今膠東相成勞來不怠，[3]流民自占八萬餘口，[4]治有異等。[5]其秩成中二千石，賜爵關內侯。"[6]又曰："鰥寡孤獨高年貧困之民，朕所憐也。前下詔假公田，貸種、食。[7]其加賜鰥寡孤獨高年帛。二千石嚴教吏謹視遇，毋令失職。"[8]令內郡國舉賢良方正可親民者。夏四月戊申，立皇太子，大赦天下。賜御史大夫爵關內侯，中二千石爵右庶長，[9]天下當爲父後者爵一級。賜廣陵王黃金千斤，諸侯王十五人黃金各百斤，列侯在國者八十七人黃金各二十斤。

[1]【今注】三月：郑積意《〈史記〉〈漢書〉年月考異》（第136頁）指出，荀悅《漢紀》作"正月"，未知孰是。

[2]【今注】唐：此指堯帝。傳說中的上古人物，五帝之一。姓伊祁氏，名放勳，號陶唐。高唐氏部落首領，又稱唐堯。在位命羲和定曆法，設諫言之鼓，置四嶽（四方諸侯），命鯀治水患。後禪讓於舜。　虞：此指舜帝。傳說中的上古人物，五帝之一。嬀姓，名重華。有虞氏部落首領，又稱虞舜。受堯禪讓爲帝，在位時放逐四凶（鯀、共工、驩兜、三苗），命禹治水，后稷掌農業，契行教化，益管山林，皋陶治法律。後禪讓禹爲帝，死於蒼梧之野（今湖南寧遠縣南蒼梧山）。

[3]【顏注】師古曰：王成也。勞來者，言慰勉而招延之也。《小雅·鴻鴈》之詩序曰"勞來還定安集之"。勞音盧到反。來音盧代反。

[4]【顏注】師古曰：占者，謂自隱度其戶口而著名籍也。

占音之贍反。

[5]【顏注】師古曰：政治異於常等（蔡琪本句末有"也"字）。

[6]【今注】案，王成事見本書卷八九《王成傳》。呂思勉指出，傳中有云"後詔使丞相御史問郡國上計長吏守丞以政令得失，或對言前膠東相成僞自增加，以蒙顯賞，是後俗吏多爲虛名云"，則王成此政績或有誇大之處（參見呂思勉《秦漢史》，第141頁）。

[7]【顏注】師古曰：貸音叶戴反。

[8]【顏注】師古曰：職，常也。失職，謂失其常業也。

[9]【顏注】張晏曰：自公孫弘後，丞相常封列侯，第二十等爵。故賜御史大夫爵關內侯，第十九等爵也。右庶長，第十一等爵也。師古曰：張說非也。此以立皇太子國之大慶，故特賜御史大夫及中二千石爵耳，非常制也。

冬十月，詔曰："迺者九月壬申地震，朕甚懼焉。有能箴朕過失，[1]及賢良方正直言極諫之士以匡朕之不逮，[2]毋諱有司。[3]朕既不德，不能附遠，是以邊境屯戍未息。今復飭兵重屯，久勞百姓，[4]非所以綏天下也。其罷車騎將軍、右將軍屯兵。"[5]又詔："池籞未御幸者，假與貧民。[6]郡國宮館，勿復修治。流民還歸者，假公田，貸種、食，[7]且勿算事。"[8]

[1]【顏注】師古曰：箴，戒也。【今注】箴：規勸、告誡。

[2]【顏注】師古曰：匡，正也。

[3]【顏注】李奇曰：諱，避也。雖有司在顯職，皆言其過，勿避之。

[4]【顏注】師古曰：飭讀與勑同。飭，整也。

[5]【今注】案，《漢書考證》齊召南指出，此詔乃罷兩將軍之屯兵，並非罷將軍之官。當時車騎將軍爲張安世，右將軍爲霍禹。宣帝此舉意在收霍氏權柄。今案，車騎將軍張安世之兄張賀於宣帝有恩，故關係較近。右將軍霍禹，霍光之子。張安世在被免去屯兵後，更爲衛將軍，重新掌兵，而霍禹則就此被架空。卷五九《張安世傳》云“時霍光子禹爲右將軍，上亦以禹爲大司馬，罷其右將軍屯兵，以虛尊加之，而實奪其衆”，是見此詔之深意。　右將軍：官名。漢代有前、後、左、右將軍，漢武帝時始設，初爲大將軍出征時手下裨將臨時名號，事訖即罷，昭、宣以後常置，典掌禁兵，戍衛京師，或任征伐，皆“位上卿，金印紫綬”。

[6]【顏注】蘇林曰：折竹以繩縣連禁禦，使人不得往來，律名爲籞。服虔曰：籞在池水中作室，可用接鳥（接，蔡琪本、大德本、殿本作“棲”），鳥入中則捕之。應劭曰：池者，陂池也。籞者，禁苑也。臣瓚曰：籞者，所以養鳥也。設爲藩落，周覆其上，令鳥不得出，猶苑之畜獸、池之畜魚也。師古曰：蘇、應二説是。

[7]【顏注】師古曰：貸音吐戴反。種，五穀種也，音之勇反。

[8]【顏注】師古曰：不出算賦及給徭役。

十一月，詔曰：“朕既不逮，導民不明，[1]反側晨興，念慮萬方，不忘元元。[2]唯恐羞先帝聖德，[3]故並舉賢良方正以親萬姓，歷載臻兹，然而俗化闕焉。[4]傳曰：‘孝弟也者，其爲仁之本與！’[5]其令郡國舉孝弟有行義聞於鄉里者各一人。”十二月，初置廷尉平四人，[6]秩六百石。省文山郡，并蜀。[7]

[1]【顏注】師古曰：不逮者，意慮不及也。

[2]【今注】元元：百姓，庶民。《戰國策·秦策一》：“制海內，子元元，臣諸侯，非兵不可！”高誘注：“元，善也，民之類善故稱元。”

[3]【顏注】師古曰：羞謂忝辱也。【今注】案，唯，殿本作“惟”。

[4]【顏注】師古曰：多歷年載，迄至于今。

[5]【顏注】師古曰：《論語》載有若之言。與讀曰予。

[6]【今注】廷尉平：廷尉屬官，分左平與右平，主平獄之事。王先謙《漢書補注》指出，此官職設置源自路溫舒之上疏。詳見本書卷五一《路溫舒傳》、卷二三《刑法志》。

[7]【顏注】師古曰：以其縣道隸蜀郡。【今注】文山：一作“汶山”，郡名。漢武帝元鼎六年（前111）新置，治汶江（今四川茂縣北）。　蜀：郡名。治成都（今四川成都市）。

　　四年春二月，封外祖母爲博平君，[1]故酇侯蕭何曾孫建世爲侯。[2]詔曰：“導民以孝，則天下順。今百姓或遭衰絰凶災，[3]而吏繇事，使不得葬，[4]傷孝子之心，朕甚憐之。自今諸有大父母，[5]父母喪者勿繇事，使得收斂送終，盡其子道。”夏五月，[6]詔曰：“父子之親，夫婦之道，天性也。雖有患禍，猶蒙死而存之。[7]誠愛結於心，仁厚之至也，豈能違之哉！自今子首匿父母，妻匿大，孫匿大父母，皆勿坐。[8]其父母匿子，夫匿妻，大父母匿孫，罪殊死，[9]皆上請廷尉以聞。”[10]立廣川惠王孫文爲廣川王。[11]

　　[1]【今注】外祖母：漢宣帝母王翁須爲廣望節侯子劉仲卿強賣至太子府，遂與其母隔絕音信。後嫁與史皇孫，旋因巫蠱事見

殺。宣帝即位後數遣使者求外家，久遠難辨，至此方得其外祖母。事見本書卷九七《外戚傳》。　博平：縣名。治所在今山東茌平縣西北。宣帝地節四年（前66）封外祖母王媪爲博平君，以博平、蠡吾二縣爲湯沐邑。

[2]【今注】酂（cuó）：縣名。治所在今河南永城市酇城鎮。案，郜積意《〈史記〉〈漢書〉年月考異》（第137頁）指出，荀悦《漢紀》記載建世封侯於"正月"，與此"二月"異。

[3]【顔注】師古曰：衰音千回反。【今注】衰絰：古人喪服胸前當心處綴有長六寸、廣四寸的麻布，名衰，因名此衣爲衰；圍在頭上的散麻繩爲首絰，纏在腰間的爲腰絰。衰、絰是喪服的主要部分，即指穿喪服。

[4]【顔注】師古曰：繇讀曰徭。事謂役使之。

[5]【今注】大父母：祖父母。案，周壽昌《漢書注校補》據《後漢書·陳忠傳》，指出當時對服喪有更爲詳細的規定，這裏祇是節略記述了詔書大綱而已。

[6]【今注】五月：王先謙《漢書補注》據《五行志》，補叙是月山陽、濟陰有雹災。

[7]【顔注】師古曰：蒙，冒也。

[8]【顔注】師古曰：凡首匿者，言爲謀首而藏匿罪人。【今注】首匿：周壽昌《漢書注校補》指出，首匿指首謀藏匿罪人。

[9]【今注】殊死：指斬刑，見本書卷一下《高紀下》顔師古注。

[10]【今注】案，何焯《義門讀書記》卷一五指出，此詔之依據在於，子出於孝道隱匿父母可以原宥，而父母匿子其情雖同却有失於教導之罪，故需上請方能根據情節判定是否判刑。

[11]【今注】案，事見本書卷五三《景十三王傳》。

秋七月，大司馬霍禹謀反。[1]詔曰："迺者，東織室令史張赦[2]使魏郡豪李竟[3]報冠陽侯霍雲謀爲大逆，[4]朕以大將軍故，抑而不揚，冀其自新。今大司馬博陸侯禹與母宣成侯夫人顯及從昆弟冠陽侯雲、樂平侯山、[5]諸姊妹壻度遼將軍范明友、長信少府鄧廣漢、中郎將任勝、騎都尉趙平、[6]長安男子馮殷等[7]謀爲大逆。顯前又使女侍醫淳于衍進藥殺共哀后，[8]謀毒太子，欲危宗廟。逆亂不道，咸伏其辜。諸爲霍氏所詿誤未發覺在吏者，皆赦除之。”八月己酉，皇后霍氏廢。[9]

[1]【今注】案，本書《百官公卿表下》載霍禹謀反事在地節三年（前67）。

[2]【顏注】應劭曰：舊時有東西織室，織作文繡郊廟之服。令史，其主者吏（吏，殿本作“史”）。【今注】織室：官署名。宮中的絲織作坊，職掌皇室絲帛織造和染練。置令、丞，隸少府。有東、西織室之分。成帝時省東織，更名西織爲織室。　令史：佐吏名。秦及漢初縣級行政長官的主要屬員。漢武帝後，實行分曹置掾之制，縣令史之名不復見。中央官府署諸曹事也有令史，位在諸曹掾史之下，猶小史之職。

[3]【顏注】文穎曰：有權埶豪右大家。【今注】魏郡：郡名。治鄴縣（今河北臨漳縣西南鄴鎮）。

[4]【顏注】如淳曰：報，白也。師古曰：此說非也。謂張赦因李竟傳言於霍雲與共謀反耳，非告白其罪也。赦既爲織室令史，身在京師，不須令李竟發之。據《霍禹傳》，其事明矣。【今注】冠陽侯：《史記·建元以來王子侯者年表》稱宣帝以霍雲奉霍去病後封冠軍侯，二者不同。

[5]【顏注】師古曰：據《霍光傳》，雲、山皆去病之孫，則

於禹爲子行也。今此紀言從昆弟，蓋轉寫者脱"子"字耳（子，殿本作"于"）。當言從昆弟子也。【今注】案，洪頤煊《讀書叢録》卷一九指出，《霍光傳》載此詔稱雲、山爲霍禹的"從昆弟子"。《恩澤侯表》則稱霍光爲山、雲之從祖祖父，《外戚傳》則稱山、雲是霍去病之孫，皆與《霍光傳》相同。但《魏相傳》《蕭望之傳》又稱"光兄子山"，與此不同。今案，綜括起來，關於霍山、霍雲身份有三種説法。其一，如《宣紀》所言，霍雲、霍山爲霍禹從昆弟，即霍去病子；其二，《史記·建元以來侯者年表》又稱霍山爲霍去病子，霍雲爲霍去病孫。洪氏所列卷七四之《魏相傳》及卷七八《蕭望之傳》言霍山爲霍光"兄子"，與以上二説皆合。其三，霍山、霍雲爲霍光兄孫。支持此説的記載除洪氏所列本書《外戚恩澤侯表》、卷六八《霍光傳》、卷九七上《外戚傳上》外，卷七六《張敞傳》亦如是，證據較多，或可從之。又，《霍光傳》等僅言兄孫，《外戚傳》與《史記·建元以來王子侯者年表》方明言爲霍去病之後。

[6]【今注】中郎將：官名。秦、西漢爲中郎長官，職掌宮禁宿衞，隨行護駕，協助郎中令（光禄勳）考核選拔郎官及從官，亦常奉詔出使，職位清要。後又專設五官、左、右中郎將分領中郎及謁者。西漢昭、宣以來，其職多由外戚及親近官員擔任，加中朝官號。隸郎中令，秩比二千石。　騎都尉：漢置，掌監羽林騎，後掌駐屯騎兵，領兵征伐。漢宣帝時，一人監羽林騎，一人領西域都護。秩比二千石。都，殿本作"蕡"。案，范明友、鄧廣漢、任勝、趙平皆爲霍光女婿，事見本書《霍光傳》。

[7]【顏注】晉灼曰：漢語字子都。【今注】長安男子馮殷：周壽昌《漢書注校補》指出，漢辛延年《羽林郎詩》有云"昔有霍家奴，姓馮名子都"。馮子都即馮殷。詩中稱"金吾子"，標題"羽林郎"，皆爲殷所居的官職。陳直《漢書新證》指出，漢代刑徒稱爲大男，一般人民稱爲男子。馮殷爲霍光家奴，故稱爲"長安

男子"。馮子都並未擔任過執金吾或執金吾之屬吏，《羽林郎詩》中"金吾子"之説，與《本紀》事實不同。今案，馮殷即馮子都，爲霍光親信監奴。事見本書《霍光傳》。周壽昌所舉辛延年《羽林郎詩》之原型固係馮殷無疑，然詩歌屬於文學創作，其中内容不可盡信，不可謂馮殷必曾爲此官。

[8]【顔注】師古曰：殺讀曰弑。共讀曰恭。【今注】共哀后：即孝宣許皇后。據本書《霍光傳》及《外戚傳》記載，許后係霍光夫人指使女醫以中藥附子毒殺。然近人吕思勉質疑此事云："即弑許后亦莫須有之事。附子非能殺人，尤不能殺人於俄傾間。"（參見吕思勉《秦漢史》，上海古籍出版社2005年版，第138頁）

[9]【今注】皇后霍氏廢：本書《外戚傳》稱霍后與其母霍顯共謀，欲毒殺太子，以此廢黜。又，關於宣帝與霍氏家族之鬥争，可參考辛德勇《建元與改元——西漢新莽年號研究》中篇《漢宣帝地節改元事發微》（中華書局2013年版）。

九月，詔曰："朕惟百姓失職不贍，[1]遣使者循行郡國問民所疾苦。[2]吏或營私煩擾，不顧厥咎，朕甚閔之。今年郡國頗被水災，已振貸，[3]鹽，民之食，而賈咸貴，[4]衆庶重困。[5]其減天下鹽賈。"

[1]【今注】失職：失其常業。　不贍：不足。

[2]【顔注】師古曰：行音下更反。

[3]【顔注】師古曰：貸音他戴反（他，蔡琪本、殿本、大德本作"吐"）。

[4]【顔注】師古曰：賈讀曰價。其下亦同。【今注】案，陳直《漢書新證》認爲，西漢鹽價不可考，但根據《後漢書·虞詡傳》的記載，東漢在鹽價賤時，則爲每石百錢。漢代以一百二十斤爲一石，每斤不足一錢（漢代一斤約合今半斤）。

[5]【顏注】師古曰：更增其困也。重音直用反。

又曰：“令甲，死者不可生，[1]刑者不可息。[2]此先帝之所重，而吏未稱。[3]今繫者或以掠辜若飢寒瘐死獄中，[4]何用心逆人道也！朕甚痛之。其令郡國歲上繫囚以掠笞若瘐死者所坐名、縣、爵、里，[5]丞相御史課殿最以聞。”[6]十二月，清河王年有罪，[7]廢遷房陵。[8]

[1]【顏注】文穎曰：蕭何承秦法所作爲律令，經是也（經，蔡琪本、大德本、殿本作“律經”）。天子詔所增損，不在律上者爲令。令甲者，前帝第一令也。如淳曰：令有先後，故有令甲、令乙、令丙。師古曰：如說是也。甲乙者，若今之第一、第二篇耳。

[2]【顏注】李斐曰：息，滅也。若黥劓者，雖欲改過，其創瘢不可復滅也。師古曰：息謂生長也，言劓、刖、臏、割之徒不可更生長，亦猶謂子爲息耳。李說非也。

[3]【顏注】師古曰：稱，副也。

[4]【顏注】蘇林曰：瘐，病也。囚徒病，律名爲瘐。如淳曰：律，囚以飢寒而死曰瘐。師古曰：瘐，病，是也。此言囚或以掠笞及飢寒及疾病而死。如說非矣。瘐音庾，字或作瘉，其音亦同。【今注】掠辜：王先謙《漢書補注》引蘇輿認爲，掠辜意爲並未能認定有罪，笞掠過當。　瘐死：病死於獄中。

[5]【顏注】師古曰：名，其人名也。縣，所屬縣也。爵，其身之官爵（蔡琪本、大德本、殿本句末有“也”字）。里，所居邑里也。

[6]【顏注】師古曰：凡言殿最者：殿，後也，課居後也；最，凡要之首也，課居先也。殿音丁見反。【今注】丞相御史：丞

相及御史大夫兩府。案，何焯《義門讀書記》卷一五指出，按清代法律，罪囚死於獄中，管獄官將受到懲罰。他認爲此制或許始於宣帝此詔。

[7]【今注】清河：諸侯王國名、郡名。治清河（今河北清河縣東南）。　年：漢文帝子劉參之後，以淫亂罪被廢，事見本書卷四七《代孝王劉參傳》。

[8]【今注】房陵：縣名。屬漢中郡，治所在今湖北房縣。

　　元康元年春，以杜東原上爲初陵，[1]更名杜縣爲杜陵。[2]徙丞相、將軍、列侯、吏二千石、訾百萬者杜陵。

[1]【今注】初陵：初置陵寢，參見本書卷九《元紀》服虔説。

[2]【今注】杜陵：縣名。漢宣帝於杜縣建杜陵，並改杜縣爲杜陵縣，屬京兆尹，治所在今陝西西安市雁塔區曲江街道辦事處三兆村西北。

　　三月，詔曰："迺者鳳皇集泰山、陳留，[1]甘露降未央宮。朕未能章先帝休烈，[2]協寧百姓，承天順地，調序四時，獲蒙嘉瑞，賜兹祉福，夙夜兢兢，靡有驕色，内省匪解，永惟罔極。[3]書不云乎：'鳳皇來儀，庶尹允諧。'[4]其赦天下徒，賜勤事吏中二千石昌下至六百石爵，[5]自中郎吏至五大夫，[6]佐史以上二級，[7]民一級，女子百户牛酒。加賜鰥寡孤獨、三老、孝弟力田帛。[8]所振貸勿收。"[9]

[1]【今注】泰山：郡名。治博縣（今山東泰安市東南），後移治奉高（今山東泰安市東北）。　陳留：郡名。治陳留（今河南開封市東南）。

[2]【顏注】師古曰：章，明也。休，美也。烈，業也。

[3]【顏注】師古曰：省，視也。永，長也。惟，思也。罔，無也。極，中也。帝言內自視察，不敢惰怠，長思政道，恐無其中也。解讀曰懈。【今注】匪解：不懈。　永惟罔極：周壽昌《漢書注校補》認爲，顏師古說有誤，“永惟罔極”其意當爲永思之無已，與上文“匪解”相對。

[4]【顏注】師古曰：《虞書·益稷》之篇曰：“簫韶九成，鳳皇來儀，擊石拊石，百獸率舞，庶尹允諧。”言奏樂之和，鳳皇以其容儀來下，百獸相率舞蹈。是乃眾官之長，信皆和輯，故神人交暢。

[5]【今注】按，吕，殿本作“以”。

[6]【顏注】師古曰：賜中郎吏爵得至五大夫。自此以上，每爲等級而高賜也。五大夫，第九爵也。一曰二千石至五大夫，自此以下而差降。【今注】自中郎吏至五大夫：《漢書考正》劉攽認爲，“中郎吏”文誤，當作“中更”，意爲以爵位“自中更至五大夫”賜“勤事吏中二千石以下至六百石”。蘇輿進一步指出，此句意與本始詔書“自左更至五大夫”一句相同。

[7]【今注】佐史：官名。本書《百官公卿表上》：“百石以下有斗食、佐史之秩，是爲少吏。”顏師古注引《漢官名秩簿》：“佐史，月奉八斛也。”

[8]【今注】三老孝弟力田：皆爲鄉官。三老，先秦以來掌教化之鄉官，西漢又增縣三老。孝弟，又作“孝悌”，指孝於父母、禮敬兄長者。力田，指勤於農事者。

[9]【今注】振貸：賑災措施。本書卷四《文紀》顏師古注云“爲給貸之，令其存立也”。其物係借貸與受災民衆，到期需歸還，

此時爲慶祝祥瑞，而令勿收。近人呂思勉對此制梳理頗詳，參見呂思勉《呂思勉讀史札記》（上海古籍出版社 2005 年版，第 598—600 頁）。

　　夏五月，立皇考廟。益奉明園户爲奉明縣。[1]復高皇帝功臣絳侯周勃等百三十六人家子孫，令奉祭祀，[2]世世勿絶。其毋嗣者，復其次。

　　[1]【顔注】師古曰：奉明園即皇考史皇孫之所葬也，本名廣明，後追改也。【今注】奉明：縣名。治所在今陝西西安市西北。其地爲宣帝父史皇孫墓地“奉明園”所在。

　　[2]【顔注】師古曰：復音方目反。次下亦同（次下，殿本作“以下”）。【今注】案，《資治通鑑》卷二五《漢紀》孝宣皇帝元康四年《考異》認爲，《功臣表》記載復功臣後皆在元康四年，此處記於元康元年，有誤。錢大昕《廿二史考異·漢書一》指出，《功臣表》復功臣之後共百二十三人，與紀人數不合，或許是表有脱漏。至於表稱元康四年，而紀書於元年，或是因爲相關部門奉詔書尋訪、檢校，非一時所能完成。紀書元年爲下詔之歲，表書四年爲賜復之歲。王先謙《漢書補注》同意錢大昕説。

　　秋八月，詔曰：“朕不明六蓺，[1]鬱于大道，[2]是以陰陽風雨未時。其博舉吏民，厥身修正，[3]通文學，明於先王之術，宣究其意者，各二人，[4]中二千石各一人。”

　　[1]【今注】六蓺：指《詩》《書》《易》《禮》《樂》《春秋》六部上古經典。

　　［2］【顔注】孟康曰：鬱，不通也。【今注】鬱（yù）：積聚、凝滯。

　　［3］【今注】厥：其。

　　［4］【顔注】師古曰：究，盡也。【今注】案，《漢書考正》劉攽認爲，此詔是下丞相、御史，意爲丞相、御史各舉二人。沈欽韓《漢書疏證》認爲，“各二人”當亦包括大司馬。何焯《義門讀書記》卷一五認爲，宣帝此種雖不甚用儒却又勸誘通經者的做法源自武帝家法。

　　　冬，置建章衛尉。[1]

　　［1］【今注】建章：建章宮。在今陝西西安市西北二十里，漢長安故城西。

　　　二年春正月，詔曰：“書云‘文王作罰，刑茲無赦’，[1]今吏修身奉法，未有能稱朕意，朕甚愍焉。其赦天下，與士大夫厲精更始。”[2]

　　［1］【顔注】師古曰：《周書·康誥》之辭也。言文王作法，罰其有亂常違教者，則刑之無放釋也。

　　［2］【顔注】李斐曰：今吏已修身奉法矣，但不能稱上意耳（殿本無“耳”字），故赦之。師古曰：言文王作罰，有犯之者，皆刑無赦，今我意有所閔，閔吏修身奉法矣，而未稱其任，故特赦之，與更始耳。李説非也。【今注】案，《漢書考正》劉攽、劉敞認爲，此句意當爲吏未能修身奉法，以稱上意。劉攽還認爲，行此大赦，目的是赦免因吏未能修身奉法導致無罪入獄之犯人，而非吏員。王先謙《漢書補注》同意劉攽説。

二月乙丑，立皇后王氏。[1]賜丞相以下至郎從官錢帛各有差。

[1]【顏注】師古曰：王奉光女。【今注】皇后王氏：王皇后之父王奉光，祖上沛人，高祖時有功獲封關內侯。宣帝在民間時，與奉光爲舊相識。

三月，以鳳皇甘露降集，賜大卜吏爵二級，民一級，女子百户牛酒，鰥寡孤獨高年帛。

夏五月，詔曰：“獄者萬民之命，所以禁暴止邪，養育群生也。能使生者不怨，死者不恨，則可謂文吏矣。今則不然。用法或持巧心，析律貳端，深淺不平，[1]增辭飾非，以成其罪。奏不如實，上亦亡繇知。[2]此朕之不明，吏之不稱，四方黎民將何仰哉！二千石各察官屬，勿用此人。吏務平法。或擅興繇役，飾厨傳，稱過使客，[3]越職踰法，吕取名譽，[4]譬猶踐薄冰以待白日，豈不殆哉！[5]今天下頗被疾疫之災，朕甚愍之。其令郡國被災甚者，毋出今年租賦。”

[1]【顏注】師古曰：析，分也。謂分破律條，妄生端緒，以出入人罪。

[2]【顏注】師古曰：上者，天子自謂也。繇讀與由同也。

[3]【顏注】韋昭曰：厨謂飲食，傳謂傳舍。言修飾意氣，以稱過使而已。師古曰：使人及賓客來者，稱其意而遣之，令過去也。稱音尺孕反。過者，過度之過也。

[4]【今注】案，吕，殿本作“以”。

[5]【顏注】師古曰：殆，危也。

又曰："聞古天子之名，難知而易諱也。[1]今百姓多上書觸諱以犯罪者，[2]朕甚憐之。其更諱詢。[3]諸觸諱在令前者，赦之。"[4]

[1]【今注】難知：王先謙《漢書補注》指出，此指所謂不常用字，故難知。

[2]【今注】觸諱：周壽昌《漢書注校補》據《南齊書・王慈傳》指出漢代已有班諱之典。又據《石奮傳》載石建上書錯一字而懼"譴死"之事，判斷觸諱之罪當更不輕。又舉《唐律》以蠡測漢制："諸上書若奏事，誤犯宗廟諱者，杖八十；口誤及餘文書誤犯者，笞五十"，又云"即爲名字觸犯者，徒三年；若嫌名及二名偏犯者，不坐"。何焯《義門讀書記》卷一五認爲，宣帝因人有以觸諱犯罪而更其名，説明生而諱名之制在之前已形成。可能在秦代已有。又案，陳直《漢書新證》舉《居延漢簡釋文》，指出在宣帝在世時亦有名病已者。

[3]【今注】諱：周壽昌《漢書注校補》引《禮記》《左傳》，指出周代生稱"名"，死稱"諱"，與漢代以來不分名諱不同。

[4]【顏注】師古曰：令謂今詔書。

冬，京兆尹趙廣漢有罪，[1]要斬。[2]

[1]【今注】京兆尹：西漢京畿地方行政長官之一。武帝時改右內史置，職掌如郡太守。其地屬京畿，爲"三輔"之一，故不稱郡。因治京師，又得參與朝政，故又有中央官性質。地位高於郡守，位列諸卿，秩中二千石（一説秩二千石）。　趙廣漢：西漢著

名能吏。以賊殺不辜獲罪，又兼摧辱丞相，乃坐腰斬。然因其治理京兆嚴明，甚爲百姓追思。參見本書卷七六《趙廣漢傳》。

[2]【今注】要斬：即腰斬之刑。

三年春，以神爵數集泰山，賜諸侯王、丞相、將軍、列侯、二千石金，郎從官帛，各有差。賜天下吏爵一級，民一級，女子百户牛酒，鰥寡孤獨高年帛。

二月，[1]詔曰：“蓋聞象有罪，舜封之。[2]骨肉之親粲而不殊。[3]其封故昌邑王賀爲海昏侯。”[4]

[1]【今注】三月：《資治通鑑》卷二五《漢紀》孝宣皇帝元康三年《考異》指出，《王子侯表》記載劉賀受封在四月壬子。然是歲四月癸亥朔，無壬子。當以《宣紀》爲準。

[2]【顏注】應劭曰：象者，舜弟也，日以殺舜爲事。舜爲天子，猶封之於有鼻之國。【今注】象：傳説中舜之弟，屢次欲害舜，終被原諒。

[3]【顏注】師古曰：粲，明也。殊，絕也。當明於仁恩不離絕也（當，殿本作“常”）。

[4]【今注】海昏：侯國名。屬豫章郡，治所在今江西永修縣西北艾城。昌邑王劉賀事見本書卷六三《昌邑哀王劉髆傳》。陳直《漢書新證》認爲，西漢王國之民衆不必戍邊，然居延簡中却有昌邑、梁、趙三國戍田卒之名籍。他認爲，在霍光廢昌邑王後，直至元康三年（前63）改昌邑國爲山陽郡之前，昌邑國作爲行政區劃仍存，上述簡當即出自這段時間。

又曰：“朕微眇時，御史大夫邴吉、[1]中郎將史曾、史玄、[2]長樂衛尉許舜、侍中光禄大夫許延壽皆與朕有舊恩。[3]及故掖庭令張賀輔導朕躬，修文學經術，恩惠卓異，厥功茂焉。詩不云乎：‘無德不報。’[4]封賀所子弟子侍中中郎將彭祖爲陽都侯，[5]追賜賀謚曰陽都哀侯。吉、曾、玄、舜、延壽皆爲列侯。故人下至郡邸獄復作[6]嘗有阿保之功，[7]皆受官禄田宅財物，各以恩深淺報之。”

　　[1]【今注】案，邴吉，蔡琪本、殿本、大德本作“丙吉”。

　　[2]【今注】案，史曾、史玄爲宣帝祖母史良娣之侄，宣帝之表叔。

　　[3]【今注】長樂衛尉：太后屬官，不常置，掌率長樂宮衛士守衛宮門和宮中巡邏，秩二千石。長樂，即長樂宮。案，許舜、許延壽爲宣帝岳父許廣漢之弟。本書卷六八《霍光傳》稱宣帝將霍氏所掌諸軍“悉易以所親信許、史子弟代之”，蓋謂此輩。後許延壽曾與趙充國等參與平羌之戰，五鳳二年（前56）任大司馬車騎將軍。事見後文及《外戚恩澤侯表》、《百官公卿表下》、卷六九《趙充國傳》。

　　[4]【顏注】師古曰：《大雅·抑》之詩也。言受人之德必有報也。

　　[5]【顏注】如淳曰：賀，張安世兄，有一子，早死，故以彭祖爲子。師古曰：所子者，言養弟子以爲子。【今注】彭祖：張安世幼子，爲張賀所養，與宣帝自幼爲友。　陽都：侯國名、縣名。治所在今山東沂南縣南。案，何焯《義門讀書記》卷一五指出，這種養子嗣爵的情況，至平帝元始元年（1）方被普遍施行。張彭祖是以張賀舊恩得封，屬於特殊情況。周壽昌《漢書注校補》指出，據《張安世傳》，彭祖受封前爵位爲“關內侯”。

　　[6]【顏注】師古曰：謂胡組、趙徵卿之輩也。復音扶目反。

　　[7]【顏注】臣瓚曰：阿，倚；保，養也。

夏六月，詔曰："前年夏，神爵集雍。[1]今春，五色鳥以萬數飛過屬縣，[2]翱翔而舞，欲集未下。其令三輔毋得以春夏摘巢探卵，彈射飛鳥。[3]具爲令。"立皇子欽爲淮陽王。[4]

[1]【顏注】晉灼曰：漢注大如鷃爵，黃喉，白頸，黑背，腹斑文也。師古曰·鷃音晏。【今注】雍：縣名。屬右扶風，治所在今陝西鳳翔縣西南豆腐村、河南屯之間。

[2]【顏注】師古曰：三輔諸縣也。

[3]【顏注】師古曰：摘音佗狄反。射音食亦反。【今注】摘（tì）：挑出。

[4]【今注】淮陽王：劉欽，漢宣帝與張婕妤子，最受寵愛，幾代元帝嗣君之位，後在元帝朝獲罪，未致法。事見本書卷八〇《淮陽憲王劉欽傳》。

四年春正月，詔曰："朕惟耆老之人，髮齒墮落，[1]血氣衰微，亦亡暴虐之心，今或羅文法，拘執囹圄，不終天命，朕甚憐之。自今以來，諸年八十以上，非誣告殺傷人，佗皆勿坐。"[2]遣太中大夫彊等十二人循行天下，[3]存問鰥寡，覽觀風俗，察吏治得失，舉茂材異倫之士。[4]二月，河東霍徵史等謀反，[5]誅。

[1]【今注】案，墮，蔡琪本、大德本、殿本作"墮"。

[2]【顏注】師古曰：誣告人及殺傷人皆如舊法，其餘則不論。【今注】佗：其他的。案，何焯《義門讀書記》卷一五指出，誣告人與殺傷人同不可赦免，可見漢代誣告罪之重。

[3]【顏注】師古曰：行音下更反。【今注】彊：洪頤煊《讀

書叢録》卷一九根據《百官公卿表》的記載指出，大夫彊姓李，後任少府、大鴻臚等職。在本書卷七八《蕭望之傳》、卷七二《王貢兩龔鮑傳》序中亦有記載。李慈銘《越縵堂讀史札記·史記二》則認爲，《王貢兩龔鮑傳》序所記載的李彊當是另一人。

[4]【今注】茂材：即秀才，漢代察舉仕進的重要科目。東漢爲避光武帝劉秀諱而稱茂才。

[5]【今注】河東：郡名。治安邑（今山西夏縣西北）。案，霍徵史反事又見本書《景武昭宣元成功臣表》。紀云霍徵史爲河東人，表云平陽大夫梁喜告霍徵史等反事，而霍光又恰爲河東平陽人，卷七六《尹翁歸傳》有謂“諸霍在平陽，奴客持刀兵入市鬬變，吏不能禁”，可知霍氏在平陽宗族勢力甚大，霍徵史似當爲霍光族人。

　　三月，詔曰：“迺者，神爵五采以萬數集長樂、未央、北宮、高寢、甘泉泰畤殿中及上林苑。[1]朕之不逮，寡于德厚，屢獲嘉祥，非朕之任。[2]其賜天下吏爵二級，民一級，女子百户牛酒。加賜三老、孝弟力田帛，人二匹，鰥寡孤獨各一匹。”

[1]【今注】北宮：西漢供奉神君的宮殿，也是軟禁廢黜后妃的居處。故址在今陝西西安市西北漢長安故城中。位置在未央宮東北、長樂宮西北。因在未央宮北，故名。漢高祖時始建，武帝時增修。參見李毓芳《漢長安城的布局與結構》（《考古與文物》1997年第5期）。《周禮·天官·内宰》：“憲禁令于王之北宮而糾其守。”孫詒讓《正義》：“古者宮必南鄉，王路寢在前，謂之南宮……后六宫在王六寢之後，對南宮言之，謂之北宮。”西安北宮遺址1994年開始發掘，參見劉慶柱等《漢長安城北宮的勘探及其南面磚瓦窑的發掘》（《考古》1996年第10期）。　　高寢：漢高帝劉邦

之陵寢。　甘泉：左馮翊雲陽縣有甘泉山，在今陝西淳化縣西北，山上有甘泉宮。　泰畤：漢武帝以來祭祀天神泰一之處，在甘泉山。　上林苑：在今陝西西安市西南鄠邑區、周至縣界，渭水以南、終南山以北。秦惠文王時即開始興建。至秦始皇時，先後在上林苑中修建了朝宮和阿房宮前殿等。西漢初荒廢，許民入墾荒。漢武帝收回，復加拓展，周圍擴至二百餘里。關於西漢時上林苑的範圍，參見王社教《西漢上林苑的範圍及相關問題》（《中國歷史地理論叢》1995 年第 3 輯）。

　　［2］【今注】非朕之任：王先謙《漢書補注》引蘇輿說，認爲"非朕之任"意爲"非朕所克當"。

　　秋八月，賜故右扶風尹翁歸子黃金百斤，[1]以奉其祭祀。又賜功臣適後[2]黃金，人二十斤。丙寅，大司馬衞將軍安世薨。[3]比年豐，穀石五錢。[4]

　　［1］【今注】尹翁歸：昭、宣朝能吏、廉吏，初爲田延年所擢拔，歷任東海太守、右扶風。傳見本書卷七六。

　　［2］【顏注】師古曰：適讀曰嫡，承嗣者也。或子或孫，不拘後裔，故總言後也。

　　［3］【今注】衞將軍：漢代將軍名號。即掌護衞的高級武官。西漢後期輔政大臣多加衞將軍銜，掌京師屯兵及守衞宮禁。

　　［4］【顏注】師古曰：比，頻也。【今注】穀石五錢：周壽昌《漢書注校補》指出，《食貨志》亦稱當時屢蒙豐年，穀價降至石五錢，但同時亦指出其負面影響爲"農人少利"。周氏認爲，穀賤傷農，不僅僅是"少利"。因此故，耿壽昌常平倉之法不得不行。

　　神雀元年[1]春正月，行幸甘泉，郊泰畤。三月，行幸河東，祠后土。[2]詔曰："朕承宗廟，戰戰栗栗，惟萬事統，未燭厥理。[3] 迺元康四年嘉穀玄稷降于郡國，[4] 神爵仍集，[5] 金芝九莖產于函德殿銅池中，[6] 九真獻奇獸，[7] 南郡獲白虎威鳳爲寶。[8] 朕之不明，震于珍物，[9] 飭躬齋精，祈爲百姓。[10] 東濟大河，[11] 天氣清靜，神魚舞河。幸萬歲宮，神爵翔集。[12] 朕之不德，懼不能任。其以五年爲神爵元年。賜天下勤事吏爵二級，民一級，女子百户牛酒，鰥寡孤獨高年帛。所振貸物勿收。行所過毋出田租。"

[1]【顏注】應劭曰：前年神爵集于長樂宮，故改年（年，大德本、殿本作"元"）。【今注】神雀元年：蔡琪本、大德本、殿本作"神爵元年"。"雀"與"爵"通。吴仁傑《兩漢刊誤補遺》卷二指出，《郊祀志》明言此年宣帝赴河東汾陰祠后土時，有神爵集，故改年爲神爵。下文載改元詔稱"幸萬歲宮，神爵翔集……其以五年爲神爵元年"。根據《三輔黄圖》，萬歲宮在汾陰，正是祭祀后土之處。應劭說有誤。至於詔書中"神爵仍集"一句當包含應劭所言之事，然僅泛列於早前諸祥瑞中，非改元主因。

[2]【今注】后土：漢武帝以泰一爲天神，后土爲地神，分別於甘泉、汾陰祭祀，故武帝至元帝時分別於此二處祭祀天、地。

[3]【顏注】師古曰：惟，思也。統，緒也。燭，照也。

[4]【顏注】服虔曰：玄稷，黑粟也。

[5]【顏注】師古曰：仍，頻也。

[6]【顏注】服虔曰：金芝，色像金也。如淳曰：函亦含也。銅池，承霤也。晉灼曰：以銅作池也。師古曰：函德，殿名也。銅池，承霤是也，以銅爲之。函讀與含同。

[7]【顏注】蘇林曰：白象也。晉灼曰：漢注駒形，麟色，牛角，仁而愛人。師古曰：非白象也，晉說是矣。【今注】九真：

郡名。治胥浦（今越南清化西北東山縣陽舍村）。

［8］【顏注】服虔曰：威鳳，鳥名也。晉灼曰：鳳之有威儀
者也，與《尚書》"鳳皇來儀"同意。師古曰：晉說是。【今注】
南郡：治江陵（今湖北江陵縣）。

［9］【顏注】服虔曰：震，驚也。蘇林曰：震，動也。珍物，
瑞應也。師古曰：蘇說是也。獲珍物而心感動也。【今注】震于珍
物：王先謙《漢書補注》指出，此與《武紀》"震于怪物"同義，
震爲"悚敬"之意。

［10］【顏注】師古曰：飭與勑同。爲音于僞反。

［11］【今注】大河：指黃河。

［12］【顏注】服虔曰：萬歲宮正東郡平陽縣（正，蔡琪本、
大德、殿本作"在"），今有津。晉灼曰：黃圖汾陰有萬歲宮，
是時幸河東。師古曰：晉說是。【今注】萬歲宮：陳直《漢書新
證》指出，根據《愙齋集古録》，有元延四年（前9）造之萬歲宮
鐙。據此，長安亦有萬歲宮也。

西羌反，發三輔、中都官徒弛刑，[1]及應募佽飛射
士、[2]羽林孤兒，[3]胡、越騎，三河、潁川、沛郡、淮
陽、汝南材官，[4]金城、隴西、天水、安定、北地、上
郡騎士、羌騎，詣金城。[5]夏四月，遣後將軍趙充國、
彊弩將軍許延壽擊西羌。六月，有星孛于東方。即拜
酒泉太守辛武賢爲破羌將軍，[6]與兩將軍竝進。[7]詔
曰："軍旅暴露，轉輸煩勞，其令諸侯王、列侯、蠻夷
王侯君長當朝二年者，皆毋朝。"[8]秋，[9]賜故大司農
朱邑子黃金百斤，[10]以奉祭祀。後將軍充國言屯田之
計，語在《充國傳》。[11]

[1]【顏注】李奇曰：弛，廢也。謂若今徒解鉗釱赭衣，置任輸作也。師古曰：中都官，京師諸官府也。《漢儀注》"長安中諸官獄三十六所。"弛刑，李說是也。若今徒囚但不枷鎖而責保散役之耳。弛音式爾反。

[2]【顏注】服虔曰：周時度江，越人在船下負船，將覆之。佽飛入水殺之。漢因以材力名官。如淳曰：《呂氏春秋》荆有兹非，得寶劍於干將。渡江中流（渡，蔡琪本、大德本作"度"），兩蛟繞舟。兹非拔寶劍赴江刺兩蛟殺之。荆王聞之，仕以執圭（仕，殿本作"任"）。後世以爲勇力之官。"兹""佽"音相近。臣瓚曰：本秦左弋官也，武帝改曰"佽飛官"，有一令九丞，在上林苑中結繒繳以弋鳧鴈，歲萬頭，以供祀宗廟。許慎曰：佽，便利也。便利繒繳以弋鳧鴈，故曰佽飛。詩曰"抉拾既佽"者也。師古曰：取古勇力人以名官，熊渠之類是也。亦因取其便利輕疾若飛，故号佽飛（号，蔡琪本、殿本作"號"）。弋鳧鴈事，自使佽飛爲之，非取飛鳥爲名。瓚說失之。佽音次。【今注】應募：陳直《漢書新證》根據《羅布淖爾考古記》木簡摹本及《趙充國傳》，指出，應募士與良家子一樣，是一種身份名稱，並非泛言之名詞。　佽（cì）飛：官名。秦有左弋官，長於射弋，漢武帝改爲佽飛，平時在上林苑中結繒繳弋鳧雁，以供宗廟。陳直《漢書新證》指出，《陝西金石志》《簠齋藏古目》載有題字"佽飛""次蜚""次飛"的瓦與印章，可見三詞爲通用假借字。

[3]【顏注】應劭曰：天有羽林大將軍之星。林，諭若林木之盛（諭，殿本作"喻"）。羽，羽翼鷙擊之意。故以名武官焉。如淳曰：《百官表》取從軍死事者之子養羽林，官教以五兵，號曰羽林孤兒，少壯令從軍。《漢儀注》："羽林從官七百人"。

[4]【今注】胡：胡騎，由內附匈奴人組成的中央直屬常備軍，屯宣曲、池陽，分別由長水校尉與胡騎校尉掌管，既戍衛京師，亦從征伐。　越騎：由歸附越人組成的禁衛軍，由越騎校尉率

領，負責戍衛京師，兼任征伐。　三河：指河南、河東、河內三郡，相當於今河南北部、中部及山西西南部地區。在十三州之外，由司隸校尉部負責監察。河內郡，治懷縣（今河南武陟縣西南）。河東、河南，見後文注釋。　潁川：郡名。治陽翟（今河南禹州市）。　沛郡：郡名。治相縣（今安徽濉溪縣西北）。　汝南：郡名。治上蔡（今河南上蔡縣西南）。　材官：秦漢時期於內郡設置的步兵部隊，東漢省。

［5］【今注】金城：郡名。治允吾（今甘肅永靖縣西北）。隴西：郡名。治狄道（今甘肅臨洮縣）。　天水：郡名。治平襄（今甘肅通渭縣西）。　安定：郡名。治高平（今寧夏固原市原州區）。　北地：郡名。治馬領（今甘肅慶陽市西北馬嶺鎮）。　上郡：郡名。治膚施（今陝西榆林市東南）。　騎士：即騎兵。主要設置在北方邊郡與長安周邊。　羌騎：由歸附羌人組成的騎兵，由羌騎校尉掌管。

［6］【顏注】師古曰：即，就也。就酒泉而拜之，不徵入。【今注】酒泉：郡名。治祿福（今甘肅酒泉市肅州區）。　辛武賢：人名。隴西狄道（今甘肅臨洮縣）人。西漢中期名將。官至酒泉太守，破羌將軍。事迹見本卷及卷六九《趙充國辛慶忌傳》、卷九六《西域傳》等處。

［7］【顏注】師古曰：兩將軍，即趙充國、許延壽。

［8］【顏注】師古曰：朝來年之正月。

［9］【今注】秋：王先謙《漢書補注》指出，《五行志》記載，當時“大旱”。

［10］【今注】朱邑：漢宣帝朝循吏、廉吏。傳見本書卷八九。

［11］【今注】後將軍充國言屯田之計語在充國傳：此事為《趙充國傳》之核心，最見光輝。是以卷一〇〇下《叙傳下》有謂“營平磻磻，立功立論，以不濟可，上諭其信”，讚揚趙充國不計個人利害，以直報國之精神。事見本書《趙充國傳》。

　　二年春二月，詔曰："迺者正月乙丑，鳳皇甘露降集京師，群鳥從以萬數。朕之不德，屢獲天福，祇事不怠，[1]其赦天下。夏五月，[2]羌虜降服，斬其首惡大豪楊玉、酋非首。[3]置金城屬國以處降羌。[4]秋，匈奴日逐王先賢撣[5]將人衆萬餘來降。使都護西域騎都尉鄭吉迎日逐，破車師，皆封列侯。九月，司隸校尉蓋寬饒有罪，[6]下有司，自殺。匈奴單于遣名王奉獻，[7]賀正月，始和親。[8]

　　[1]【今注】祇（zhī）：恭敬。

　　[2]【今注】夏五月：《資治通鑑》卷二六《漢紀》孝宣皇帝神爵二年《考異》指出，《趙充國傳》載此事在是年秋。《考異》采《趙充國傳》之説。

　　[3]【顏注】文穎曰：羌胡名大帥爲酋，如中國言魁。非首，其名也。如淳曰：酋音酒醀孰（孰，殿本作"熟"）。師古曰：文説失矣。酋者，自是魁帥之稱（是，殿本作"其"），而此酋不當其義也。蓋首惡者，唱首爲惡也。大豪者，魁帥也。楊玉及酋非皆人名，言斬此二人之首級耳。既巳言大豪，不當重言酋。且《趙充國傳》又云酋非、楊玉首，此其明驗也。酋音才由反。
【今注】酋非：本書卷六九《趙充國傳》作"猶非"。

　　[4]【今注】金城屬國：西漢七屬國之一。漢宣帝神爵二年（前60）建立，用以安置罕、开、先零等降羌。轄區在金城郡及其附近。其治所《漢書·地理志》未載，或以爲最初在金城郡允吾縣西（詳見王宗維《漢代的屬國》，載《文史》第20輯，中華書局1983年版，第50頁）。屬國，漢廷對歸降部落因其故俗，存其國號而屬漢朝，故稱屬國，由屬國都尉管理。

　　[5]【顏注】鄭氏曰：撣音纏束之纏。晉灼曰：音田。師古

曰：鄭音是也。【今注】日逐王：匈奴王號，率僮僕都尉掌管西域，見本書卷九六上《西域傳上》。

[6]【今注】司隸校尉：漢武帝時始置，掌察舉京師及京師近郡犯法者，並領京師所在之州。秩二千石。 蓋寬饒：西漢能吏。因其行事剛直，屢忤貴臣，上書失宣帝意，執金吾揣摩上意，劾其"意欲求禪，大逆不道"，寬饒乃被迫自殺。傳見本書卷七七。

[7]【顏注】師古曰：名王者，謂有大名，以別諸小王也。

[8]【顏注】師古曰：賀來歲之正月。【今注】案，是歲，虛閭權渠單于將十萬餘騎欲侵漢，事泄，漢廷以趙充國帥四萬騎屯邊。恰單于又病，不敢入，乃罷兵，使題王都犁胡次等請和親。會單于病死，此事乃無下文。烏維單于耳孫屠耆堂繼位，爲握衍朐鞮單于。事見本書卷九四上《匈奴傳上》。又，《匈奴傳》載此事在日逐王降漢之前。

三年春，起樂游苑。[1]三月丙午，丞相相薨。[2]秋八月，詔曰："吏不廉平則治道衰。今小吏皆勤事，而奉禄薄，[3]欲其毋侵漁百姓，難矣。[4]其益吏百石已下奉十五。"[5]

[1]【顏注】師古曰：《三輔黃圖》云在杜陵西北。又《關中記》云宣帝立廟於曲池之北，號樂游。案其處則今之所呼樂游廟者是也。其餘基尚可識焉。蓋本爲苑，後因立廟乎？樂音來各反。

[2]【顏注】師古曰：魏相。【今注】相：魏相，字弱翁。宣帝朝名臣，助宣帝打壓霍氏、掌握實權。傳見本書卷七四。案，丙吉繼魏相爲相。

[3]【顏注】師古曰：奉音扶用反。其下亦同。

[4]【顏注】如淳曰：漁，奪也，謂奪其利便也。晉灼曰：許慎云捕魚之字也。師古曰：漁者，若言漁獵也。晉說是也。

[5]【顏注】如淳曰：律，百石奉月六百。韋昭曰：若食一斛，則益五斗。【今注】案，《資治通鑑》卷二六《漢紀》孝宣皇帝神爵三年《考異》指出，荀悦《漢紀》記此事云"益吏百石以下俸五十斛"。但詔書稱"以下"，五十斛未免太多。《漢書考正》宋祁據《後漢志》及顏師古《百官表》注指出，律條規定"百石奉月十六斛"。今案，既言"吏百石以下"，當爲多個層級，所益不當相等。當以韋昭説爲是，意爲各增加十分之五，亦即百分之五十。

　　四年春二月，詔曰："迺者鳳皇甘露降集京師，嘉瑞竝見。修興泰一、五帝、后土之祠，[1]祈爲百姓蒙祉福。[2]鸞鳳萬舉，蜚覽翱翔，集止于旁。[3]齋戒之暮，[4]神光顯著。薦鬯之夕，神光交錯。[5]或降于天，或登于地，或從四方來集于壇。上帝嘉饗，海内承福。[6]其赦天下，賜民爵一級，女子百户牛酒，鰥寡孤獨高年帛。"夏四月，潁川太守黃霸以治行尤異秩中二千石，[7]賜爵關内侯，黃金百斤。及潁川吏民有行義者爵，人二級，力田一級，貞婦順女帛。[8]令内郡國舉賢良可親民者各一人。[9]五月，匈奴單于遣弟呼留若王勝之來朝。[10]冬十月，鳳皇十一集杜陵。十一月，河南太守嚴延年有罪，[11]棄市。十二月，鳳皇集上林。[12]

　　[1]【今注】泰一：一作"太一"。其起源或來自數術崇拜，亦即《老子》"一生二"中的"一"。但戰國中晚期以來，這一名詞已逐漸人格化。至漢武帝封禪時，"天神貴者太一，太一佐曰五帝"的説法更得到官方認可，太一遂成爲凌駕於五帝之上的至上神（參見錢寶琮《太一考》，載《錢寶琮科學史論文選集》，科學出版

社 1983 年版）。　　五帝：此當指五方帝。《淮南子·天文訓》云：
“東方，木也。其帝太皞，其佐句芒，執規而治春，其神爲歲
星……南方，火也。其帝炎帝，其佐朱明，執衡而治夏，其神爲熒
惑……中央，土也。其帝黄帝，其佐后土，執繩而制四方，其神爲
鎮星。西方，金也。其帝少昊，其佐蓐收，執矩而治秋，其神爲太
白……北方，水也。其帝顓頊，其佐玄冥，執權而治冬，其神爲辰
星。”武帝所創祭祀體系中，以“五帝”爲“太一”之佐。

[2]【顔注】師古曰：爲音于僞反。

[3]【顔注】師古曰：萬舉，猶言舉以萬數也。蜚，古“飛”
字也。言鸞鳳飛翔，覽觀都邑也。

[4]【今注】案，齋，殿本作“齊”。

[5]【顔注】師古曰：鬯，香酒，所以祭神。【今注】鬯：以
鬱金香合黍釀造的香酒，用以祭祀。

[6]【顔注】師古曰：嚮讀曰饗。

[7]【顔注】如淳曰：太守雖號二千石，有千石、八百石居
者。有功德茂異乃得滿秩。霸得中二千石，九卿秩也。晉灼曰：
此直謂二千石增秩爲中二千石耳，不謂滿不滿也。師古曰：如説
非也。霸舊已二千石矣，今增爲中二千石，以寵異之。此與地節
三年增膠東相王成秩其事同耳。漢制，秩二千石者一歲得一千四
百四十石，實不滿二千石也，其云中二千石者，一歲得二千一百
六十石。舉成數言之，故曰中二千石。中者，滿也。【今注】黄
霸：西漢官員，有循吏之名，後官至丞相。傳見本書卷八九。

[8]【今注】案，周壽昌《漢書注校補》認爲，後世褒獎婦女
節孝之風始於此。

[9]【今注】案，郡，大德本作“部”。

[10]【顔注】師古曰：呼留若者，王之號也，勝之，其人
名。【今注】呼留若王勝之：《資治通鑑》卷二七《漢紀》孝宣皇
帝神爵四年《考異》指出，《匈奴傳》稱握衍朐鞮單于即位後，修

和親事，"遣弟伊酋若王勝之入漢獻見"，當即此事。王先謙《漢書補注》指出，這種歧異是因譯音無定字所致。今案，虛閭權渠單于死後，右賢王屠耆堂立爲握衍朐鞮單于，而修和親事。此單于既無威望且好殺人立威，後釀成五單于並立之局，使匈奴就此徹底走向衰弱。又，本書卷七九《馮奉世傳》有云"昭帝末，西河屬國胡伊酋若王亦將衆數千人畔，奉世輒持節將兵追擊"，二者未知是否爲一人。

[11]【今注】河南：郡名。即秦三川郡，治洛陽（今河南洛陽市東北）。 嚴延年：宣帝朝酷吏、能吏，有"屠伯"之號，以怨望、誹謗政治之罪被殺。傳見本書卷九〇。

[12]【今注】案，握衍朐鞮單于繼位後，引發匈奴內亂。虛閭權渠單于子稽侯狦被擁立爲呼韓邪單于。是年，握衍朐鞮單于被呼韓邪單于擊敗，自殺。是後匈奴諸單于爭立，陷入內亂。

五鳳元年[1]春正月，行幸甘泉，郊泰畤。皇太子冠。[2]皇太后賜丞相、將軍、列侯、中二千石帛，人百匹，大夫人八十匹，夫人六十匹。又賜列侯嗣子爵五大夫，男子爲父後者爵一級。夏，赦徒作杜陵者。[3]冬十二月乙酉朔，日有蝕之。[4]左馮翊韓延壽有罪，[5]棄市。

[1]【顏注】應劭曰：先者鳳皇五至，因以改元云。
[2]【今注】冠：男子滿二十歲，行冠禮。《資治通鑑》卷二七《漢紀》孝宣皇帝五鳳元年《考異》指出，荀悅《漢紀》於元康三年（前63）及次年重複言"皇太子冠"，或誤。今案，荀悅《漢紀》係據二疏事稱太子元康三年冠。二疏，指疏廣及其姪疏受，地節三年（前67）立太子後，分別任太子太傅、太子少傅，元康三年去位，事見本書卷七一《疏廣傳》。而《疏廣傳》又言其"在

位五歲，皇太子年十二”，與本書卷九《元紀》“八歲，立爲太子”
相合。唯以此算來，五鳳元年（前57）皇太子當爲十八歲，不及
二十。此亦不足怪，皇家爲讓太子提前熟悉國政，提前行冠禮頗爲
常見。如景帝去世前夕就曾爲武帝舉行冠禮，彼時武帝不過十六
歲。後乃更有“諸侯十二而冠也，若天子，亦與諸侯同，十二而
冠”（賈公彥疏）的説法。《漢紀》誤載元康三年太子冠，或即與
此有關，元康三年時皇太子恰爲十二歲。

[3]【今注】杜陵：漢宣帝劉詢墓，地處杜縣（後改杜陵縣），
故名。在今陝西西安市雁塔區曲江街道辦事處三兆村西北。

[4]【今注】日有蝕之：查諸日食表，公元前56年1月3日，
亦即五鳳元年十二月乙酉朔有日食，但位置偏東，西安地區不可見
（參見張培瑜《三千五百年曆日天象》）。

[5]【今注】左馮翊：漢武帝時改左内史置。本書《百官公卿
表上》顔師古注引張晏曰：“馮，輔也。翊，佐也。”職掌相當於郡
太守，轄區相當於一郡，因地屬畿輔，故不稱郡，爲三輔之一。治
所在長安城。轄境範圍相當於今陝西渭河以北、涇河以東洛河中下
游地區。　韓延壽：昭、宣朝循吏，坐奢僭誅。傳見本書卷七六。

二年春三月，[1]行幸雍，祠五畤。[2]夏四月己丑，
大司馬車騎將軍增薨。[3]秋八月，詔曰：“夫婚姻之禮，
人倫之大者也；酒食之會，所以行禮樂也。[4]今郡國二
千石或擅爲苛禁，禁民嫁娶不得具酒食相賀召。由是
廢鄉黨之禮，令民亡所樂，非所以導民也。詩不云乎：
‘民之失德，乾餱以愆。’[5]勿行苛政。”冬十一月，匈
奴呼遬累單于帥衆來降，[6]封爲列侯。十二月，平通侯
揚惲[7]坐前爲光禄勳有罪，免爲庶人。不悔過，怨望，
大逆不道，要斬。[8]

　　[1]【今注】三月：《資治通鑑》卷二七《漢紀》孝宣皇帝五鳳二年《考異》指出，荀悅《漢紀》此處作"正月"。而按漢制，以正月郊祀爲常制，似當以《漢紀》爲準。又，本書卷六六《楊惲傳》有云："行必不至河東矣。"則當時亦當曾赴河東祠后土。

　　[2]【今注】五時：於雍設立的祭祀黄、赤、青、白、黑五帝的五個處所，在今陝西鳳翔縣西南古雍城之郊，故亦稱雍五時。其具體名稱説法不一。《史記·封禪書》司馬貞《索隱》認爲是密時、上時、下時、畦時、北時；《史記》卷一二《孝武本紀》張守節《正義》認爲是鄜時、密時、上時、下時、北時；錢穆《史記地名考》則認爲是武時、好時、上時、下時、北時。

　　[3]【顏注】師古曰：韓增。

　　[4]【今注】禮樂：《漢書考正》劉攽認爲，"樂"爲衍字。陽夏公則認爲，古語多此類延及之語，非衍字。

　　[5]【顏注】師古曰：《小雅·伐木》之詩也。餱，食也。愆，過也。言人無恩德，不相飲食，則闕乾餱之事，爲過惡也。乾音干。餱音侯。

　　[6]【顏注】師古曰：邀，古"速"字。累音力追反。【今注】呼邀累單于：《資治通鑑》卷二七《漢紀》孝宣皇帝五鳳二年《考異》指出，《功臣表》中，"義陽侯屬溫敦"又稱"謖連累單于"即此人。"信成侯王定"則爲其子。據《匈奴傳》其未嘗爲單于，或許是降時自稱單于；或許是紀、表二者誤也。周壽昌《漢書注校補》指出，三年下詔尚稱爲"呼邀累單于"，當非誤，紀、表就當時稱號記之，而於《匈奴傳》紀其實。今案，此所謂單于即本書卷九四《匈奴傳》所載之呼邀累烏厲溫敦。時匈奴内亂，五單于並立，呼韓邪單于麾下左大將烏厲屈與父呼邀累烏厲溫敦乃率其衆數萬人南降漢。至於單于稱號，當是降漢之際所稱，降者獲實利，漢廷得虛名，各取所需。

　　[7]【顏注】師古曰：惲音於吻反。【今注】揚惲：故丞相楊

敞子，司馬遷外孫，對《史記》有保存、傳播之功。與金安上共告
霍禹謀反事，得封侯。其爲官廉潔無私，材能頗著，然恃才傲物，
與蓋寬饒、韓延壽等相善。是年，因與宣帝親信太僕戴長樂交惡，
互相告訐，皆被免爲庶人。後逢日食，被劾以驕奢、怨望，以大逆
不道罪腰斬，其故交韋玄成、張敞等皆被免職。傳見本書卷六六。

　　[8]【今注】案，《資治通鑑》卷二七《漢紀》孝宣皇帝五鳳
二年《考異》指出，根據《蕭望之傳》，是年（五鳳二年，前56）
八月，揚惲猶爲光禄勳。按《百官公卿表》，揚惲、戴長樂以神爵
元年（前61）分別爲光禄勳、太僕，五年（即五鳳二年）皆免。
楊惲免職後，其侄楊譚提及當時杜延年爲御史大夫，按《百官公卿
表》，杜延年爲御史大夫在五鳳三年六月。《楊惲傳》載其與孫會
宗書曰："臣之得罪已三年矣。"其被殺因日食之變，查日食當在五
鳳四年四月。楊惲大概在當年十二月免爲庶人，至四年乃死。《宣
紀》有誤。

　　三年春正月癸卯，丞相吉薨。[1]三月，行幸河東，
祠后土。詔曰："往者匈奴數爲邊寇，百姓被其害。朕
承至尊，未能綏安匈奴。虛閭權渠單于請求和親，病
死。[2]右賢王屠耆堂代立。[3]骨肉大臣立虛閭權渠單于
子爲呼韓邪單于，擊殺屠耆堂。諸王竝自立，分爲五
單于，更相攻擊，[4]死者以萬數，畜產大耗什八九，[5]
人民飢餓，相燔燒以求食，[6]因大乖亂。單于閼氏[7]了
孫昆弟及呼遫累單于、名王、右伊秩訾、且渠、當户
以下[8]將衆五萬餘人來降歸義。單于稱臣，使弟奉珍
朝賀正月，[9]北邊晏然，靡有兵革之事。朕飭躬齋
戒，[10]郊上帝，祠后土，神光並見，或興于谷，燭耀
齊宮，十有餘刻。[11]甘露降，神爵集。已詔有司告祠

上帝、宗廟。三月辛丑，鸞鳳又集長樂宮東闕中樹上，[12]飛下止地，文章五色，留十餘刻，吏民並觀。朕之不敏，懼不能任，婁蒙嘉瑞，獲茲祉福。[13]書不云乎：'雖休勿休，祗事不怠。'[14]公卿大夫其勖焉。[15]減天下口錢。[16]赦殊死以下。[17]賜民爵一級，女子百戶牛酒。大酺五日。[18]加賜鰥寡孤獨高年帛。"置西河、北地屬國以處匈奴降者。[19]

[1]【顏注】師古曰：丙吉也。【今注】案，黃霸繼丙吉爲相。

[2]【今注】虛閭權渠單于：爲其前任壺衍鞮單于之弟，擊降李廣利的狐鹿姑單于之子。事見本書卷九四《匈奴傳》。

[3]【今注】屠耆堂：烏維單于後裔，繼位爲握衍朐鞮單于。在其之前的狐鹿姑、壺衍鞮、虛閭權渠三任單于皆爲烏維單于弟且鞮侯單于後裔。屠耆堂血脈疏遠，本無立爲單于之可能，然因其與顓渠閼氏關係曖昧，而顓渠閼氏先後爲狐鹿姑、壺衍鞮、虛閭權渠三任單于之閼氏，且曾在狐鹿姑單于死後與衛律共立壺衍鞮單于，消息靈通又有一定權勢，屠耆堂乃得立。然亦因此故，屠耆堂與虛閭權渠單于舊臣親屬矛盾、猜忌頗深，其爲鞏固權力大興殺戮，遭到廣泛反抗而敗亡，並引發了匈奴大規模內亂，最終分裂。事見本書《匈奴傳》。

[4]【顏注】師古曰：更音工衡反。

[5]【顏注】師古曰：耗，損也。言十損其八九也。耗音呼到反。

[6]【顏注】師古曰：燔，焚也，音扶元反。

[7]【顏注】服虔曰：閼氏音焉支。

[8]【顏注】師古曰：伊秩訾（伊，殿本作"尹"）、且渠、當戶，皆匈奴官號也。訾音子移反。且音子余反。

〔9〕【今注】案，此即次年"匈奴單于稱臣，遣弟谷蠡王入侍"一事。正，殿本作"五"。

〔10〕【顏注】師古曰：飭與敕同。【今注】飭：陳直《漢書新證》云："《隸釋》卷八《衡方碑》云：'退就飭巾。'以飭爲敕，與本文同，爲東漢時之通用隸體假借字。"案，齋，殿本作"齊"。

〔11〕【顏注】師古曰：燭亦照也。刻者，以漏言時也。

〔12〕【顏注】張晏曰：門外闕內衡馬之裏樹也。【今注】闕：古代皇宮門外兩邊供瞭望的樓臺，中有通道。本書卷一下《高紀下》云："蕭何治未央宮，立東闕、北闕、前殿、武庫、大倉。"顏師古注云："未央殿雖南嚮，而上書奏事謁見之徒皆詣北闕，公車司馬亦在北焉。是則以北闕爲正門，而又有東門、東闕。至於西南兩面，無門闕矣。蓋蕭何初立未央宮，以厭勝之術，理宜然乎？"今案，如顏師古所言，未央宮確以北闕爲正門，與後世以南門爲正門的習俗大不相同。然其原因非所謂厭勝，而是當時由北極、北斗崇拜帶來的尊北之風。而設東闕則當與上古以來尊日的習俗有關。（參見宋艷萍《漢闕與漢代政治史觀》，載《形象史學研究（2013）》，人民出版社2014年版；安子毓《方位尊崇淵源考》，《社會科學戰綫》2017年第10期）

〔13〕【顏注】師古曰：婁，古"屢"字。【今注】案，祉，殿本作"社"。

〔14〕【顏注】師古曰：《周書·呂刑》之辭。言雖見襃美，勿自以爲有德美，當敬於事，無怠墮也（墮，大德本、殿本作"惰"）。

〔15〕【顏注】師古曰：朂，勉也。

〔16〕【今注】口錢：漢代針對年齡在三歲至十四歲的未成年人設置的人頭稅，稅額本爲二十文，供宮廷費用。漢武帝時加增三文，供補充車騎馬匹之用。

〔17〕【今注】殊死：即斬首之刑。

[18]【今注】酺：聚會飲酒。

[19]【今注】西河：指西河屬國。西漢朝廷於西河郡界內設西河屬國安置匈奴降者，治美稷（今內蒙古准格爾旗西北）。西河郡，治平定（今內蒙古鄂爾多斯市東勝區）。　北地屬國：西漢朝廷於北地郡界內所設屬國，安置匈奴降者，治富平（今寧夏吳忠市西南）。屬國，漢廷對歸降部落因其故俗，存其國號而屬漢朝，故稱屬國，由屬國都尉管理。

四年春正月，廣陵王胥有罪，[1]自殺。匈奴單于稱臣，[2]遣弟谷蠡王入侍。[3]以邊塞亡寇，減戍卒什二。大司農中丞耿壽昌奏設常平倉，以給北邊，[4]省轉漕。[5]賜爵關內侯。[6]夏四月辛丑晦，日有蝕之。[7]詔曰：“皇天見異，以戒朕躬，是朕之不逮，吏之不稱也。[8]以前使使者問民所疾苦，復遣丞相、御史掾二十四人循行天下，[9]舉冤獄，察擅爲苛禁深刻不改者。”

[1]【今注】廣陵王胥：廣陵厲王劉胥，漢武帝子，坐祝詛罪自殺，事見本書卷六三《武五子傳》。

[2]【今注】匈奴單于：《資治通鑑》卷二七《漢紀》孝宣皇帝五鳳四年《考異》認爲，《匈奴傳》載呼韓邪稱臣後即遣銖婁渠堂入侍，其事在次年。不知此單于所指爲誰。

[3]【顏注】服虔曰：谷音鹿。韋昭曰：蠡音如麗（蔡琪本、大德本、殿本句末有“反”字）。師古曰：谷，服音是也。蠡音落奚反（落，大德本、殿本作“洛”）。

[4]【顏注】應劭曰：壽昌奏令邊郡穀賤時增賈而糴，穀貴時減賈而糴（賈，大德本、殿本作“價”），名曰常平倉。見《食貨志》。【今注】大司農中丞：漢武帝置，大司農屬官。職掌財

用度支、均輸漕運諸事。　耿壽昌：漢宣帝時任大司農中丞。因常平倉之策而被賜爵關內侯。精數學，曾刪補《九章算術》；又曾以銅鑄渾天儀觀測天象。事見本書《食貨志上》。　常平倉：耿壽昌在五鳳年間建議糴三輔、弘農、河東、上黨、太原郡穀供應京師，以省關東轉漕。又建議邊郡置常平倉，穀賤時增其價而糴，穀貴時減價而糶。詳見本書《食貨志上》。

[5]【今注】轉漕：轉運。

[6]【今注】案，耿壽昌常平之議，實類桑弘羊平準之策，蓋元鳳元年（前80）桑弘羊死後此策即廢，至耿壽昌上議方復，然僅行於邊郡。本書卷九〇《嚴延年傳》載嚴延年曾嘲諷此策，是知此策在神爵年間已實施，民既便之，故是年封耿壽昌爲關內侯。又，本書卷七〇《陳湯傳》載耿壽昌以造杜陵之功得封關內侯，與此不同。

[7]【今注】四月辛丑晦日有蝕之：查諸張培瑜《三千五百年曆日天象》，公元前54年5月9日，亦即五鳳四年四月辛丑朔有日食，西安地區食甚時刻爲下午2時10分，食分高達0.81。然則此處文字將朔日誤爲晦日，當作"四月辛丑朔"。

[8]【顏注】師古曰：稱，副也。

[9]【顏注】師古曰：行音下更反。

甘露元年春正月，行幸甘泉，郊泰畤。匈奴呼韓邪單于遣子右賢王銖婁渠堂入侍。[1]二月丁巳，[2]大司馬車騎將軍延壽薨。[3]夏四月，黃龍見新豐。[4]丙申，太上皇廟火。[5]甲辰，孝文廟火。上素服五日。冬，匈奴單于遣弟左賢王朝賀。[6]

[1]【顏注】師古曰：銖音殊。婁音力于反。【今注】案，在握衍朐鞮單于自殺後，匈奴內亂，諸單于爭立。經過連年混戰呑

併，至此僅剩呼韓邪單于及其庶兄郅支單于兩支主要力量。呼韓邪不敵郅支，乃從大臣謀欲降漢，故遣子內侍。

[2]【今注】二月：錢大昭《漢書辨疑》指出，表與荀悅《漢紀》俱作"三月"。

[3]【顏注】文穎曰：許延壽。

[4]【今注】新豐：縣名。治所在今陝西西安市臨潼區東北陰盤城。劉太公思鄉，漢高帝乃於關中建邑如豐縣，徙豐民實之，號新豐。事見本書卷一下《高紀下》應劭注。

[5]【今注】太上皇：漢高帝之父劉太公。

[6]【今注】案，朝賀，蔡琪本、大德本、殿本作"來朝賀"。

二年春正月，[1]立皇子囂爲定陶王。[2]詔曰："迺者鳳皇甘露降集，黃龍登興，醴泉滂流，[3]枯槁榮茂，[4]神光並見，咸受禎祥。[5]其赦天下。減民算三十。[6]賜諸侯王、丞相、將軍、列侯、中二千石金錢各有差。賜民爵一級，女子百戶牛酒，鰥寡孤獨高年帛。"夏四月，遣護軍都尉祿將兵擊珠崖。[7]秋九月，立皇子宇爲東平王。[8]

[1]【今注】案，《資治通鑑》卷二七《漢紀》孝宣皇帝甘露二年《考異》指出，按《諸侯王表》，立劉囂時間在"十月乙亥"。

[2]【顏注】師古曰：囂音敖（囂，殿本作"嚚"）。【今注】案，囂後徙封楚，即楚孝王囂。其重孫嬰爲王莽所立繼平帝後，即孺子嬰。囂，殿本作"嚚"。　定陶：諸侯王國名。宣帝時改濟陰郡置，後廢，成帝河平四年（前25）復置，治定陶（今山東菏澤市定陶區西北古陶邑）。

[3]【今注】醴：甜美的泉水。

[4]【顏注】師古曰：槁音口老反。

[5]【顏注】師古曰：禎，正也。祥，福也。禎音貞。

[6]【顏注】師古曰：一算減錢三十也。【今注】減民算三十：王先謙《漢書補注》指出，據漢律，人出一算，算百二十錢。

[7]【今注】護軍都尉：官名。職在統督諸將，選拔武官。秩比二千石。漢武帝元狩四年（前119）始屬大司馬。昭帝時霍光任大司馬大將軍，故大司馬護軍都尉又稱大將軍護軍都尉。　禄·錢大昭《漢書辨疑》指出，“禄”，荀悅《漢紀》記作“張禄”。　珠崖：郡名。治瞫都（今海南海口市瓊山區東南），漢武帝元鼎六年（前111）平南越後置。本書卷六四下《賈捐之傳》云，“甘露元年，九縣反，輒發兵擊定之”，則珠崖民變在前一年已爆發。

[8]【今注】九月：錢大昕《廿二史考異·漢書一》指出，根據《諸侯王表》，宇、囂皆以是年十月乙亥封，與此不同。　宇：劉宇，即東平思王。傳見本書卷八〇。　東平：諸侯王國名。漢宣帝時改大河郡置，治無鹽（今山東東平縣東）。

　　冬十二月，行幸萯陽宮[1]屬玉觀。[2]匈奴呼韓邪單于款五原塞，[3]願奉國珍朝三年正月。[4]詔有司議。咸曰：“聖王之制，施德行禮，先京師而後諸夏，先諸夏而後夷狄。詩云：‘率禮不越，遂視既發。相土烈烈，海外有截。’[5]陛下聖德，充塞天地，光被四表。[6]匈奴單于鄉風慕義，[7]舉國同心，奉珍朝賀，自古未之有也。單于非正朔所加，王者所客也，禮儀宜如諸侯王，稱臣昧死再拜，[8]位次諸侯王下。”詔曰：“蓋聞五帝三王，[9]禮所不施，不及以政。[10]今匈奴單于稱北藩臣，朝正月，朕之不逮，德不能弘覆。其以客禮待之，位在諸侯王上。”[11]

[1]【顏注】應劭曰：宮在鄠，秦文王所起。伏儼曰：在扶風。李斐曰：萯音倍。師古曰：應説、李音是也。【今注】萯（bèi）陽宮：秦惠文王所起，在今陝西西安市鄠邑區南。《説苑》記載，秦王嬴政曾遷太后於萯陽宮。

[2]【顏注】服虔曰：以玉飾，因名焉，在扶風。李奇曰：屬玉音鸑鷟。其上有此鳥，因以爲名。晉灼曰：屬玉，水鳥，似鷄鶂，以名觀也。師古曰：晉説是也。屬音之欲反。

[3]【顏注】師古曰：款，叩也。【今注】五原塞：古塞名，其地説法不一。張守節《史記正義》認爲即五原郡榆林塞。其故地在今內蒙古准格爾旗東北黃河南岸十二連城。張維華《中國長城建置考》（中華書局 1979 年版）認爲其地爲五原郡北境之塞。

[4]【顏注】師古曰：欲於甘露三年正月行朝禮。

[5]【顏注】文穎曰：遂，徧也。發，行也。言契能使其民率禮不越法度，徧承視其教令奉順而行也。相土，契孫也。烈烈，威也。戳，整齊也。威武之盛烈烈然，四海之外率服整齊也。師古曰：此《商頌·長發》之詩。

[6]【顏注】師古曰：四表，四方之外也。

[7]【顏注】師古曰：鄉讀曰嚮。

[8]【今注】昧死：文書用語，一般用於臣下向皇帝上呈文書，以表示敬畏。

[9]【今注】五帝：傳説中的五位聖王，其説法不一。《史記》卷一《五帝本紀》認爲是黃帝、顓頊、帝嚳、堯、舜。

[10]【顏注】師古曰：言荒外之人非禮所設者，政刑亦不及。

[11]【今注】位在諸侯王上：時丞相黃霸、御史大夫于定國認爲單于位當在諸侯王下，太傅蕭望之認爲當在諸侯王上，宣帝從望之之議。事見本書卷七八《蕭望之傳》。

三年春正月，行幸甘泉，郊泰畤。匈奴呼韓邪單于稽侯狦來朝，[1]贊謁稱藩臣而不名。賜以璽綬、冠帶、衣裳、安車、四馬、黃金、錦繡、繒絮。[2]使有司道單于[3]先行就邸長安，宿長平。上自甘泉宿池陽宮。[4]上登長平阪，[5]詔單于毋謁。[6]其左右當戶之群皆列觀，[7]蠻夷君長王侯迎者數萬人，夾道陳。上登渭橋，[8]咸稱萬歲。單于就邸。置酒建章宮，饗賜單于，觀以珍寶。[9]二月，單于罷歸。遣長樂衛尉高昌侯忠、[10]車騎都尉昌、[11]騎都尉虎[12]將萬六十騎送單于。單于居幕南，保光祿城。[13]詔北邊振穀食。[14]郅支單于遠遁，[15]匈奴遂定。

[1]【顏注】應劭曰：狦音若訕。李奇曰：狦音山。師古曰：稽音古奚反。狦音删，又音先安反。

[2]【今注】安車：可以坐乘的小車。高官告老，君主往往賜予安車，以示優容。案，四，蔡琪本、大德本、殿本作「駟」。

[3]【顏注】師古曰：道讀曰導。導，引也。

[4]【今注】池陽宮：故址在今陝西三原縣嵯峨鄉天齊原上。漢時池陽宮是長安通甘泉宮之要道。陳直《漢書新證》根據《漢金文錄》卷三、十九頁，指出有池陽宮行鐙，建造時間為甘露四年。

[5]【顏注】如淳曰：阪名也，在池陽南。上原之阪有長平觀，去長安五十里。師古曰：涇水之南原，即今所謂眭城阪（蔡琪本、大德本、殿本句末有「也」字）。

[6]【顏注】師古曰：不拜見也。

[7]【顏注】孟康曰：左右當戶，匈奴官名。

[8]【今注】渭橋：秦建都咸陽後，渭北有咸陽宮，渭南有興宮。秦昭襄王為接通南北二宮，於渭水之上造橋，名橫橋。秦統一

六國後，在擴建咸陽宮的同時，也擴建了橫橋。西漢初重修橫橋，改名橫門橋、渭橋，也稱中渭橋。故址在秦咸陽城正南，漢長安城北偏西，今陝西咸陽市東南約二十里。橫橋遺址在今咸陽市渭城區窰店鎮南龍村以東 150 米處。景帝五年（前 152），在今陝西西安市高陵區耿鎮南建渭橋，後稱東渭橋。武帝建元三年（前 138），在今咸陽市秦都區兩寺渡一帶"初作便門橋"，後稱西渭橋。

[9]【顏注】師古曰：觀，示也。

[10]【顏注】晉灼曰：《功臣表》董忠。【今注】高昌：侯國名。治所在今山東博興縣西南。

[11]【顏注】晉灼曰：韓昌。

[12]【顏注】文穎曰：不知姓。晉灼曰：《百官表》唯記三輔、郡以上。若此皆不見姓，無從知之。

[13]【顏注】孟康曰：前光禄徐自爲所築城。【今注】光禄城：又名光禄塞。在今內蒙古烏拉特前旗明暗鄉小召門梁古城。漢武帝太初三年（前 102）光禄勳徐自爲主持修築，故得名。

[14]【今注】振穀食：向南匈奴援助糧食。振，同"賑"。

[15]【顏注】師古曰：郅音質。【今注】郅支單于：名呼屠吾斯，呼韓邪單于之庶兄，後自立爲郅支骨都侯單于，攻破呼韓邪單于。呼韓邪單于降漢後，郅支單于遷居西域，後又殺漢廷使者谷吉，復避至康居。元帝建昭三年（前 36），西域都護府副校尉陳湯矯詔，調發屯田軍與西域各國軍隊共四萬人擊滅郅支單于。　遠遁：此年及次年，郅支單于皆曾遣使奉獻，與漢廷關係尚未破裂。

詔曰："迺者鳳皇集新蔡，[1]群鳥四面行列，皆鄉鳳皇立，以萬數。[2]其賜汝南太守帛百匹，新蔡長吏、三老、孝弟力田、鰥寡孤獨各有差。[3]賜民爵二級。毋出今年租。"三月己丑，丞相霸薨。[4]詔諸儒講五經同異，[5]太子太傅蕭望之等平奏其議，[6]上親稱制臨決焉。[7]迺立《梁丘易》《大小夏侯尚書》《穀梁春秋》博士。[8]冬，烏孫公主來歸。[9]

[1]【今注】新蔡：縣名。屬汝南郡，治所在今河南新蔡縣。

[2]【顏注】師古曰：行音胡郎反。鄉讀曰嚮。

[3]【今注】長吏：漢代指縣令長、尉、丞以上的地方官。

[4]【顏注】文穎曰：黃霸。【今注】案，于定國繼黃霸爲相。

[5]【今注】案，此次會議即經學史上著名的石渠閣會議。會議具體記録多已散佚，一少部分内容散見於《通典》。

[6]【今注】太子太傅：官名。西漢初掌保養、監護、輔翼太子，昭、宣以後兼掌教諭訓導。秩二千石。與太子少傅並稱太子二傅。　蕭望之：漢宣帝時任太子太傅。宣帝臨終時封望之爲前將軍，令其輔政。因與弘恭、石顯政争失敗，被削去職位。後復被迫自殺。傳見本書卷七八。

[7]【今注】稱制：行使皇帝的職權。

[8]【今注】梁丘易：西漢儒者梁丘賀所傳之易學。易，即易經、周易，本爲以八卦進行卜筮之書，後成爲儒家五經之一。其内容形成時間較早，是研究先秦史，尤其是先秦思想史的重要史料。

大小夏侯尚書：西漢儒者夏侯勝、夏侯建叔侄所傳《尚書》之學。尚書，書名。先秦時稱《書》。漢初始稱《尚書》，指上古之書。尚，同“上”。記載上古及夏商事迹，體裁有典、謨、訓、誥、誓、命六種。武帝立五經博士，該書成爲儒家經典之一。據説《尚書》原本達百餘篇，因秦代焚書，導致了《尚書》流傳史上的今古文之争。《今文尚書》爲故秦博士伏生在漢文帝時所傳，用漢隸書寫，故稱《今文尚書》，僅餘二十八篇。後來在漢代多有《古文尚書》被發現的記載。至西晉永嘉之亂時，《古文尚書》佚失，豫章内史梅賾復獻之，傳於後世。然自宋儒開始懷疑，至清儒閻若璩作《尚書古文疏證》，已證明梅本《古文尚書》爲僞作。至於漢代流傳的《古文尚書》之真僞，尚存在爭議（參見劉起釪《尚書學史》，中華書局 1989 年版）。 穀梁春秋：傳説爲戰國儒者穀梁赤所傳《春秋》之學，起初爲口頭傳授，西漢初年寫成文本。春秋，書名。編年體史書。以魯國歷史爲主，按魯十二國君爲序。記事起魯隱公元年（前 722），至魯哀公十四年（前 481），載凡朝聘、會盟、戰争等事。漢代列爲儒家經典之一。《春秋》本經極簡，故而後儒對其進行了大幅解釋，即傳。流傳至漢代，有公羊、穀梁、左氏三傳。 博士：官名。秦置，漢因之，隸屬九卿之一奉常（太常）。漢武帝罷黜百家之前，博士治各家之學，其後乃專立儒學一家。掌議政、制禮、藏書、顧問及教授經學、考核人材、奉命出使等。初秩比四百石，後升比六百石。

[9]【顏注】應劭曰：楚王女解憂。【今注】烏孫公主來歸：翁歸靡死後，烏孫内政幾經波折，終分爲二，翁歸靡與解憂所生長子元貴靡爲大昆彌，翁歸靡與匈奴女所生之子烏就屠爲小昆彌。元貴靡死後，解憂乃上書歸漢。後解憂侍者馮嫽復上書西返，助元貴靡子星靡統治烏孫。事見本書卷九六下《西域傳下》。

四年夏，廣川王海陽有罪，[1]廢遷房陵。冬十月丁卯，未央宫宣室閣火。

[1]【今注】海陽：《資治通鑑》卷二七《漢紀》孝宣皇帝甘露四年《考異》指出，廣川王之名，《諸侯表》記作“汝陽”，《宣紀》《景十三王傳》作“海陽”。王先謙《漢書補注》指出，其罪行爲坐禽獸行、賊殺不辜。今案，此事詳見本書卷五三《景十三王傳》。

黃龍元年[1]春正月，行幸甘泉，郊泰畤。匈奴呼韓邪單于來朝，禮賜如初。二月，單于歸國。

[1]【顏注】應劭曰：先是黃龍見新豐，因以冠元焉。師古曰：《漢注》云此年二月黃龍見廣漢郡，故改年。然則應說非也。見新豐者於此五載矣。【今注】黃龍：《漢書考正》劉攽指出，《郊祀志》先言"改元甘露。其夏，黃龍見新豐"，其下乃云"後間歲，改元黃龍"，然後又云"正月，復幸甘泉"。他認爲宣帝確係追用五年前黃龍祥瑞來改元。

詔曰："蓋聞卜古之治，君臣同心，舉措曲直，各得其所。[1]是以上下和洽，海內康平，其德弗可及已。[2]朕既不明，數申詔公卿大夫務行寬大，[3]順民所疾苦，[4]將欲配三王之隆，[5]明先帝之德也。今吏或以不禁姦邪爲寬大，縱釋有罪爲不苛，或以酷惡爲賢，皆失其中。[6]奉詔宣化如此，豈不繆哉！方今天下少事，繇役省減，[7]兵革不動，而民多貧，盜賊不止，其咎安在？上計簿，具文而已，[8]務爲欺謾，以避其課。[9]三公不以爲意，朕將何任？[10]諸請詔省卒徒自給者皆止。[11]御史察計簿，疑非實者，按之，使真僞毋相亂。"

[1]【顏注】師古曰：措，置也，音千故反。
[2]【顏注】師古曰：已，語終辭。
[3]【顏注】師古曰：申，束也，謂約束之。
[4]【顏注】師古曰：知所疾苦，則順其意也。
[5]【今注】三王：夏、商、周三朝的開國之王。
[6]【顏注】師古曰：中音竹仲反。
[7]【今注】繇：同"徭"。
[8]【顏注】師古曰：雖有其文，而實不副也。簿音步戶反。

其下亦同。

[9]【顏注】師古曰：謾，誑言也，音慢，又音莫連反。

[10]【顏注】師古曰：言無所委任。

[11]【顏注】應劭曰：時有請云，詔使出者省卒徒，以其直自給，不復取稟假（稟，蔡琪本、大德本、殿本作“稟”，誤）。雖有進入於官，非舊章也，故絶之。張晏曰：先是武帝以用度不足，宜有以益官者。或奉使，求不受奉禄，自省其徒衆，以取其稟者或自給。於是姦吏緣以爲利，所得多於本禄，故絶之。如淳曰：是時有所省卒徒，而群臣有請之以自給官府者。先時聽與之，今更悔之，不復聽也。師古曰：應、張二説是也。

三月，有星孛于王良、閣道，入紫宮。[1]夏四月，詔曰：“舉廉吏，誠欲得其真也。吏六百石位大夫，有罪先請，秩禄上通，足以效其賢材，自今以來毋得舉。”[2]冬十二月甲戌，帝崩于未央宮。[3]癸巳，尊皇太后曰太皇太后。[4]

[1]【顏注】蘇林曰：皆星名。【今注】案，沈欽韓《漢書疏證》引《晉書·天文志》，對王良、閣道、紫宮有詳解。今案，此三名非單一星名，爲星宿名，各包含若干顆星。除《晉書·天文志》外，閣道、紫宮之解亦詳見於本書《天文志》。王良，星官名。屬二十八宿之奎宿，按西方星座分野在仙后座。閣道，星官名。在王良之北，屬二十八宿之奎宿，按西方星座分野在仙后座。紫宮，即中宮、紫微垣，星官名。指以北極星爲中心的若干顆星。代表天帝所居之所，象徵皇宮。

[2]【顏注】韋昭曰：吏六百石者不得復舉爲廉吏也。

[3]【顏注】臣瓚曰：帝年十八即位，即位二十五年，壽四

十三。

　[4]【顏注】師古曰：於此已書尊太皇太后，元紀之首又重書之（蔡琪本、大德本、殿本"元"前有"而"字）。然尊太皇太后及皇太后宜同一時，則元紀爲是，而此紀誤重之。

　　贊曰：孝宣之治，信賞必罰，[1]綜核名實，政事文學法理之士咸精其能，至于技巧工匠器械，自元、成間鮮能及之，[2]亦足以知吏稱其職，民安其業也。遭值匈奴乖亂，推亡固存，[3]信威北夷，[4]單于慕義，稽首稱藩。功光祖宗，業垂後嗣，可謂中興，侔德殷宗、周宣矣。[5]

　[1]【顏注】師古曰：有功必賞，有罪必罰。

　[2]【顏注】師古曰：械者，器之總名也。一曰有盛爲械，無盛爲器。鮮，少也，言少有能及之者。"鮮"音先踐反。【今注】鮮能及之：陳直《漢書新證》認爲，宣帝時的陶造錢範確實精美絕倫，然銅器似並不出衆。

　[3]【顏注】李奇曰：推亡者，若紂爲無道，天下苦之，有滅亡之形，周武遂推而獎之（獎，殿本作"敝"）。固存者，譬如鄰國以道蒞民，上下一心，勢必能存，因就而堅固之。今匈奴內自奮爭有土（土，蔡琪本、殿本作"事"），故宣帝能朝呼韓邪而固存之，走郅支單于使遠遁，是謂推亡也。師古曰：《尚書·仲虺之誥》曰："推亡固存，邦乃其昌"。言有亡道者則推而滅之，有存道者則輔而固之。王者如此，國乃昌盛，故此贊引之。

　[4]【顏注】師古曰：信讀爲申，古通用字。一說恩信及威並著北夷。

　[5]【顏注】師古曰：侔等殷之高宗及周宣王也。【今注】殷

宗：殷高宗武丁。在位期間任用傅說等賢臣治理國家，任用婦好等
將軍開疆拓土，實現了商代的中興。事迹詳見《史記》卷三《殷
本紀》。　周宣：周宣王。公元前 827 年至前 782 年在位。穩定鞏
固了周厲王被國人暴動趕走之後的危局，並擊退了周邊少數民族入
侵，被視爲西周中興的象徵。事迹詳見《史記》卷四《周本紀》。
案，施之勉《漢書集解》引凌稚隆說指出，讀《宣帝傳》，祇見宣
帝之仁民愛物，四夷賓服，禎祥屢見。至於慘刻少恩處，則於別傳
詳叙。

漢書　卷九

元紀第九

[1]【今注】案，元紀，蔡琪本、大德本、殿本作"元帝紀"。

孝元皇帝，[1]宣帝太子也。母曰共哀許皇后，[2]宣帝微時生民間。[3]年二歲，宣帝即位。八歲，立爲太子。[4]壯大，柔仁好儒。[5]見宣帝所用多文法吏，以刑名繩下，[6]大臣楊惲、蓋寬饒等坐刺譏辭語爲罪而誅，[7]嘗侍燕從容言：[8]"陛下持刑太深，宜用儒生。"宣帝作色曰：[9]"漢家自有制度，本以霸王道雜之，[10]奈何純任德教，用周政乎！[11]且俗儒不達時宜，好是古非今，使人眩於名實，[12]不知所守，何足委任！"迺歎曰："亂我家者，太子也！"繇是疏太子而愛淮陽王，[13]曰："淮陽王明察好法，宜爲吾子。"而王母張倢伃尤幸。[14]上有意欲用淮陽王代太子，然以少依許氏，俱從微起，故終不背焉。

[1]【顏注】荀悅曰：諱奭之字曰盛。應劭曰：謚法"行義悅民曰元"。師古曰：奭，音式亦反。
[2]【顏注】張晏曰：禮，婦人從夫謚。閔其見殺，故兼二

謚。師古曰："共"讀曰"恭"。【今注】許皇后：名平君，掖庭暴室嗇夫許廣漢之女，本許歐侯氏子，未婚而歐侯氏子卒，乃嫁與宣帝。宣帝即位後立爲皇后，未幾病死，據説爲霍光之妻霍顯派女醫用中藥附子害死。事見本書卷九七上《外戚傳上》。但吕思勉先生指出附子無殺人之效果，認爲此事未必爲事實（參見吕思勉《秦漢史》，上海古籍出版社 2005 年版，第 138 頁）。

［3］【今注】微時：未顯達之時。漢宣帝因受巫蠱一案之牽連，出生數月即被繫於郡邸獄，父母雙亡。後雖遇赦，養於掖庭，然皇族待遇盡失，與平民無異，故稱之爲微時。

［4］【顏注】師古曰：宣帝即位之明年改元曰本始。本始凡四年而改元曰地節。地節三年立皇太子。若初即位年二歲，則立爲太子時年九歲矣。又宣帝以元平元年七月即位，而《外戚傳》云許后生元帝數月，宣帝立爲帝。是則即位時太子未必二歲也。參校前後衆文，此紀進退爲錯。【今注】案，王先謙《漢書補注》引劉攽、朱一新認爲，此處是以逾年改元爲"即位"。今案，本書《食貨志》云："昭帝即位六年，詔郡國舉賢良文學之士，問以民所疾苦，教化之要。皆對願罷鹽鐵酒榷均輸官，毋與天下爭利，視以儉節。"是年爲昭帝始元六年。本書《郊祀志》云"宣帝即位，由武帝正統興，故立三年，尊孝武廟爲世宗，行所巡狩郡國皆立廟"，宣帝立世宗廟在本始二年。是知依《漢書》體例，"立某年"從稱帝當年算起，"即位某年"從逾年改元算起，《元紀》與《外戚傳》皆無誤，劉攽、朱一新説是。

［5］【今注】案，漢宣帝以大儒疏廣、疏受叔侄爲太子太傅、太子少傅，授元帝以《論語》《孝經》等儒家經典。事見本書卷七一《疏廣傳》。

［6］【顏注】晉灼曰：刑，刑家；名，名家也。太史公曰："法家嚴而少恩，名家儉而善失真。"師古曰：晉説非也。劉向《別録》云申子學號刑名。刑名者，以名責實，尊君卑臣，崇上抑

下。宣帝好觀其《君臣篇》。繩謂彈治之耳。【今注】刑名：即廣義上的法家學説。事實上，晉灼説與顔師古説並不矛盾。《史記》卷一三〇《太史公自序》司馬談《論六家要旨》云："名家苛察繳繞，使人不得反其意，專決於名而失人情，故曰'使人儉而善失真'。若夫控名責實，參伍不失，此不可不察也。"可見名家在政治領域的應用實與法家合流，以致近代研究者多認爲名、法相通。從傳世與出土文獻來看，從戰國到漢初常有名、法並稱現象，極爲時人看中。研究者認爲，這是因爲名家在這一時期絕對君權的建立過程中，有規範規則之重要意義。而在專制君主權威建立之後，這一功能不再受到重視，"名思想"便逐漸被"法思想"所融，作爲一個單獨概念逐漸淡出了思想領域。 （參見曹峰《戰國秦漢時期"名""法"對舉思想現象研究》，《西北大學學報》2012 年第6 期）

[7]【顔注】師古曰：惲，音於吻反。【今注】楊惲：司馬遷外孫，故丞相楊敞子，漢宣帝時曾任中郎將，後失爵位，因書信中有怨望之意被殺。傳見本書卷六六。 蓋寬饒：漢宣帝時曾任司隸校尉，以上書怨望被迫自殺。傳見本書卷七七。蓋，大德本、殿本作"蓋"。

[8]【顔注】師古曰：從，音千容反。【今注】侍燕：宴享時陪從或侍候在旁邊。

[9]【顔注】師古曰：作，動也。意怒故動色。

[10]【今注】霸王道：霸道與王道。霸，本指五霸，其歧説較多，《春秋左傳》認爲是夏朝的昆吾氏、商朝的大彭氏、豕韋氏、春秋的齊桓公、晉文公。王，本指三王，即夏、商、周三朝的開國之王——禹、湯、周文王、周武王。霸王道本指五霸與三王的功業與政策，後被比附爲兩種不同的政治理念。王道代表以仁義統治天下的理念。霸道則代表以武力、刑法、權謀統治天下的理念。

[11]【顔注】師古曰：姬周之政。

[12]【顏注】師古曰：眩，亂視也，音胡晎反。【今注】案，《史記》卷六《秦始皇本紀》載李斯建議焚書之議云：“今諸生不師今而學古，以非當世……語皆道古以害今，飾虛言以亂實。”其意與此略同。

[13]【顏注】師古曰：繇讀與由同。【今注】淮陽王：指淮陽憲王欽。傳見本書卷八〇。淮陽，諸侯王國名。治陳縣（今河南淮陽縣）。

[14]【今注】倢伃：漢景帝之前，除皇后外，後宮高等姬妾多泛稱夫人，至武帝所寵李夫人，亦不聞倢伃之號。此號當始自武帝晚年，有尹倢伃、趙倢伃，地位高於普通夫人。西漢後期制度規定，皇后以下的嬪妃分十四等，倢伃爲第二等，官秩視上卿，爵位比列侯。

　　黃龍元年十二月，[1]宣帝崩。[2]癸巳，太子即皇帝位，謁高廟。[3]尊皇太后曰太皇太后，[4]皇后曰皇太后。[5]

[1]【今注】黃龍：漢宣帝年號（前49）。

[2]【今注】崩：古代稱皇帝死爲崩。以山陵崩塌爲喻。

[3]【今注】高廟：即高祖廟，又稱“太祖廟”，是祭祀開國皇帝劉邦的宗廟。西漢新帝即位，須拜謁高祖廟，以宣示自己的合法性和正統性。霍光廢昌邑王時，即曾以“未見命高廟”爲由。惠帝時始設，地方諸郡國皆立。據《三輔黃圖》，京師高廟在長安城安門街東（參見劉慶柱、李毓芳《關於西漢帝陵形制諸問題的探討》，《考古與文物》1985年第5期）。

[4]【顏注】蘇林曰：上官后。【今注】皇太后曰太皇太后：此指漢昭帝皇后，爲昭帝朝輔政大臣上官桀之孫女，霍光之外孫女。昭帝死後，霍光曾以其名義立、廢昌邑王，復立宣帝。事見本

書卷九七《外戚傳》。

[5]【顏注】文穎曰（穎，蔡琪本、殿本作"潁"）：邛成王
皇后，母養元帝者也。【今注】皇后曰皇太后：此指王氏，漢元帝
養母。其父王奉光爲宣帝舊相識，封邛成侯，故稱王太后爲邛成太
后。兄王舜封安平侯，弟王駿封關内侯。另有宗族王林卿任侍中而
通任俠，爲長陵令何并追殺而亡命。事見本書卷九七《外戚傳》、
卷七七《何並傳》。

初元元年春正月辛丑，孝宣皇帝葬杜陵。[1]賜諸侯
王、公主、列侯黄金，吏二千石以下錢帛，各有差。[2]
大赦天下。三月，封皇太后兄侍中中郎將王舜爲安平
侯。[3]丙午，立皇后王氏。[4]以三輔、大常、郡國公田
及苑可省者振業貧民，[5]貲不滿千錢者賦貸種、食。[6]
封外祖父平恩戴侯同産弟子中常侍許嘉爲平恩侯，奉
戴侯後。[7]

[1]【顏注】臣瓚曰：自崩至葬凡二十八日。杜陵在長安南
五十里也。【今注】杜陵：漢宣帝劉詢墓，地處杜縣（後改杜陵
縣），故名。在今陝西西安市雁塔區曲江街道辦事處三兆村西北。

[2]【今注】二千石：漢朝二千石爲中央政府機構的列卿，及
地方州牧郡守、諸侯王國相等。又可細分爲中二千石、二千石、比
二千石三等。據《百官公卿表》顏師古注，中二千石者月各百八十
斛，二千石者百二十斛，比二千石者百斛。《續漢書·百官志五》
所載與此略同。根據張家山漢簡《秩律》與《新書》《史記》等傳
世文獻，閻步克先生又指出漢初祇有二千石，並無中二千石等細分
等級，最早的中二千石的記載出現在文帝死後景帝發布的詔書中。
楊振紅先生則進一步認爲中二千石的官位是文帝時在賈誼的建議下

設立的，是爲了區別漢廷官員與諸侯官員之地位。而早期中二千石官員亦不止《百官公卿表》所載諸官，如内史、主爵都尉均曾列於中二千石。案，石，漢代度量衡單位，有兩義：一爲重量單位，合一百二十斤。二爲容量單位，合十斗，亦即一斛。馬彪等先生指出，"石"本爲官方重量單位，合十斗的官方標準容量單位爲"桶（甬）"。因一石重的禾黍可得十斗糙米，一石重的稻禾可得十斗稻米，故實踐中有將十斗稱爲"石"的習慣。王莽時以"斛"作爲合十斗的官方容量單位，東漢承之，此後容量單位"石"便逐漸淡出了漢代計量系統。然則根據前文顔注所引二千石的俸禄換算，二千石當指二千石（容量單位）容積的米，亦即二千石（重量單位）重的禾，其餘官秩與此相類。又案，陳夢家先生根據傳世與出土文獻指出，雖然西漢承秦制，官俸以"石"爲名，但主要是代表官秩，實際發俸實以錢爲主。至王莽後期，變爲以穀爲主，東漢則爲半錢半穀，而以穀數爲標準。前文所引顔注所舉具體官俸，當出自東漢之材料，且亦祇是一種計算標準，並非兩漢官俸的實際發放情況。（參見閻步克《〈二年律令·秩律〉的中二千石秩級闕如問題》，《河北學刊》2003 年第 5 期；楊振紅《出土簡牘與秦漢社會（續編）》，廣西師範大學出版社 2015 年版，第 51—57 頁；馬彪、林力娜《秦、西漢容量"石"諸問題研究》，《中國史研究》2018 年第 4 期；陳夢家《漢簡所見奉例》，《文物》1963 年第 5 期）

[3]【今注】侍中：官名。秦置，原爲丞相史，以其往來殿中奏事，切問近對，故名。西漢爲加官，列侯以下至郎中皆可加此頭銜，無定員。有此加官即可入禁中，多由外戚幸臣及功臣子弟充任。掌侍從皇帝左右，侍奉生活起居，分掌御用乘輿服物，無員。武帝以後漸參與朝政，常授重臣儒者，與聞朝政，贊導衆事，顧問應對，與公卿大臣論辯，平議尚書奏事。武帝末年令出居宫禁外，有事召入，事畢即出。設僕射一人。　中郎將：官名。秦、西漢爲中郎長官，職掌宫禁宿衛，隨行護駕，協助郎中令（光禄勳）考核選拔郎官及從官，亦常奉詔出使，職位清要。後又專設五官、左、

右中郎將分領中郎及謁者。西漢昭、宣以來，其職多由外戚及親近官員擔任，加中朝官號。隸郎中令，秩比二千石。　王舜：邛成太后兄。事見本書卷九七下《外戚傳下》。

[4]【今注】皇后王氏：孝元王皇后，名王政君，王莽姑母。傳見本書卷九八。

[5]【顏注】師古曰：振起之，令有作業。【今注】三輔：長安及周邊的三個郡級區劃，即京兆尹、左馮翊、右扶風。在十三州之外，由司隸校尉部負責監察。京兆尹，西漢京畿地方行政長官之一。武帝時改右内史置，職掌如郡太守。其地屬京畿，故不稱郡。因治京師，又得參與朝政，故又有中央官性質。地位高於郡守，位列諸卿，秩中二千石（一說秩二千石）。左馮翊，西漢武帝時改左内史置。本書《百官公卿表上》注：“馮，輔也。翊，佐也。”職掌相當於郡太守，轄區相當於一郡，因地屬畿輔，故不稱郡。治所在長安城。轄境範圍相當於今陝西渭河以北、涇河以東洛河中下游地區。右扶風，秦及漢初設主爵中尉，掌列侯。漢武帝時改名右扶風，掌治内史右地。治長安縣（今陝西西安市西北）。職掌相當於郡太守，因地屬畿輔，故不稱郡。　大常：又名“奉常”。主管祭祀社稷、宗廟和朝會、喪葬禮儀，管理皇帝陵墓、寢廟所在縣邑，每月巡視諸陵，兼管文教。《資治通鑑》卷二八胡三省注指出，諸陵所在縣歸太常管理，故太常有公田苑。大常，蔡琪本、大德本、殿本作“太常”。

[6]【顏注】師古曰：賦，給與之也。貸，假也。貸，音土戴反。種，音之勇反。【今注】貲：資産。

[7]【顏注】文穎曰（穎，蔡琪本、殿本作“潁”）：戴侯，許廣漢。【今注】平恩戴侯：許廣漢，漢宣帝許皇后之父，事見本書《外戚傳》。平恩，侯國名。治所在今河北邱縣西南。　中常侍：加官。初稱常侍，漢元帝以後稱中常侍。凡列侯、將軍、卿大夫、將、都尉、尚書以至郎中，加此得出入禁中，常侍皇帝左右。武帝

以後參與朝議，成爲中朝官。無定員。《資治通鑑》卷二八《漢紀》孝元皇帝初元元年胡三省注根據《百官公卿表》，指出侍中、中常侍皆加官，西漢時參用士人，東漢時乃以宦者爲中常侍。

夏四月，詔曰："朕承先帝之聖緒，獲奉宗廟，戰戰兢兢。間者地數動而未静，懼於天地之戒，不知所繇。[1]方田作時，朕憂蒸庶之失業，[2]臨遣光禄大夫褒等十二人[3]循行天下，[4]存問耆老鰥寡孤獨困乏失職之民，[5]延登賢俊，招顯側陋，因覽風俗之化。相守二千石誠能正躬勞力，[6]宣明教化，以親萬姓，則六合之内和親，[7]庶幾虖無憂矣。《書》不云乎？'股肱良哉，庶事康哉！'[8]布告天下，使明知朕意。"又曰："關東今年穀不登，民多困乏。其令郡國被災害甚者毋出租賦。江海陂湖園池屬少府者以假貧民，[9]勿租賦。賜宗室有屬籍者馬一匹至二駟，[10]三老、孝者帛五匹，[11]弟者、力田三匹，[12]鰥寡孤獨二匹，吏民五十户牛酒。"[13]六月，以民疾疫，令太官損膳，[14]減樂府員，省苑馬，[15]以振困乏。

[1]【顏注】師古曰：繇與由同。

[2]【顏注】師古曰：蒸，衆也。

[3]【顏注】應劭曰：自臨面約勑乃遣之（面，蔡琪本作"面"；大德本句尾有"也"字）。【今注】光禄大夫：官名。漢武帝太初元年（前104）改中大夫爲光禄大夫，屬光禄勳，秩比二千石，爲掌議論之官。嗣後，無固定員數，大夫之官，遂以光禄大夫最爲顯要。

[4]【顏注】師古曰：行，音下更反。

[5]【顏注】師古曰：失職，失其常業。

[6]【顏注】師古曰：相者，諸侯王相也。守，郡守也。

[7]【今注】六合：指天地四方。代指天下。

[8]【顏注】師古曰：《虞書·益稷》之辭也。言君能任賢，股肱之臣皆得良善，則衆事安寧。【今注】案，《尚書》之《益稷》篇，現一般認爲係東晉時期僞造古文尚書者從《皋陶謨》篇割裂而來。

[9]【顏注】師古曰：湖，深水。【今注】陂：池塘。 少府：官名。漢代中央諸卿之一。爲皇帝私府，專管帝室財政及生活諸事。機構龐大，屬官繁多。秩中二千石。

[10]【顏注】師古曰：二駟（大德本“駟”前有“馬”字），八匹（大德本句尾有“也”字）。

[11]【今注】三老：先秦以來掌教化之鄉官，西漢又增縣三老。 孝者：指孝於父母者。

[12]【今注】弟者：又作“悌者”，指禮敬兄長者。 力田：指勤於農事者。皆爲鄉官。

[13]【顏注】師古曰：以五十户爲率，共賜之。【今注】五十户牛酒：牛酒，牛和酒。古代用作饋贈、宴請、祭祀的物品。“五十户”指的是漢廷賞賜民間牛酒的標準。《史記·封禪書》云：“賜民百户牛一，酒十石。”可見此句意當爲“每五十户賞賜一頭牛、十石酒”。因賜牛酒往往與賜爵、賜酺並行，因而有觀點認爲，牛酒是用於賜爵之後的酒禮之會，其用意在於通過坐席的序列確立爵位地位。此觀點頗有創意，然尚缺乏直接證據。如此例中賜牛酒即與賜爵無關。（參見［日］西嶋定生《中國古代帝國的形成與結構——二十等爵制研究》第四章第三節《關於“女子百户牛酒”》，中華書局 2004 年版；郭俊然《漢代賜牛酒現象探析》，《北方論叢》2016 年第 6 期）

[14]【今注】太官：屬少府，掌皇帝膳食。殿本作“大官”。

[15]【今注】樂府：屬少府，漢武帝時設立，從民間采詩歌，爲宮廷演奏。詳見本書《百官公卿表上》《禮樂志》《食貨志上》及卷五《景紀》如淳注、卷六《武紀》師古注。《資治通鑑》卷二八胡三省注指出，樂府爲武帝所立，員額八百二十九人。　苑馬：《資治通鑑》卷二八胡三省注指出，根據《漢官儀》，指出牧師諸苑共三十六所，分別布置在北邊、西邊，養馬共三十萬匹。王先謙《漢書補注》認爲，這一苑馬所指爲景帝所御之家馬，非邊備馬。

秋八月，上郡屬國降胡萬餘人亡入匈奴。[1]九月，關東郡國十一大水，飢，或人相食，轉旁郡錢穀以相救。詔曰：“間者陰陽不調，黎民飢寒，無以保治，[2]惟德淺薄，不足以充入舊貫之居。[3]其令諸宮館希御幸者勿繕治，[4]太僕減穀食馬，水衡省肉食獸。”[5]

[1]【今注】上郡：治膚施（今陝西榆林市東南）。　屬國：漢廷對歸降部落因其故俗，存其國號而屬漢朝，故稱屬國，由屬國都尉管理。上郡有地名龜茲，治所在今陝西榆林市，據顏師古注，此地爲安置龜茲降人之所，由屬國都尉管理。上郡屬國所指當爲此。上郡降胡逃匈奴後，漢廷派馮奉世予以追擊。（參見普慧《兩漢上郡龜茲屬國及其文化遺存考臆》，《人文雜志》2008 年第 5 期）

[2]【顏注】師古曰：保，安也。

[3]【顏注】應劭曰：言己德淺薄，不足以充舊貫。舊貫者，常居也。師古曰：《論語》稱閔子騫云“仍舊貫”。帝自謙，言不足充入先帝之居室（居，大德本、殿本作“宮”），故引以爲言也。

[4]【顏注】師古曰：繕，補也。

[5]【顏注】師古曰：減謂損其數。省者，全去之。【今注】太僕：秦漢列卿之一，秩中二千石，除掌管皇帝輿馬之外，還兼主

馬政。　水衡：此處指水衡都尉的官府，即水衡都尉寺。水衡都尉，武帝元鼎二年（前115）置，掌皇家上林苑兼保管皇室財物及鑄錢，秩二千石。陳直《漢書新證》云："水衡省肉食獸，指上林苑中所養之諸獸，因水衡都尉官署設在上林苑，故總稱爲水衡。"

　　二年春正月，行幸甘泉，郊泰畤。[1]賜雲陽民爵一級，[2]女子百戶牛酒。[3]立弟竟爲清河王。[4]

　　[1]【今注】甘泉：左馮翊雲陽縣有甘泉山，山上有甘泉宮，在今陝西淳化縣西北。　泰畤：漢武帝以來祭祀天神泰一之處，在甘泉山。

　　[2]【今注】雲陽：縣名。屬左馮翊，治所在今陝西淳化縣西北。　爵：漢代承秦行二十等爵制，以示身份，具體爵名參見本書《百官公卿表上》。由於和平時期賜爵輕濫，至漢末三國，吏民已普遍具有民爵的最高等級——公乘，此爵制已名存實亡。（參見凌文超《漢初爵制結構的演變與官、民爵的形成》，《中國史研究》2012年第1期）

　　[3]【今注】女子百戶牛酒：與前文"吏民五十戶牛酒"相類，指女子每百戶賞賜一頭牛、十石酒。"女子"之解釋，分歧較大。顏師古認爲指的是賜爵者之妻，李賢認爲指的是以女子爲戶主的家庭，西嶋定生則認爲包括所有女子。（參見［日］西嶋定生《中國古代帝國的形成與結構——二十等爵制研究》第四章第三節《關於"女子百戶牛酒"》；于琨奇《"賜女子百戶牛酒"解——兼論秦漢時期婦女的社會地位》，《中國歷史文物》1999年第1期）

　　[4]【今注】清河：諸侯王國名、郡名。治清河（今河北清河縣東南）。

　　三月，立廣陵厲王太子霸爲王。[1]詔罷黃門乘輿狗馬，[2]水衡禁囿、宜春下苑、[3]少府佽飛外池、[4]嚴籞池田[5]假與貧民。詔曰："蓋聞賢聖在位，陰陽和，風雨時，日月光，星辰靜，黎庶康寧，考終厥命。[6]今朕恭承天地，託于公侯之上，明不能燭，德不能綏，災異並臻，連年不息。乃二月戊午，地震于隴西郡，毀落太上皇廟殿壁木飾，壞敗豲道縣城郭官寺及民室屋，壓殺人眾。[7]山崩地裂，水泉涌出。天惟降災，震驚朕師。[8]治有大虧，咎至於斯。夙夜兢兢，不通大變，深惟鬱悼，未知其序。[9]間者歲數不登，元元困乏，[10]不勝飢寒，以陷刑辟，朕甚閔之。郡國被地動災甚者無出租賦。赦天下。有可蠲除減省以便萬姓者，[11]條奏，毋有所諱。丞相、御史、中二千石舉茂材異等直言極諫之士，朕將親覽焉。"[12]

[1]【今注】廣陵屬王：劉胥，漢武帝與李姬之子，宣帝時坐祝詛罪自殺。傳見本書卷六三。廣陵，諸侯王國名、郡名。由故江都國部分地區演變而來，治廣陵（今江蘇揚州市西北蜀岡上）。霸：劉胥之太子。劉胥因祝詛罪自殺，國除，其諸子得赦爲庶人。至此，元帝復封霸爲廣陵王，去世後謚爲"孝"。

[2]【顏注】師古曰：黃門，近署也，故親幸之物屬焉。【今注】黃門：官署名。隸屬於少府，掌宮中乘輿狗馬倡優鼓吹等事。長官爲黃門令，任職親近天子，多由宦者充任。　乘輿：古代帝王、諸侯所乘車。

[3]【顏注】孟康曰：宮名也，在杜縣東。晉灼曰：《史記》云葬二世杜南宜春苑中。師古曰：宜春下苑即今京城東南隅曲池是（曲池，蔡琪本、大德本、殿本作"曲江池"）。【今注】宜春下苑：苑囿名。亦作"宜春苑"。秦漢時於今陝西西安市東南建宜

春宮，宮東即爲宜春苑。

[4]【顏注】如淳曰：《漢儀注》佽飛具矰繳以射鳧雁，給祭祀，是故有池也。【今注】佽（cì）飛：官名。秦有左弋官，長於射弋，漢武帝改爲佽飛，平時在上林苑中結矰繳弋鳧雁，以供宗廟。

[5]【顏注】蘇林曰：嚴飾池上之屋及其地也。晉灼曰：嚴藥，射苑也。許慎曰：“嚴，弋射者所蔽也。”池田，苑中田也。師古曰：晉説是。

[6]【顏注】師古曰：考，老也。言得壽考，終其天命。【今注】厥：其。

[7]【顏注】師古曰：豲道屬天水。凡府庭所在皆謂之寺。“豲”音“桓”（桓，大德本、殿本作“完”）。壓，音烏狎反。【今注】隴西：郡名。治狄道（今甘肅臨洮縣）。 豲道：屬天水郡，治所在今甘肅隴西縣東南。道，有少數民族聚居的縣級行政區劃。

[8]【顏注】師古曰：師，衆也。

[9]【顏注】師古曰：鬱，不通之意也。序，次也。

[10]【今注】元元：百姓，庶民。《戰國策·秦策一》：“制海内，子元元，臣諸侯，非兵不可！”高誘注：“元，善也，民之類善故稱元。”

[11]【今注】蠲（juān）除：免除。

[12]【今注】茂材：即秀才，漢代察舉仕進的重要科目。東漢爲避光武帝劉秀諱而稱茂才。此當爲班固據東漢之避諱習慣改寫。

夏四月丁巳，立皇太子。[1]賜御史大夫爵關内侯，[2]中二千石右庶長，[3]天下當爲父後者爵一級，列侯錢各二十萬，五大夫十萬。[4]六月，關東飢，齊地人相食。秋七月，詔曰："歲比災害，民有菜色，[5]慘怛於心。[6]已詔吏虛倉廩，開府庫振救，賜寒者衣。今秋禾麥頗傷。一年中地再動。[7]北海水溢，[8]流殺人民。陰陽不和，其咎安在？公卿將何以憂之？其悉意陳朕過，靡有所諱。"[9]冬，詔曰："國之將興，尊師而重傅。故前將軍望之傅朕八年，道以經書，厥功茂焉。[10]其賜爵關內侯，食邑八百户，朝朔望。"十二月，中書令弘恭、石顯等譖望之，令自殺。[11]

[1]【今注】皇太子：即漢成帝。

[2]【今注】御史大夫：秦漢"三公"之一，爲全國最高監察、執法長官，輔佐丞相處理全國政務。　關內侯：秦漢時施行二十等爵制，第十九級爲關內侯。

[3]【顏注】師古曰：第十一爵。【今注】中二千石：官秩等級。中央九卿俸禄皆爲中二千石，月俸一百八十石，一歲共二千一百六十石。陳夢家認爲，最初祇有二千石秩，後來增中、真、比，變爲四等。根據出土《二年律令·秩律》，漢初確實祇有二千石秩，沒有細分。"中二千石"目前最早見於景帝元年（前156）詔書，楊振紅認爲此秩出自漢文帝改革，閻步克則認爲詔書此稱呼僅表示"中央的兩千石"，是景帝在七國之亂後調整"中二千石"爲一個新秩。（參見楊振紅《出土簡牘與秦漢社會（續編）》第二章，廣西師範大學出版社2015年版；閻步克《從爵本位到官本位——秦漢官僚品位結構研究》下編第一章，生活·讀書·新知三聯書店2009年版）　右庶長：秦漢時施行二十等爵制，第十一級爲右庶長。

[4]【顏注】師古曰：五大夫，第九爵。【今注】當爲父後者：指家族之嗣子，參見本書卷四《文紀》。　五大夫：秦漢時施行二

十等爵制，其中，第八級公乘與第九級五大夫被認爲是"民爵"與"官爵"的分界，普通民衆與下級吏員賜爵不過公乘，五大夫以上的爵位衹授予六百石以上的官員。二者之間待遇相差懸殊。（參見錢大昭《漢書辨疑》、凌文超《漢初爵制結構的演變與官、民爵的形成》）

[5]【顔注】師古曰：五穀不收，人但食菜，故其顔色變惡。【今注】菜色：因長期以菜充飢而顯得營養不良的臉色。

[6]【顔注】師古曰：慘，痛也（也，蔡琪本作"色"）。怛，悼也。

[7]【今注】地再動：王先謙《漢書補注》引蘇輿指出，是年地凡兩震，並認爲另一次地震未被記載。今案，是年兩震，一次如前文所載在二月，另一次在七月。事見本書卷三六《翼奉傳》。

[8]【今注】北海：郡名。西漢時治所在營陵（今山東昌樂縣東南）。

[9]【顔注】師古曰：悉意，盡意也。靡，無也。

[10]【顔注】師古曰：茂，美也。"道"讀曰"導"。【今注】前將軍：官名。漢代有前、後、左、右將軍，漢武帝時始設，初爲大將軍出征時手下裨將臨時名號，事訖即罷，昭、宣以後常置，典掌禁兵，戍衛京師，或任征伐，皆"位上卿，金印紫綬"。

望之：蕭望之。漢宣帝時任太子太傅。宣帝臨終時封望之爲前將軍，令其輔政。因與弘恭、石顯政爭失敗，被削去職位。後被迫自殺。傳見本書卷七八。《資治通鑑》卷二八孝元皇帝初元二年《考異》指出，根據本書卷三六《劉向傳》，認爲蕭望之等人在今春地震前黜免，而封關内侯當在是年夏天星象有異之際。與本書卷七八《蕭望之傳》亦有可印證之處。《資治通鑑考異》認爲可能是《元紀》因望之死在十二月，而置此詔於上。

[11]【今注】中書令：劉昭認爲，秦代置尚書令，漢承之，武帝用宦者，更名爲中書謁者令，至成帝時，復用士人。掌凡選署

及奏下尚書曹文書等事。（《續漢書・百官志三》注）　弘恭：宦官。自漢宣帝以來擔任中書令，參與中樞政事。元帝即位數年後去世。傳見本書卷九三。　石顯：宦官。自漢宣帝以來擔任中書僕射，在弘恭去世後繼任中書令，長期參與中樞政事。成帝即位後，石顯失勢，免官歸鄉，據説因憂懑而不食，在路上病死。傳見本書卷九三。

　　三年春，令諸侯相位在郡守下。[1]珠厓郡山南縣反，[2]博謀群臣。待詔賈捐之以爲宜棄珠厓，[3]救民飢饉。[4]乃罷珠厓。夏四月乙未晦，[5]茂陵白鶴館災。[6]詔曰：“迺者火災降於孝武園館，朕戰栗恐懼。不燭變異，咎在朕躬。[7]群司又未肯極言朕過，以至於斯，將何以寤焉！百姓仍遭凶阸，無以相振，[8]加以煩擾虐苛吏，拘牽虖微文，[9]不得永終性命，[10]朕甚閔焉。其赦天下。”

　　[1]【顏注】師古曰：此諸侯謂諸侯王也。

　　[2]【今注】珠厓：郡名。治瞫都（今海南海口市瓊山區東南）。　反：王先謙《漢書補注》指出，珠厓郡反事在元年，此爲追書。詳見本書卷六四下《賈捐之傳》。

　　[3]【今注】待詔：初指應漢朝皇帝徵召，以備諮詢顧問。有待詔公車、待詔金馬門、待詔博士等名目。後演變爲官名，有一技之長者，如太史、治曆、音律、本草、相工等皆置。　賈捐之：賈誼之曾孫，元帝朝頗參與政事，因與石顯政爭，以“漏泄省中語”等罪名被殺。傳見本書卷六四下。

　　[4]【顏注】師古曰：穀不孰爲飢（孰，蔡琪本、殿本作“熟”），蔬不孰爲饉（孰，殿本作“熟”）。蔬，菜也。

[5]【今注】晦：指農曆月末最後一天。錢大昕《廿二史考異·漢書一》指出，本書《五行志》、卷七五《翼奉傳》載此事，皆不稱"晦"。以《三統術》推算，乙未爲十一日，"晦"字當爲衍文。今案，查諸張培瑜《三千五百年曆日天象》，錢說是。

[6]【今注】茂陵：漢武帝陵園。

[7]【顏注】師古曰：爥，照也。

[8]【顏注】師古曰：仍，頻也。【今注】案，陙，蔡琪本、大德本、殿本作"陙"。

[9]【今注】案，虖，殿本作"乎"。

[10]【顏注】師古曰：永，長也。

夏，旱。立長沙煬王弟宗爲王。[1]封故海昏侯賀子代宗爲侯。[2]六月，詔曰："蓋聞安民之道，本繇陰陽。[3]間者陰陽錯謬，風雨不時。朕之不德，庶幾羣公有敢言朕之過者，今則不然。媮合苟從，未肯極言，[4]朕甚閔焉。惟烝庶之飢寒，[5]遠離父母妻子，勞於非業之作，衞於不居之宮，[6]恐非所以佐陰陽之道也。其罷甘泉、建章宮衞，[7]令就農。百官各省費。[8]條奏毋有所諱。有司勉之，毋犯四時之禁。丞相御史舉天下明陰陽災異者各三人。"[9]於是言事者衆，或進擢召見，人人自以得上意。[10]

[1]【顏注】鄭氏曰：煬，音"供養"之"養"也（殿本無"也"字）。【今注】長沙：諸侯王國名。治臨湘（今湖南長沙市）。

[2]【今注】海昏：侯國名。屬豫章郡，治所在今江西永修縣西北艾城。海昏侯賀去世後，嗣子充國、充國弟奉親先後去世，其國乃絕。至此復封。事見本書卷六三《武五子傳》。

[3]【顔注】師古曰：繇與由同。

[4]【顔注】師古曰：媮與偷同。

[5]【今注】案，惟，蔡琪本、大德本、殿本作“永惟”。
烝：衆多。

[6]【顔注】師古曰：不急之事，故云非業也。

[7]【今注】建章宫：漢武帝太初元年（前104）建，故址在
今陝西西安市漢長安故城西。案，陳直《漢書新證》云：“甘泉衛
尉雖見於《百官表》，但未見任者之人。漢宫在長安者，以未央、
長樂、建章三宫爲最大，在三輔者以甘泉爲最大，故甘泉設有衛
尉。此次罷減兩宫衛士事，亦見《匡衡傳》。”今案，此詔係采用
貢禹建議所下，參見本書卷七二《貢禹傳》。

[8]【顔注】師古曰：費用之物務減省。

[9]【今注】丞相御史：丞相及御史大夫兩府。

[10]【顔注】師古曰：人人各自以當天子之意（當，殿本作
“富”）。【今注】人人自以得上意：本書卷八一《匡衡傳》叙此事
云：“時，上好儒術文辭，頗改宣帝之政，言事者多進見，人人自
以爲得上意。”

　　四年春正月，行幸甘泉，郊泰畤。三月，行幸河
東，祠后土。[1]赦汾陰徒。[2]賜民爵一級，女子百户牛
酒，鰥寡高年帛。行所過無出租賦。

[1]【今注】河東：郡名。治安邑（今山西夏縣西北）。　后
土：漢武帝以泰一爲天神，后土爲地神，分別於甘泉、汾陰祭祀，
故武帝至元帝時分別於此二處祭祀天、地。

[2]【今注】汾陰：縣名。屬河東郡，治所在今山西静樂縣
西。　徒：刑徒。陳直《漢書新證》云：“居延全部木簡中刑徒無
爵名，稱爲大男，與紀文正合。”

　　五年春正月，以周子南君爲周承休侯，[1]位次諸侯王。三月，行幸雍，祠五畤。[2]

　　[1]【顏注】文穎曰（穎，蔡琪本、殿本作“潁”）：姓姬，名延（蔡琪本、大德本、殿本“延”後有“年”字）。其祖父姬嘉，本周後，武帝元鼎四年封爲周子南君，令奉周祠（祠，殿本作“祀”）。師古曰：承休國在潁川。【今注】周子南君：漢武帝元鼎四年（前113），以二十里地封周室後裔姬嘉，號“周子南君”，地位擬於列侯，以奉周祀。宣帝地節三年（前67），君姬當有罪棄市。元康元年（前65），紹封姬當弟姬萬年爲周子南君。元帝初元五年（前44），更封爲周承休侯，位次諸侯王。成帝綏和元年（前8），以三統説爲據，進爵爲周承休公，益封地滿百里。平帝元始四年（4），改爲鄭公。　承休：侯國名。當爲分拆長社縣地而置。治所在今河南汝州市東。

　　[2]【今注】雍：縣名。屬右扶風，治所在今陝西鳳翔縣西南豆腐村、河南屯之間。　五畤：於雍設立的祭祀黃、赤、青、白、黑五帝的五個處所，在今陝西鳳翔縣西南古雍城之郊，故亦稱雍五畤。其具體名稱説法不一。《史記·封禪書》司馬貞注認爲是密畤、上畤、下畤、畦畤、北畤；張守節注認爲是鄜畤、密畤、上畤、下畤、北畤；錢穆《史記地名考》則認爲是武畤、好畤、上畤、下畤、北畤。

　　夏四月，有星孛于參。[1]詔曰：“朕之不逮，序位不明，[2]衆僚久廢，[3]未得其人。元元失望，上感皇天，陰陽爲變，咎流萬民，朕甚懼之。迺者關東連遭災害，飢寒疾疫，夭不終命。《詩》不云乎？‘凡民有喪，匍匐救之。’[4]其令太官毋日殺，[5]所具各減半。[6]

乘輿秣馬，無乏正事而已[7]罷角抵、[8]上林宮館希御幸者、[9]齊三服官、[10]北假田官、[11]鹽鐵官、常平倉。[12]博士弟子母置員，[13]以廣學者。賜宗室子有屬籍者馬一匹至二駟，[14]三老、孝者帛，人五匹，弟者、力田三匹，鰥寡孤獨二匹，吏民五十户牛酒。"省刑罰七十餘事。[15]除光禄大夫以下至郎中保父母同産之令。[16]令從官給事宫司馬中者，得爲大父母父母兄弟通籍。[17]

[1]【今注】孛：一般指彗星，有時也可能指新星和超新星。本書卷一《高紀》李奇注、卷四《文紀》文穎注皆認爲"孛"有除舊布新之寓意。　參：參宿，二十八宿之一。

[2]【顏注】師古曰：逮，及也。言官人之位失其次序。

[3]【顏注】應劭曰："應"音"曠"。師古曰：應，古曠字。曠，空也。不得其人，則職事空廢。

[4]【顏注】師古曰：《邶國·谷風》之詩也。言見人有喪禍之事，則當盡力以救之。匍，音步扶反。匐，音步得反。

[5]【顏注】師古曰：不得日日宰殺。

[6]【顏注】師古曰：食具也。

[7]【顏注】師古曰：秣，養也，粟秣食之也（蔡琪本、大德本、殿本"粟"前有"以"字）。正事謂駕供郊祀蒐狩之事，非游田者也。"秣"音"末"。【今注】秣（mò）：餵養牲畜。

[8]【今注】角抵：一种比試力气的運動，類似摔跤。

[9]【今注】上林：上林苑。在今陝西西安市西南鄠邑區、周至縣界，渭水以南、終南山以北。秦惠文王時即開始興建。至秦始皇時，先後在上林苑中修建了朝宫和阿房宫前殿等。西漢初荒廢，許民入墾荒。漢武帝收回，復加拓展，周圍擴至二百餘里。關於西

漢時上林苑的範圍，參見王社教《西漢上林苑的範圍及相關問題》（《中國歷史地理論叢》1995 年第 3 輯）。

　　[10]【顏注】李斐曰：齊國舊有三服之官。春獻冠幘縰爲首服，紈素爲冬服，輕綃爲夏服，凡三。如淳曰：《地理志》曰齊冠帶天下。胡公曰服官主作文繡，以給袞龍之服。《地理志》襄邑亦有服官（殿本“志”後有“云”字）。師古曰：齊三服官，李説是也。縰與纚同，音山爾反，即今之方目紗也。紈素，今之絹也。輕綃，今之輕紗也（紗，蔡琪本、大德本、殿本作“紫”）。襄邑自出文繡，非齊三服也。【今注】三服官：滿足宮廷織品消費的專營機構。本書卷七二《貢禹傳》有云：“故時齊三服官輸物不過十笥，方今齊三服官作工各數千人，一歲費數鉅萬。”可見當時奢靡情況，是爲此令出臺之背景。顏注李斐説認爲“三服”指的是首服、冬服、夏服。而南宋吳仁傑《兩漢刊誤補遺》卷二指出，《漢書·地理志》記載齊郡臨淄縣有“服官”。他認爲，所謂“三服官”指的是“服官”三所。二者相較，似以吳説爲長。參見王子今《西漢“齊三服官”辨正》（《中國史研究》2005 年第 3 期）。案，以上諸項節約宮廷開支之令係采納貢禹建議而施行。參見本書卷七二《貢禹傳》。

　　[11]【顏注】李斐曰：主假賃見官田與民，收其假税也。故置田農之官。晉灼曰：《匈奴傳》秦始皇渡河據陽山北假中，《王莽傳》五原北假膏壤殖穀。北假，地名。師古曰：晉説是也。【今注】北假：古地區名。指今内蒙古河套以北、陰山以南夾山帶河地區。

　　[12]【今注】鹽鐵官：漢武帝時，齊地的煮鹽大商人東郭咸陽、南陽的冶鐵大商人孔僅被任命爲大農丞。元狩六年（前 117），用二人之議，行鹽鐵專營之策。在鹽、鐵產地設鹽鐵官，管理鹽鐵專營之事。　常平倉：漢宣帝時，用大司農中丞耿壽昌議，“令邊郡皆築倉，以穀賤時增其賈而糴，以利農，穀貴時減賈而糶，名曰

常平倉"。參見本書《食貨志》。

　　[13]【今注】博士：官名。秦置，漢因之，隸屬九卿之一奉常（太常）。漢武帝罷黜百家之前，博士治各家之學，其後乃專立儒學一家。掌議政、制禮、藏書、顧問及教授經學、考核人材、奉命出使等。初秩比四百石，後升比六百石。　　毋置員：指不設置名額限制。

　　[14]【今注】屬籍：指皇族宗室之譜籍。　　駟：四匹馬。

　　[15]【今注】省刑罰七十餘事：周壽昌《漢書注校補》指出，本書《刑法志》載元帝初年詔云："其議律令可蠲除減者，條奏。"《後漢書》卷三四《梁統傳》有"竊見元、哀二帝輕殊死之刑以一百二十三事，手殺人者減死一等"，李賢注引《東觀記》云："元帝元初（初元）五年，輕殊死刑三十四事，哀帝建平元年輕殊死刑八十一事，共四十二事，手殺人者減死一等。"周氏又指出，本書《哀紀》失載省刑事。

　　[16]【顏注】應劭曰：舊時相保，一人有過，皆當坐之。師古曰：特為郎中以上除此令者，所以優之也。同產，謂兄弟也。【今注】同產：在秦漢時期，"同產"一般指同父的兄弟姐妹。晉代以後，由於法律規定較秦漢時寬鬆，"同產"的概念相對縮小，一般指"同父同母"的兄弟姐妹。（參見田煒《説"同生""同產"》，《中國語文》2017 年第 4 期；李建平《"同生""同產"辨正》，《中國語文》2018 年第 6 期）

　　[17]【顏注】應劭曰：從官，謂宦者及虎賁、羽林、大醫、大官是也。司馬中者，宮內門也。司馬主武，兵禁之意也。籍者，為二尺竹牒（為，蔡琪本作"謂"），記其年紀名字物色，縣之宮門，案省相應，乃得入也。師古曰：應說非也。從官，親近天子常侍從者皆是也。故此下云科弟郎、從官（弟，蔡琪本、大德本、殿本作"第"）。司馬門者，宮之外門也。衛尉有八屯，衛候司馬主衛士徼巡宿衛。每面各二司馬（面，蔡琪本、大德本作

"面"），故謂宮之外門爲司馬門。【今注】宮司馬：即宮殿的司馬門。皇帝宮、王宮、軍營、帝陵均有司馬門，先秦時已有。司馬門不止車門。臣子入宮不得走司馬門，衹能走掖門。過司馬門須下車。〔參見楊鴻年《漢魏司馬門雜考》（一、二），《中華文史論叢》1981年第3、4輯〕　　大父母：祖父母。　　通籍：於禁門中登記名籍，今得出入。參見本書卷七〇《陳湯傳》顏師古注引孟康説、卷七四《魏相傳》顏師古注。

　　冬十二月丁未，御史大夫貢禹卒。[1]衞司馬谷吉使匈奴，不還。[2]

　　[1]【今注】貢禹：以明經名世，爲石顯舉薦仕元帝，是年升任御史大夫，數月而卒。傳見本書卷七二，事亦見本書卷九三《佞幸傳》。

　　[2]【顏注】師古曰：即衞尉八屯衞司馬（蔡琪本、大德本、殿本"屯"後有"之"字）。【今注】案，漢宣帝時，匈奴郅支單于遣子入侍，後因怨漢廷親近呼韓邪單于，而請還侍子。漢乃命谷吉送還侍子，而爲郅支所殺，是爲建昭三年（前36）陳湯矯詔攻殺郅支之前因。事見本書卷七〇《陳湯傳》。其子谷永習災異之學，於元、成之際多參與政事。傳見本書卷八五。又案，《陳湯傳》記載，郅支單于於初元四年（前45）求侍子。《資治通鑑考異》推測，或許郅支以初元四年求侍子，而谷吉以五年使匈奴。

　　永光元年春正月，行幸甘泉，郊泰畤。赦雲陽徒。賜民爵一級，女子百户牛酒，高年帛。行所過毋出租賦。二月，詔丞相、御史舉質樸敦厚遜讓有行者，光禄歲以此科弟郎、從官。[1]

　[1]【顏注】師古曰：始令丞相、御史舉此四科人以擢用之。而見在郎及從官，又令光祿每歲依此科考校，定其弟高下（弟，蔡琪本、殿本作“第”），用知其人賢否也。【今注】案，弟，蔡琪本、大德本、殿本作“第”。

　　三月，詔曰：“五帝三王任賢使能，[1] 以登至平，而今不治者，豈斯民異哉？[2] 咎在朕之不明，亡以知賢也。是故壬人在位，[3] 而吉士雍蔽。[4] 重以周秦之弊，[5] 民漸薄俗，[6] 去禮義，觸刑法，豈不哀哉！繇此觀之，元元何辜？[7] 其赦天下，令屬精自新，各務農畝。無田者皆假之，貸種、食如貧民。[8] 賜吏六百石以上爵五大夫，[9] 勤事吏二級，[10] 民一級，[11] 女子百户牛酒，鰥寡孤獨高年帛。”是月雨雪，[12] 隕霜傷麥稼，秋罷。[13]

　　[1]【今注】五帝：傳說中的五位古代帝王，諸書說法不一。《史記》卷一《五帝本紀》認爲是黃帝、顓頊、帝嚳、堯、舜。三王：夏、商、周三朝的開國之王——禹、湯、周文王、周武王。

　　[2]【顏注】師古曰：言今所治人，即五帝三王之衆庶。

　　[3]【顏注】服虔曰：壬人，佞人也。

　　[4]【顏注】師古曰：吉，善也。《大雅·卷阿》之詩曰“藹藹王多吉士”。“雍”讀曰“壅”。

　　[5]【今注】周秦之弊：依照傳統儒家的歷史觀，西周之前以禮義治天下，春秋戰國以來日用刑法，至秦而極，漢興猶承此弊。案，春秋戰國以來，列國爭雄，陸續走上變法之路，加強君主集權，加強社會控制與動員能力，儒家觀念較爲保守，對此變化持否定態度，其歷史觀當係對這一歷史進程的曲折反映。

[6]【顔注】師古曰：爲薄俗所漸染也。重，音直用反。

[7]【顔注】師古曰：縣讀與由同。

[8]【顔注】師古曰：此皆謂遇赦新免罪者也，故云如貧人（人，大德本、殿本作"民"）。

[9]【今注】六百石：秦漢職官系統中，六百石是一個重要的分界綫，其各項待遇遠較其下各級爲高。二十等爵中，九級（五大夫）以上爵位祇有六百石以上官吏纔能被授予。是以本書卷八《宣紀》云"吏六百石位大夫，有罪先請，秩禄上通"。出土睡虎地秦簡亦云"六百石爲顯大夫"。是知六百石爲長吏與普通吏員之分界。（參見楊振紅《秦漢官僚體系中的公卿大夫士爵位系統及其意義——中國古代官僚政治社會構造研究之一》，《文史哲》2008 年第 5 期）

[10]【今注】勤事吏二級：錢大昭《漢書辨疑》指出，五大夫以上爲官爵，故必須六百石以上乃得賜之。勤事吏之二級，所賜爲民爵。

[11]【今注】案，民一級，蔡琪本、大德本、殿本作"爲父後者民一級"。

[12]【顔注】師古曰：雨，音于具反。

[13]【顔注】如淳曰：當言罷某事（某事，蔡琪本、大德本、殿本作"某官某事"），爛脱失之。晉灼曰：或無稼字，或稼字在秋下。稼或作臧（臧，殿本作"桑"），或作霖。《五行志》永光元年三月隕霜殺桑，九月二日隕霜殺稼，天下大饑。言傷麥稼，秋罷，是也。師古曰：晉説得之。秋者，謂秋時所收穀稼也。今俗猶謂黍豆之屬爲雜稼。云秋罷者，言至秋時無所收也。

二年春二月，詔曰："蓋聞唐虞象刑而民不犯，[1]殷周法行而姦軌服。[2]今朕獲承高祖之洪業，託位公侯之上，夙夜戰栗，永惟百姓之急，未嘗有忘焉。然而陰陽未調，三光晻昧。[3] 元元大困，[4] 流散道路，盜賊並興。有司又長殘賊，[5] 失牧民之術。是皆朕之不明，政有所虧。咎至於此，朕甚自恥。爲民父母，若是之薄，謂百姓何！[6] 其大赦天下，賜民爵一級，女子百户牛酒，鰥寡孤獨高年、三老、孝弟力田帛。”又賜諸侯王、公主、列侯黄金，中二千石以下至中都官長吏各有差，吏六百石以上爵五大夫，勤事吏各二級。[7]

[1]【顏注】師古曰：象刑，解在《武紀》。

[2]【顏注】師古曰：軌與宄同（宄，蔡琪本作“究”）。亂在外曰姦，在内曰軌。

[3]【顏注】師古曰：晻與暗同，又音烏感反。

[4]【今注】案，困，蔡琪本作“因”。

[5]【今注】殘賊：《孟子·梁惠王》云：“賊仁者，謂之賊；賊義者，謂之殘。”意指凶殘暴虐。

[6]【顏注】師古曰：言何以撫臨百姓。

[7]【今注】長吏：漢代指縣令長、尉、丞以上的地方官。

三月壬戌朔，日有蝕之。[1] 詔曰：“朕戰戰栗栗，夙夜思過失，不敢荒寧。[2] 惟陰陽不調，未燭其咎。[3] 婁敕公卿，日望有效。[4] 至今有司執政，未得其中，[5] 施與禁切，未合民心。[6] 暴猛之俗彌長，和睦之道日衰，百姓愁苦，靡所錯躬。[7] 是以氛邪歲增，侵犯太陽，[8] 正氣湛掩，日久奪光。[9] 迺壬戌，日有蝕之。天見大異，以戒朕躬，[10] 朕甚悼焉。其令内郡國舉茂材異等賢良直言之士各一人。”[11]

　　[1]【今注】日有蝕之：查諸日食表，公元前 42 年 3 月 28 日，
亦即永光二年三月壬戌朔，西安地區食甚時刻爲上午 6 點 43 分，
食分爲 0.49，與此記載相合。（參見張培瑜《三千五百年曆日天
象》，大象出版社 1997 年版）

　　[2]【顏注】師古曰：荒，廢也。不敢廢事而自寧。【今注】
夙：早晨。

　　[3]【今注】燭：引申爲照明、洞察之意。　咎：過失、罪過。

　　[4]【顏注】師古曰：婁，古“屢”字。其後亦同。

　　[5]【顏注】師古曰：中，音竹仲反。【今注】中：此處意指
適中、適當。

　　[6]【顏注】師古曰：施惠褊薄，禁令煩苛。

　　[7]【顏注】師古曰：錯，置也，音千故反。【今注】躬：
身體。

　　[8]【顏注】師古曰：氛，惡氣也。邪者，言非正氣也。太
陽，日也。

　　[9]【顏注】師古曰：湛讀與沈同。湛掩者，見掩而湛没。

　　[10]【顏注】師古曰：見，顯示。

　　[11]【今注】内郡國：内地郡國，詳見本書卷八《宣紀》韋
昭注。　賢良：選舉科目。始於漢文帝，常與方正、文學、能直言
極諫者連稱，也稱賢良文學、賢良方正。

　　夏六月，詔曰：“間者連年不收，四方咸困。元元
之民，勞於耕耘，又亡成功，困於饑饉，亡以相救。
朕爲民父母，德不能覆，而有其刑，甚自傷焉。其赦
天下。”秋七月，西羌反，遣右將軍馮奉世擊之。[1]八
月，以太常任千秋爲奮威將軍，[2]別將五校並進。[3]

　　[1]【今注】西羌：羌，西北古族名。西漢主要分布在今青藏

高原邊緣的青海、甘肅及四川等地，以游牧爲主業，兼務農作。部族衆多，不相統屬。　反：隴西羌彡姐旁種反。　右將軍：官名。漢朝重號將軍之一，與前、左、後將軍並爲上卿，次於大將軍、驃騎將軍、車騎將軍、衛將軍。漢武帝時始設，初爲大將軍出征時手下裨將臨時名號，事訖即罷，昭宣以後常置，典掌禁兵，戍衛京師，或任征伐，皆“位上卿，金印紫綬”。　馮奉世：傳見本書卷七九。

[2]【今注】奮威將軍：王先謙《漢書補注》指出，任千秋之名號，本書卷七九《馮奉世傳》作“奮武將軍”，與此不同。《資治通鑑》從《馮奉世傳》；荀悅《漢紀》從《元帝紀》。

[3]【顏注】師古曰：別領五校之兵，而與右將軍並進。【今注】五校：即五部軍隊，時以軍隊一部爲一校。

三年春，西羌平，軍罷。三月，立皇子康爲濟陽王。[1]夏四月癸未，大司馬車騎將軍接薨。[2]冬十一月，詔曰：“迺者己丑地動，中冬雨水，大霧，[3]盜賊並起。吏何不以時禁？各悉意對。”[4]冬，復鹽鐵官、博士弟子員。[5]以用度不足，民多復除，[6]無以給中外繇役。[7]

[1]【今注】濟陽：諸侯王國名。治濟陽（今河南蘭考縣東北堌陽鎮）。後改爲陳留郡。

[2]【顏注】師古曰：王接。【今注】大司馬：在漠北大捷後，漢武帝設大司馬銜以酬衛青、霍去病之功。而自霍光以後，輔政外戚多任大司馬兼將軍銜，一般被視爲内朝官之首。　車騎將軍：漢初爲臨時將軍之號，因領車騎士得名，事訖即罷。武帝後常設，地位次於大將軍、驃騎將軍。武帝後常典京城、皇宮禁衛軍隊，出征時常總領諸將軍。文官輔政者亦或加此銜，領尚書政務，成爲中朝

重要官員。　按：王接，漢宣帝舅父王無故之子，元帝表叔。

[3]【顏注】師古曰："中"讀曰"仲"。雨，音于具反。

[4]【顏注】師古曰：時禁，謂月令所當禁斷者也。悉，盡也。

[5]【顏注】師古曰：復，音扶目反。

[6]【顏注】師古曰：復，音方目反。【今注】復除：指免除徭賦。

[7]【今注】繇：同"徭"。

四年春二月，詔曰："朕承至尊之重，不能燭理百姓，婁遭凶咎。加以邊竟不安，師旅在外，[1]賦斂轉輸，元元騷動，窮困亡聊，犯法抵罪。夫上失其道而繩下以深刑，朕甚痛之。其赦天下，所貸貧民勿收責。"三月，行幸雍，祠五畤。

[1]【顏注】師古曰："婁"讀曰"屢"。"竟"讀曰"境"。

夏六月甲戌，孝宣園東闕災。戊寅晦，日有蝕之。[1]詔曰："蓋聞明王在上，忠賢布職，則群生和樂，方外蒙澤。今朕晻于王道，[2]夙夜憂勞，不通其理，靡瞻不眩，靡聽不惑，[3]是以政令多還，民心未得，[4]邪說空進，事亡成功。此天下所著聞也。公卿大夫好惡不同，[5]或緣姦作邪，侵削細民，元元安所歸命哉！迺六月晦，日有蝕之。《詩》不云虖？'今此下民，亦孔之哀！'[6]自今以來，公卿大夫其勉思天戒，慎身修永，以輔朕之不逮。[7]直言盡意，無有所諱。"

[1]【今注】日有蝕之：查諸日食表，公元前40年7月31日，亦即永光四年六月戊寅晦，西安地區食甚時刻爲下午2點14分，食分爲0.48，與此記載相合。（參見張培瑜《三千五百年曆日天象》）

[2]【顏注】師古曰：晻讀與暗同。

[3]【顏注】師古曰：靡，無也。眩，視亂也，音胡眄反。

[4]【顏注】李奇曰：還，反也。易曰“渙汗其大號”，言王者發號施令如汗出，不可復反。

[5]【顏注】師古曰：愛憎各異也。

[6]【顏注】師古曰：《小雅·十月之交》之詩也。孔，甚也。言災異既多，百姓甚可哀愍。

[7]【顏注】師古曰：《虞書·咎繇謨》云“慎厥身修思永”，言當慎修其身，思爲長久之道。故此詔云慎身修永也。今流俗書本永上有職字者，後人不曉，妄加之耳。

　　九月戊子，罷衞思后園[1]及戾園。冬十月乙丑，罷祖宗廟在郡國者。[2]諸陵分屬三輔。[3]以渭城壽陵亭部原上爲初陵。[4]詔曰：“安土重遷，黎民之性；[5]骨肉相附，人情所願也。頃者有司緣臣子之義，奏徙郡國民以奉園陵，令百姓遠棄先祖墳墓，破業失産，親戚別離，人懷思慕之心，家有不自安之意。[6]是以東垂被虛耗之害，關中有無聊之民，[7]非久長之策也。《詩》不云虖？‘民亦勞止，迄可小康，惠此中國，以綏四方。’[8]今所爲初陵者，勿置縣邑，[9]使天下咸安土樂業，亡有動搖之心。布告天下，令明知之。”又罷先后父母奉邑。[10]

[1]【顏注】服虔曰：庶太子母也。【今注】案，王先謙《漢書補注》指出，此次所罷還有昭靈后、武哀王、昭哀后之陵園，或爲傳寫丟失。

[2]【今注】案，《資治通鑑》卷二九《漢紀》孝元皇帝永光四年胡三省注指出，漢廷在長安及皇帝巡行之郡國立太祖、太宗、世宗廟，凡祖宗廟有六十八座在郡國，共百六十七所。按《春秋》之義，王不祭於下土諸侯，故在郡國立廟不合古禮。今案，自漢高祖立太上皇廟開始，各地陸續爲去世諸帝立廟祭祀，隨著其數量增長，至西漢後期已成爲沉重的財政負擔。是故翼奉、貢禹等以“天子七廟”、郡國廟“不應古禮”等理由建議毀廟。至此年乃有罷衛思后園及庶園、罷郡國廟之詔。此後貫穿元、成、哀、平四朝的毀廟、立廟之爭皆肇始於此。參見本書卷七三《韋賢傳》、卷七五《翼奉傳》。廟，大德本作“崩”。

[3]【顏注】師古曰：先是諸陵揔屬太常，今各依其地界屬三輔。

[4]【顏注】服虔曰：元帝初置陵也（大德本、殿本無“也”字），未有名（大德本、殿本“名”後有“也”字），故曰初。【今注】渭城：縣名。屬右扶風，治所在今陝西咸陽市東北聶家溝。

壽陵亭：亭名。屬右扶風渭城，在今陝西咸陽市北新莊村一代。

原上：王念孫《讀書雜志·漢書第一》指出，《漢紀》作“北原上”。

[5]【顏注】師古曰：重，難也。

[6]【今注】案，家有不自安之意，大德本、殿本作“家有不安之意”。

[7]【顏注】師古曰：耗，損也，音呼到反。【今注】關中：古地名。秦都咸陽，漢都長安，因稱函谷關以西爲關中。秦漢時期還存在廣義的關中概念，泛指“包括巴蜀在內的‘殽函’以西的西部地區”（參見王子今《秦漢區域地理學的“大關中”概念》，

《人文雜志》2003 年第 1 期）。

[8]【顏注】師古曰:《大雅·人勞》之詩也（人, 蔡琪本、大德本、殿本作“民”）。止, 語助也。迄, 至也。康, 安也。言人勞已久, 至此可以小安逸之。施惠京師, 以及四遠也。

[9]【今注】勿置縣邑: 秦始皇統一後, 爲了削弱關東、加強關中地區的實力, 以便統治, 施行了遷徙關東豪富至關中的政策。漢朝建立後, 劉邦用婁敬策, 繼續遷徙豪富。其形式爲在營建皇帝陵墓的同時, 將關東豪富遷徙到陵墓周邊, 並置縣。本書《地理志》云“後世世徙吏二千石、高訾富人及豪桀并兼之家於諸陵。蓋亦以彊幹弱支, 非獨爲奉山園也”。至此, 乃取消此政策。成帝時, 曾欲徙民於昌陵, 終亦未能成功。

[10]【顏注】應劭曰: 先后爲其父母置邑守冢, 以奉祭祀, 既以久遠（以, 蔡琪本、殿本作“已”）, 又非典制, 故罷之。師古曰: 奉邑, 奉, 音扶用反。

五年春正月, 行幸甘泉, 郊泰畤。三月, 上幸河東, 祠后土。秋, 潁川水出,[1]流殺人民。吏、從官縣被害者與告。[2]士卒遣歸。冬, 上幸長楊射熊館,[3]布車騎, 大獵。十二月乙酉, 毀太上皇、孝惠皇帝寢廟園。[4]

[1]【今注】潁川: 郡名。治陽翟（今河南禹州市）。

[2]【顏注】晉灼曰: 從官, 猶從役從軍也。臣瓚曰: 告, 休假也。師古曰: 晉説非也。從官, 即上侍從之官也。言凡爲吏爲從官, 其本縣有被害者, 皆與休告。

[3]【顏注】師古曰: 射, 音食亦反。【今注】長楊射熊館: 長楊, 宮名。故址在今陝西周至縣東南。據《三輔黃圖·秦宮》記載, 長楊宮本爲秦宮, 漢承之。宮中有垂楊數畝, 因爲宮名。其門

名射熊館，爲秦漢游獵之所。

[4]【今注】寢廟園：舊稱皇帝宗廟的前殿爲廟，後殿爲寢。此泛指宗廟陵園。

建昭元年春三月，上幸雍，祠五畤。秋八月，有白蛾群飛蔽日，從東都門至枳道。[1]冬，河間王元有罪，廢遷房陵。[2]罷孝文太后、孝昭太后寢園。

[1]【顏注】如淳曰：《三輔黃圖》長安城東面北頭門號曰宣平城門，其外郭曰東都門也。師古曰：蛾，成群若今之蠶蛾類也。音五何反。“枳”音“只”。枳道解在《高紀》。【今注】東都門：漢長安城每面有三城門，東面北起第一門爲宣平門，民間稱爲東都門。其郭門也稱東都門。遺址在今陝西西安市西北青西村，現仍爲當地交通要道。　枳道：一作“軹道”，亭名。在今陝西西安市東北。

[2]【今注】河間：諸侯王國名。治樂成（今河北獻縣東南）。　房陵：縣名。屬漢中郡，治所在今湖北房縣。《資治通鑑》卷二九《漢紀》孝元皇帝建昭元年胡三省注指出，劉元爲河間獻王德之後裔。今案，劉元坐殘賊而廢，事見本書卷五三《景十三王傳》。

二年春正月，行幸甘泉，郊泰畤。三月，行幸河東，祠后土。益三河大郡太守秩。[1]戶十二萬爲大郡。夏四月，赦天下。六月，立皇子興爲信都王。[2]閏月丁酉，太皇太后上官氏崩。[3]冬十一月，齊楚地震，大雨雪，[4]樹折屋壞。淮陽王舅張博、魏郡太守京房坐窺道諸侯王以邪意，漏泄省中語，[5]博要斬，房棄市。[6]

　　[1]【今注】三河：指河南、河東、河内三郡，相當於今河南北部、中部及山西西南部地區。在十三州之外，由司隸校尉部負責監察。河南郡，即秦三川郡，治洛陽（今河南洛陽市東北）。河内郡，治懷縣（今河南武陟縣西南）。河東，見前文注釋。　大郡：據《漢舊儀》，戶口十二萬以上爲大郡。　太守：職官名。漢地方郡的最高長官。原稱郡守。漢景帝中二年（前148）更爲現名，秩二千石。案，王念孫《讀書雜志·漢書第一》指出，《漢紀》"秩"下有"中二千石"四字。王氏認爲，當以《漢紀》爲是。太守秩二千石，益之則爲中二千石。下文"令三輔都尉、大郡都尉秩皆二千石"與此文同例。若無"中二千石"四字，則文義不明。

　　[2]【今注】信都：諸侯王國名、郡名。治信都（今河北衡水市冀州區）。

　　[3]【今注】上官氏：即昭帝皇后。　案，太皇太后，蔡琪本作"大皇太后"。

　　[4]【顏注】師古曰：雨，音于具反。【今注】齊楚：大略指華北地區及長江中下游地區。

　　[5]【顏注】師古曰："道"讀曰"導"。【今注】淮陽王：即元帝之弟淮陽憲王欽。　張博：淮陽王舅，聯合其婿京房謀求淮陽王欽入朝輔政，與石顯政爭，失敗後皆被殺。事見本書卷七五《京房傳》、卷八〇《宣元六王傳》。　魏郡：治鄴縣（今河北臨漳縣西南鄴鎮）。　京房：傳見本書卷七五。　窺道：王先謙《漢書補注》指出，此句意爲"窺其意而道之"。　漏泄省中語：指泄漏宮禁內應當保密的言論信息，特別是和皇帝相關者。依照漢律，漏泄省中語屬大罪，當重治。省中，指皇帝居處的宮禁之地。（詳參黨超《兩漢"漏泄省中語"考論》，《史學月刊》2016年第12期）

　　[6]【今注】要斬：即腰斬之刑。　棄市：刑罰名。在鬧市執行死刑，尸暴街頭，言與衆人共棄之。

　　三年夏，令三輔都尉、大郡都尉秩皆二千石。[1]六月甲辰，丞相玄成薨。[2]秋，使護西域騎都尉甘延壽、副校尉陳湯[3]橋發戊己校尉屯田吏士及西域胡兵攻郅支單于。[4]冬，斬其首，傳詣京師，縣蠻夷邸門。[5]

　　[1]【今注】案，周壽昌《漢書注校補》指出，這些職位本爲"比一千石"。"比一千石，穀月百斛。二千石，穀月百二十斛"。都尉：職官名。原稱郡尉，漢景帝中二年（前148）更爲此名，佐郡太守典武職甲卒，掌治安，防盜賊，一郡之最高武官。秩比二千石。

　　[2]【顏注】師古曰：韋玄成。【今注】玄成：韋玄成。傳見本書卷七三。

　　[3]【顏注】師古曰：言延壽及湯本充西域之使，故先言使而後序其官職及姓名。【今注】騎都尉：漢置，掌監羽林騎，後掌駐屯騎兵，領兵征伐。漢宣帝時，一人監羽林騎，一人領西域都護。秩比二千石。　甘延壽：傳見本書卷七〇。　陳湯：傳見本書卷七〇。

　　[4]【顏注】師古曰：橋與矯同（橋，蔡琪本、大德本、殿本作"撟"）。矯，託也。實不奉詔，詐以上命發兵，故言矯發也（矯，蔡琪本、大德本、殿本作"撟"）。戊己校尉者，鎮安西域，無常治處，亦猶甲乙等各有方位，而戊與己四季寄王（季，蔡琪本、大德本同，殿本作"李"），故以名官也。時有戊校尉，又有己校尉。一說，戊己位在中央，今所置校尉處三十六國之中，故曰戊己也。"郅"音"質"。【今注】案，橋，蔡琪本、大德本、殿本作"撟"。　戊己校尉：官名。屬西域都護，居車師前王庭，掌屯田，屬官有丞、司馬各一人，候五人。秩比六百石。漢元帝初元元年（前48）置，新莽時廢，東漢時復置。案，《資治通鑑》卷二八胡三省注認爲，車師之地不在三十六國之中心，"戊己"之解

當以顏師古前説爲是。　郅支單于：名呼屠吾斯，呼韓邪單于之庶兄，後自立爲郅支骨都侯單于，攻破呼韓邪單于。呼韓邪單于降漢後，郅支單于遷居西域，後又殺漢廷使者谷吉，復避至康居。至此乃爲漢廷所滅。

[5]【顏注】師古曰：縣，古懸字也。蠻夷邸，若今鴻臚客館。

四年春正月，以誅郅支單于告祠郊廟。赦天下。群臣上壽置酒，以其圖書示後宮貴人。[1]夏四月，詔曰：“朕承先帝之休烈，[2]夙夜栗栗，懼不克任。間者陰陽不調，五行失序，百姓饑饉。惟烝庶之失業，臨遣諫大夫博士賞等二十一人循行天下，[3]存問耆老鰥寡孤獨乏困失職之人，舉茂材特立之士。相將九卿，其帥意母怠，使朕獲觀教化之流焉。”六月甲申，中山王竟薨。[4]藍田地沙石雍霸水，安陵岸崩雍涇水，水逆流。[5]

[1]【顏注】服虔曰：討郅支之圖書也。或曰單于土地山川之形書也。師古曰：或説非。

[2]【顏注】師古曰：休，美也。烈，業也。

[3]【顏注】師古曰：行，音下更反。【今注】諫大夫：漢武帝置，掌諫争、顧問應對，議論朝政，無定員，秩比八百石。

[4]【今注】中山：諸侯王國名。治盧奴（今河北定州市）。

[5]【顏注】孟康曰：安陵岸，惠帝陵旁涇水岸也。師古曰：“雍”讀曰“壅”。【今注】藍田地沙石雍霸水：藍田，縣名。屬京兆尹，治所在今陝西藍田縣西灞河西岸。霸水，又作“灞水”，渭河支流，今稱灞河，源出藍田縣，經西安市東，入渭河。王念孫

《讀書雜志·漢書第一》根據《漢紀》《資治通鑑》《太平御覽·咎徵部七》，指出"藍田地沙石雍霸水"一句當作"藍田地震，山崩，沙石雍霸水"。下文書安陵岸崩，亦承地震之事言之。　安陵：縣名。屬右扶風，治所在今陝西咸陽市東北，漢惠帝建安陵於此，因置縣。　涇水：即今陝西中部涇河，源出寧夏六盤山，經甘肅至陝西高陵入渭河。

　　五年春三月，詔曰："蓋聞明王之治國也，明好惡而定去就，崇敬讓而民興行，故法設而民不犯，令施而民從。今朕獲保宗廟，兢兢業業，匪敢解怠，[1]德薄明晻，教化淺微。[2]傳不云虖？'百姓有過，在予一人。'[3]其赦天下，賜民爵一級，女子百戶牛酒，三老、孝弟力田帛。"又曰："方春農桑興，百姓勠力自盡之時也，故是月勞農勸民，無使後時。[4]今不良之吏，覆案小罪，[5]徵召證案，興不急之事，以妨百姓，使失一時之作，亡終歲之功，公卿其明察申敕之。"[6]

　　[1]【顏注】師古曰：兢兢，慎也。業業，危也。"解"讀曰"懈"。

　　[2]【顏注】師古曰：晻讀與暗同。

　　[3]【顏注】師古曰：《論語》載殷湯伐桀告天下之文也。言君天下者，當任其憂責。【今注】案，《論語·堯曰》載商湯語云"萬方有罪，罪在朕躬"，其典當承自《尚書·湯誥》載商湯滅夏後之語"萬方有罪，在予一人"，皆與此引語不盡相同。此語實出自《尚書·泰誓》所載武王伐紂時之盟誓。《論語·堯曰》在商湯語後亦引此語，顏注誤視爲一體而致誤。又，《韓詩外傳》《說苑》引此作周公諫武王語。

[4]【顏注】師古曰：勞農，謂慰勉之。勞，音來到反。

[5]【顏注】師古曰：覆，音方目反。

[6]【顏注】師古曰：申，重也，一日約束之耳。【今注】案，何焯《義門讀書記》卷一五認爲，清代法律中農忙停訟之制當始於此。

夏六月庚申，復戾園。壬申晦，日有蝕之。[1]秋七月庚子，復太上皇寢廟園、原廟、[2]昭靈后、武哀王、昭哀后、衞思后園。[3]

[1]【今注】日有蝕之：查諸日食表，是年似無日食。參見張培瑜《三千五百年曆日天象》。

[2]【顏注】文穎曰（穎，蔡琪本、大德本、殿本作“潁”）：高祖已自有廟，在長安城中，惠帝更於渭北作廟，謂之原廟。《爾雅》曰原者再，再作廟也。晉灼曰：原，本也。始祖之廟，故曰本也。師古曰：文說是。

[3]【顏注】師古曰：昭靈后，高祖母也。武哀王，高祖兄也。昭哀后，高祖姊也。衞思后，戾太子母也。【今注】案，王先謙《漢書補注》指出，當時因元帝生病，夢到祖宗譴責，乃復此廟園。但郡國廟已廢。今案，此事詳見本書卷七三《韋玄成傳》。

竟寧元年[1]春正月，匈奴虖韓邪單于來朝。詔曰：“匈奴郅支單于背叛禮義，既伏其辜，虖韓邪單于不忘恩德，鄉慕禮義，[2]復修朝賀之禮，願保塞傳之無窮，邊垂長無兵革之事。其改元爲竟寧，賜單于待詔掖庭王檣爲閼氏。”[3]皇太子冠。賜列侯嗣子爵五大夫，[4]天下爲父後者爵一級。

[1]【顏注】應劭曰：虖韓邪單于願保塞，邊竟得以安寧，故以冠元也。師古曰：據如應說，竟讀爲境。古之用字，境竟實同。但此詔云"邊垂長無兵革之事"，竟者終極之言，言永安寧也。既無兵革，中外安寧，豈止境上？若依本字而讀，義更弘通也。【今注】竟寧：胡三省、錢大昭、周壽昌、王先謙皆以爲應劭"邊竟安寧"之說是，顏說誤（參見王先謙《漢書補注》）。

[2]【顏注】師古曰："鄉"讀曰"嚮"。

[3]【顏注】應劭曰：郡國獻女未御見，須命於掖庭，故曰待詔。王檣，王氏女，名檣，字昭君。文穎曰（穎，蔡琪本、殿本作"穎"）：本南郡秭歸人也。蘇林曰：閼氏音焉支，如漢皇后也。師古曰："秭"音"姊"。【今注】王檣：本書卷九四《匈奴傳》作"王牆"，字昭君。出嫁匈奴後，號爲寧胡閼氏。王昭君之後裔頗顯貴，對之後的匈奴政局有較大影響。其與呼韓邪單于生一子伊屠智牙師，爲右日逐王。後復嫁呼韓邪子復株絫若鞮單于，生二女。長女云號伊墨居次，嫁與匈奴用事大臣右骨都侯須卜當，復號爲須卜居次。云與須卜當生子名奢，後爲大且渠，此外云還有幼子，史失其名。王昭君次女嫁當于氏，號當于居次，其子爲醯櫝王。在西漢末年至新莽朝，王莽與匈奴矛盾頗多，以云、須卜當爲代表的王昭君一係力主匈奴與中原王朝修好，避免了激烈衝突。後王莽將須卜當等帶到長安，立爲須卜單于，欲以之主匈奴。當死後王莽復封其子奢爲後安公，以庶女妻之。後綠林軍推翻新莽王朝，奢等死於戰亂。在今俄羅斯南西伯利亞地區米努辛斯科平原有一處漢式宮殿遺址。有觀點認爲，此宮當即王昭君女云所居（參見周連寬《蘇聯南西伯利亞所發現的中國式宮殿遺址》，《考古學報》1956年第4期；孫家洲《"最北方的漢式宮殿"及其歷史解讀》，《文史天地》2018年第4期）。又，陳直《漢書新證》指出，《太平御覽》卷四六三引《琴操》，稱王昭君爲齊國王襄之女，與顏注所言南郡秭歸人不同。

[4]【顏注】師古曰：弟九爵（弟，蔡琪本、大德本、殿本作"第"）。

二月，御史大夫延壽卒。[1]三月癸未，復孝惠皇帝寢廟園、孝文太后、孝昭太后寢園。夏，封騎都尉甘延壽爲列侯。賜副校尉陳湯爵關内侯，黄金百斤。夏五月壬辰，[2]帝崩于未央宮。[3]毀太上皇、孝惠、孝景皇帝廟。罷孝文、孝昭太后、昭靈后、武哀王、昭哀后寢園。秋七月丙戌，葬渭陵。[4]

[1]【顏注】師古曰：即繁延壽也。繁，音蒲河反（河，蔡琪本、大德本、殿本作"何"）。

[2]【今注】案，夏五月壬辰，大德本、殿本作"五月壬辰"。

[3]【顏注】臣瓚曰：帝年二十七即位，即位十六年，壽四十三。【今注】案，王先謙《漢書補注》引朱一新説認爲，臣瓚注當作"二十六即位，壽四十二"。今案，依《漢書》逾年改元爲"即位"的體例，元帝"年二十七即位"無誤。然既以改元當年爲"即位"，則由初元元年至竟寧元年，共十五年，朱一新"壽四十二"説是。　未央宮：漢正宮。在秦章臺基礎上修建，位於漢長安城地勢最高的西南角龍首原上，因在長安城安門大街之西，又稱西宮。（參見李毓芳《漢長安城未央宮的考古發掘與研究》，《文博》1995年第3期；陳蘇鎮《未央宮四殿考》，《歷史研究》2016年第5期）

[4]【顏注】臣瓚曰：自崩及葬凡五十五日。渭陵在長安北五十六里也。

贊曰：臣外祖兄弟爲元帝侍中，[1]語臣曰元帝多材

蓺，善史書。[2]鼓琴瑟，吹洞簫，[3]自度曲，被歌
聲，[4]分刌節度，[5]窮極幼眇。[6]少而好儒，及即位，
徵用儒生，委之以政，貢、薛、韋、匡迭爲宰相。[7]而
上牽制文義，優游不斷，[8]孝宣之業衰焉。然寬弘盡
下，出於恭儉，號令溫雅，有古之風烈。

[1]【顏注】應劭曰：《元》《成帝紀》皆班固父彪所作，臣
則彪自說也。外祖，金敞也。如淳曰：班固外祖，樊叔皮也。師
古曰：應說是。

[2]【顏注】應劭曰：周宣王太史史籀所作大篆。【今注】史
書：錢大昕《廿二史考異·漢書一》據《漢書》《後漢書》的記
載，指出這裏"史書"所指當即"隸書"。

[3]【顏注】如淳曰：簫之無底者。

[4]【顏注】應劭曰：自隱度作新曲，因持新曲以爲歌詩聲
也。荀悦曰：被聲，能播樂也。臣瓚曰：度曲，謂歌終更授其次，
謂之度曲。《西京賦》曰"度曲未終，雲起雪飛"。張衡《舞賦》
亦曰（殿本無"亦曰"二字）"度終復位，次受二八"。師古曰：
應、荀二說皆是也。度，音大各反。被，音皮義反。

[5]【顏注】蘇林曰：刌，度也，知曲之終始節度也。韋昭
曰：刌，切也，謂能分切句絶，爲之節制也。師古曰：韋說是也。
刌，音千本反。

[6]【顏注】師古曰："幼眇"讀曰"要妙"（妙，大德本作
"眇"）。

[7]【顏注】師古曰：貢禹、薛廣德、韋賢、匡衡迭互而爲
丞相也。迭，音大結反。【今注】迭爲宰相：《漢書考證》齊召南
指出，貢禹、薛廣德祇擔任過御史大夫。何焯《義門讀書記》卷一
五則指出，韋賢爲相不在元帝朝，這裏所指的當是其子韋玄成。

[8]【顏注】師古曰：爲文義所牽制，故不斷決。

漢書　卷一〇

成紀第十

　　孝成皇帝，[1]元帝太子也。母曰王皇后，[2]元帝在
太子宮生甲觀畫堂，[3]爲世嫡皇孫。宣帝愛之，字曰太
孫，[4]常置左右。年三歲而宣帝崩，元帝即位，帝爲太
子。壯好經書，寬博謹慎。初居桂宮，[5]上嘗急召，太
子出龍樓門，[6]不敢絕馳道，[7]西至直城門，[8]得絕乃
度，還入作室門。[9]上遲之，問其故，以狀對。上大
説，[10]乃著令，令太子得絕馳道云。[11]其後幸酒，樂
燕樂，[12]上不以爲能。而定陶恭王有材藝，[13]母傅昭
儀又愛幸，[14]上以故常有意欲以恭王爲嗣。賴侍中史
丹護太子家，[15]輔助有力，上亦以先帝尤愛太子，故
得無廢。

　　[1]【顏注】荀悦曰：諱驁，字太孫。驁之字曰俊。應劭曰：
謐法“安民立政曰成”。師古曰：驁音五到反。

　　[2]【今注】王皇后：孝元王皇后，名王政君，王莽姑母。傳
見本書卷九八。

　　[3]【顏注】應劭曰：甲觀在太子宮甲地，主用乳生也。畫
堂畫九子母。如淳曰：甲觀，觀名。畫堂，堂名。《三輔黃圖》云

太子宮有甲觀。師古曰：甲者，甲乙丙丁之次也。《元后傳》言見於丙殿，此其例也。而應氏以爲在宮之甲地，謬矣。畫堂，但畫飾耳，豈必九子母乎？霍光止畫室中（室，蔡琪本作“堂”），是則宮殿中通有彩畫之堂室（彩，殿本作“綵”）。

[4]【今注】太孫：何焯《義門讀書記》卷一五認爲，宣帝稱呼成帝太孫，後傳爲其字。

[5]【顏注】師古曰：《三輔黃圖》桂宮在城中，近北宮，非太子宮。【今注】桂宮：西漢后妃居住的宮殿，主殿是鴻寧殿。武帝時修築。位置在未央宮正北。漢武帝太初四年（前101）建。故址在今陝西西安市西北六村堡鄉夾城堡、民婁村、黃家莊與鐵鎖村一帶（參見中國社會科學院考古研究所、日本奈良國立文化財研究所《漢長安城桂宮：1996—2001年考古發掘報告》，文物出版社2007年版）。

[6]【顏注】張晏曰：門樓上有銅龍，若白鶴、飛廉之爲名也。

[7]【顏注】應劭曰：馳道，天子所行道也，若今之中道。師古曰：絕，橫度也。

[8]【顏注】晉灼曰：《黃圖》西出南頭第二門也。【今注】直城門：《三輔黃圖》卷一云：“長安城西出第二門曰直城門。《漢宮殿疏》曰：‘西出南頭第二門也。’亦曰故龍樓門，門上有銅龍，本名直門，王莽更曰直道門端路亭。”然此處龍樓門與直城門又爲兩門，與《黃圖》不同。

[9]【今注】作室：據《三輔黃圖》卷六，指製作宮中所用器物的場所。

[10]【顏注】師古曰：説讀曰悦。

[11]【顏注】師古曰：言云者，此舉著令之文。

[12]【顏注】晉灼曰：幸酒，好酒也。樂燕，沈讌也。師古曰：幸酒，晉説是也。樂燕樂者（者，蔡琪本作“若”），《論語》稱孔子云：“損者三樂：樂驕樂，樂逸遊，樂燕樂，損矣。”

燕樂，燕私之樂也。上"樂"讀如本字，又音五孝反。下樂音來各反。今流俗本無下"樂"字，後人不曉輒去之。

[13]【今注】定陶恭王：名康，漢元帝之子，漢哀帝之父，初封濟陽王，徙山陽王，成帝河平四年（前25）徙爲定陶王。傳見本書卷八〇。定陶，諸侯王國名。宣帝時改濟陰郡置，後廢，成帝河平四年復置，徙山陽王劉康王定陶，治定陶（今山東菏澤市定陶區西北古陶邑）。

[14]【今注】傅昭儀：定陶恭王母，哀帝初年頗參與政事。事見本書卷九七下《外戚傳下》。昭儀，元帝所置後宮封號，地位僅次於皇后。西漢後期制度規定，皇后之下的嬪妃分十四等，昭儀爲第一等，位視丞相，爵比諸侯王。

[15]【今注】侍中：官名。秦始置。西漢爲加官，無員，凡官員加此頭銜即可入禁中，親近皇帝。初掌雜務，後漸參與朝政。設僕射一人。　史丹：漢宣帝祖母史良娣兄史恭之孫，元帝初年大司馬、車騎將軍史高之子。傳見本書卷八二。

　　竟寧元年五月，元帝崩。六月己未，[1]太子即皇帝位，謁高廟。[2]尊皇太后曰太皇太后，[3]皇后曰皇太后。以元舅侍中衛尉陽平侯王鳳爲大司馬大將軍，[4]領尚書事。[5]乙未，有司言："乘輿車、牛馬、禽獸皆非禮，不宜以葬。"奏可。七月，大赦天下。

[1]【今注】己未：錢大昭《漢書辨疑》認爲，此處日期有誤，當從荀悅《漢紀》作"乙未"。王先謙《漢書補注》指出，《資治通鑑》亦寫作"己未"。今案，查諸張培瑜《三千五百年曆日天象》，竟寧元年（前33）六月戊戌朔，己未爲二十二日，無"乙未"。可見當以"己未"爲是。

[2]【今注】高廟：即高祖廟，又稱"太祖廟"，是祭祀開國

皇帝劉邦的宗廟。西漢新帝即位，須拜謁高祖廟，以宣示自己的合法性和正統性。霍光廢昌邑王時，即曾以"未見命高廟"爲由。惠帝時始設，地方諸郡國皆立。據《三輔黃圖》，京師高廟在長安城安門街東（參見劉慶柱、李毓芳《關於西漢帝陵形制諸問題的探討》，《考古與文物》1985 年第 5 期）。

[3]【今注】尊皇太后曰太皇太后：指元帝養母王太后，號邛成太后。事見本書卷九七上《外戚傳上》。

[4]【今注】衛尉：戰國秦置，西漢沿置，掌宮門屯衛兵，秩中二千石，列位九卿。 陽平：侯國名。屬東郡，治所在今山東莘縣。漢元帝初元元年（前 48），封皇后王政君之父王禁爲陽平侯。 王鳳：字孝卿，西漢東平陵（今山東濟南市東）人。王禁子，元帝皇后王政君兄。初爲衛尉，襲父爵陽平侯。成帝即位，以外戚爲大司馬大將軍，領尚書事。專斷朝政十一年。 大司馬：《周禮》中所載的夏官之長，掌武事。漢初承秦制，以太尉爲武官之長，且亦不常置，更不設大司馬一職。漢武帝於元狩四年（前 119）漠北大捷後，設大司馬爲加官，分別封衛青、霍去病。自霍光封大司馬大將軍之後，此職乃成爲常置固定之職，内朝官之領袖。成帝時改官制，又以此職比附漢初之太尉，成爲三公之一。 大將軍：戰國以來掌征伐的高級武官統稱，秦漢沿置，漢初爲臨時封號，位在三公後，事訖則罷，至漢武帝元朔五年（前 124）封衛青爲大將軍後，乃爲掌武職的常置之官。

[5]【今注】領尚書事：職銜。即以他官兼領尚書政事，參與政務，皆由重臣兼任。尚書，始於戰國，秦時爲少府屬官，掌殿內文書。漢初承秦制，設令、僕射、丞、尚書吏，掌收發文書，傳達記錄詔命章奏，隸少府。漢武帝時漸成爲重要宮廷政治機構，參與國家機密，常以中朝大臣兼領、平、視，以左右曹諸吏平尚書奏事，參與議政決策，宣示詔命。百官奏事先呈尚書，皆爲正、副二封，由領尚書者拆閱副封，加以裁決，可屏抑不奏。百官選舉任用考察詰責彈劾之責亦歸之。漢成帝時設尚書五人，開始分曹辦事，

群臣章奏都經尚書。

建始元年春正月乙丑，皇曾祖悼考廟災。[1]立故河間王弟上郡庫令良爲王。[2]有星孛于營室。[3]罷上林詔獄。[4]

[1]【顏注】文穎曰：宣帝父史皇孫廟。【今注】皇曾祖悼考廟災：王先謙《漢書補注》指出，《五行志》記此事云"皇考廟災"，當爲奪文。

[2]【顏注】如淳曰：漢官北邊郡庫，官之兵器所藏，故置令。【今注】河間：諸侯王國名。治樂成（今河北獻縣東南）。上郡：治膚施（今陝西榆林市東南）。 良：劉良，故河間王元之弟。漢元帝建昭元年（前38），河間王元坐殺人而遷，復河間國爲郡。至此復封。

[3]【今注】有星孛于營室：有彗星出現在營室星宿位置。孛，一般指彗星，有時也可能指新星和超新星。古人認爲有除舊布新之意，一說其有象徵亂兵之意。詳見本書卷一《高紀》注。營室，即二十八宿中的室宿，爲北方玄武七宿之一。《資治通鑑》卷三〇《漢紀》孝成皇帝建始元年胡三省注根據《晉書·天文志》指出營室兩顆星，代表天子之宮，一名玄宮，一名清廟。又代表軍糧之府及土功等事。

[4]【顏注】師古曰：《漢舊儀》云上林詔獄主治苑中禽獸宮館事，屬水衡。【今注】罷上林詔獄：本書卷四五《伍被傳》載伍被向淮南王獻計有云："又僞爲左右都司空上林中都官詔獄書，逮諸侯太子及幸臣。"則上林詔獄並非僅如顏師古注所言祇管理禽獸宮館事。成帝罷上林詔獄當係見彗星天變而輕刑。

二月，右將軍長史姚尹等使匈奴還，[1]去塞百餘里，暴風火發，燒殺尹等七人。賜諸侯王、丞相、將軍、列侯、王太后、公主、王主，[2]吏二千石黄金，[3]宗室諸官吏千石以下至二百石及宗室子有屬籍者、三老、孝弟、力田、鰥寡孤獨錢帛，[4]各有差，吏民五十户牛酒。[5]

[1]【今注】右將軍：官名。漢代有前、後、左、右將軍，漢武帝時始設，初爲大將軍出征時手下裨將臨時名號，事訖即罷，昭、宣以後常置，典掌禁兵，戍衛京師，或任征伐，皆“位上卿，金印紫綬”。　長史：官名。此指右將軍長史，爲將軍幕府諸掾史之長，秩千石。王先謙《漢書補注》云：“《荀紀》作‘十餘人’。”

[2]【顏注】張晏曰：天子女曰公主，秩比公也。王主，王之女也。師古曰：王主則翁主也。王自主婚，故曰王主。

[3]【今注】二千石：因漢代所得俸禄以米穀爲準，故官秩等級以重量單位“石”名。漢朝二千石爲中央政府機構的列卿，及地方州牧郡守、諸侯王國相等。又可細分爲中兩千石、兩千石、比兩千石三等。據《百官公卿表》顏師古注，中二千石者月各百八十斛，二千石者百二十斛，比二千石者百斛。根據張家山漢簡《秩律》與《新書》《史記》等傳世文獻，閻步克先生又指出漢初衹有二千石，並無中二千石等細分等級，最早的中二千石的記載出現在文帝死後景帝發布的詔書中。楊振紅先生則進一步認爲中二千石的官位是文帝時在賈誼的建議下設立的，是爲了區別漢廷官員與諸侯官員之地位。而早期中二千石官員亦不止《百官公卿表》所載諸官，如内史、主爵都尉均曾列於中二千石。（參見閻步克《〈二年律令·秩律〉的中二千石秩級闕如問題》，《河北學刊》2003 年第 5期；楊振紅《出土簡牘與秦漢社會（續編）》，廣西師範大學出版社 2015 年版，第 51—57 頁）

[4]【今注】三老孝弟力田：皆爲鄉官。三老，先秦以來掌教

化之鄉官，西漢又增縣三老。孝弟，又作“孝悌”，指孝於父母、禮敬兄長者。力田，指勤於農事者。

[5]【今注】五十戶牛酒：牛酒，牛和酒。古代用作饋贈、宴請、祭祀的物品。“五十戶”指的是漢廷賞賜民間牛酒的標準。《史記·封禪書》云：“賜民百戶牛一，酒十石。”可見此句意當爲“每五十戶賞賜一頭牛、十石酒”。因賜牛酒往往與賜爵、賜酺並行，因而有觀點認爲，牛酒是用於賜爵之後的酒禮之會，其用意在於通過坐席的序列確立爵位地位。此觀點頗有創意，然尚缺乏直接證據。如此例中賜牛酒即與賜爵無關。（參見［日］西嶋定生《中國古代帝國的形成與結構——二十等爵制研究》第四章第三節《關於“女子百戶牛酒”》，中華書局 2004 年版；郭俊然《漢代賜牛酒現象探析》，《北方論叢》2016 年第 6 期）

詔曰：“迺者火災降於祖廟，有星孛于東方，始正而虧，[1]咎孰大焉！[2]書云：‘惟先假王正厥事。’[3]群公孜孜，帥先百寮，輔朕不逮。[4]崇寬大，長和睦，凡事恕己，毋行苛刻。[5]其大赦天下，使得自新。”

[1]【顏注】如淳曰：言始即帝之正而有彗星之虧也。

[2]【顏注】師古曰：孰有大於此者。孰，誰也。

[3]【顏注】師古曰：《商書》高宗肜日載武丁之臣祖乙之辭也（乙，蔡琪本、大德本、殿本作“己”）。假，至也。言先古至道之君遭遇災變，則正其行事，修德以應之。

[4]【顏注】師古曰：孜孜，不怠之意。孜音兹。

[5]【顏注】師古曰：恕者，仁也。仁己之心以度於物（仁，蔡琪本、大德本作“恕”）。

封舅諸吏光禄大夫關内侯王崇爲安成侯。[1]賜舅王譚、商、立、根、逢時爵關内侯。[2]

[1]【顏注】應劭曰：百官表諸吏得舉法案劾，職如御史中丞。武帝初置，皆兼官所加，或列侯、將軍、卿大夫爲之，無員也。【今注】諸吏：漢置，爲加官，凡加此官號者得出入禁中，常侍左右。諸吏可舉劾百官，並與左、右曹平分尚書奏事。　光祿大夫：漢武帝時改中大夫置，掌論議。屬光祿勳，秩比二千石。　關内侯：秦置二十等爵，漢沿襲，關内侯爲第十九級，一般無具體封土而享受租稅收入。　安成：侯國名。屬汝南，治所在今河南汝南縣東南。

[2]【今注】案，元后王政君之父陽平侯王禁共生四女八男。長女君俠，次女即元后，三女君力，四女君弟。長子王鳳字孝卿，次子王曼字元卿，三子王譚字子元，四子王崇字少子，五子王商字子夏，六子王立字子叔，七子王根字稚卿，八子王逢時字季卿。王曼早亡，其餘七兄弟後皆陸續封侯。禁弟弘之子音、曼子莽、君俠子淳于長亦皆陸續封侯。其中，鳳、音、商、根、莽陸續任大司馬，大權獨掌。除以上諸人外，譚子閎、商子邑、音子舜亦頗在西漢後期及新莽時期參與政事。由此可略見王氏家族對西漢後期政壇影響之大。參見本書卷九八《元后傳》。

夏四月，[1]黃霧四塞，[2]博問公卿大夫，無有所諱。六月，有青蠅無萬數[3]集未央宮殿中朝者坐。[4]

[1]【今注】夏四月：王先謙《漢書補注》指出，根據《五行志》，此事發生在壬寅日。

[2]【今注】黃霧四塞：對此現象，時人多以王鳳等外戚干政爲言。事見本書卷九八《元后傳》。

[3]【顏注】師古曰：言其極多，雖欲以萬數計之而不可得，

故云“無萬數”。

[4]【顏注】服虔曰：公卿已下朝會坐也（已，蔡琪本、大德本、殿本作“以”）。晉灼曰：內朝臣之朝坐也。師古曰：朝臣坐之在宮殿中者也，服說是矣。坐音才臥反。【今注】未央宮：漢正宮。在秦章臺基礎上修建，位於漢長安城地勢最高的西南角龍首原上，因在長安城安門大街之西，又稱西宮。（參見李毓芳《漢長安城未央宮的考古發掘與研究》，《文博》1995 年第 3 期；陳蘇鎮《未央宮四殿考》，《歷史研究》2016 年第 5 期）

秋，罷上林宮館希御幸者二十五所。[1]

[1]【今注】上林：上林苑。在今陝西西安市西南鄠邑區、周至縣界，渭水以南、終南山以北。秦惠文王時即開始興建。至秦始皇時，先後在上林苑中修建了朝宮和阿房宮前殿等。西漢初荒廢，許民入墾荒。漢武帝收回，復加拓展，周圍擴至二百餘里。關於西漢時上林苑的範圍，參見王社教《西漢上林苑的範圍及相關問題》（《中國歷史地理論叢》1995 年第 3 輯）。

八月，[1]有兩月相承，晨見東方。[2]

[1]【今注】案，王先謙《漢書補注》根據《五行志》指出，此事發生在戊午日。

[2]【顏注】服虔曰：相承，在上下也。應劭曰：案京房《易傳》云“君弱如婦，爲陰所乘，則兩月出”。

九月戊子，流星光燭地，長四五丈，委曲蛇形，貫紫宮。[1]

[1]【今注】紫宫：星官名。即中宫、紫微垣。指以北極星爲中心的若干顆星。代表天帝所居之所，象徵皇宫。

十二月，作長安南北郊，罷甘泉、汾陰祠。[1]是日大風，拔甘泉時中大木十韋以上。[2]郡國被災什四以上，毋收田租。[3]

[1]【今注】甘泉：左馮翊雲陽縣有甘泉山，在今陝西淳化縣西北，山上有甘泉宫。　汾陰：縣名。屬河東郡，治所在今山西静樂縣西。從漢武帝時開始，於甘泉設泰時祭祀天神泰一；於汾陰祭祀地祇后土。案，從漢武帝時開始，於甘泉設泰時祭祀天神泰一；於汾陰祭祀地祇后土。成帝建始元年（前32），設南北郊，甘泉、汾陰祀乃廢。永始元年（前16），因成帝無子嗣而復甘泉、汾陰祀。綏和二年（前7），成帝去世，元后復廢甘泉、汾陰祀。哀帝即位後，因身有疾病，乃於建平三年（前4）復以甘泉、汾陰祀代替南北郊。至平帝元始五年（5），乃復用王莽議，終以南北郊代替甘泉、汾陰祀。此制基本爲後世所承襲，是爲中國古代郊祀制度的一大重要變革。

[2]【顔注】師古曰：韋與圍同。

[3]【顔注】師古曰：什四，謂田畝所收，十損其四。

二年春正月，罷雍五時。[1]辛巳，上始郊祀長安南郊。詔曰："迺者徙泰時、后土于南郊、北郊，[2]朕親飭躬，郊祀上帝。[3]皇天報應，神光並見。三輔長無共張繇役之勞，[4]赦奉郊縣長安、長陵[5]及中都官耐罪徒。[6]減天下賦錢，[7]算四十。"[8]

　　[1]【今注】雍：縣名。屬右扶風，治所在今陝西鳳翔縣西南豆腐村、河南屯之間。　五畤：於雍設立的祭祀黄、赤、青、白、黑五帝的五個處所，在今陝西鳳翔縣西南古雍城之郊，故亦稱雍五畤。其具體名稱説法不一。《史記·封禪書》司馬貞《索隱》認爲是密畤、上畤、下畤、畦畤、北畤；《史記》卷一二《孝武本紀》張守節《正義》認爲是鄜畤、密畤、上畤、下畤、北畤；錢穆《史記地名考》則認爲是武畤、好畤、上畤、下畤、北畤。

　　[2]【今注】泰畤：漢武帝於雲陽甘泉所設祭祀天神太一之地。　后土：漢武帝認后土爲地神，於河東汾陰祭祀。

　　[3]【顏注】師古曰：飭，整也，讀與“勒”同。

　　[4]【顏注】師古曰：共音居用反。張音竹亮反。謂供具張設。他皆類此。【今注】三輔：長安及周邊的三個郡級區劃，即京兆尹、左馮翊、右扶風，不屬於十三州，由司隸校尉部負責監察。左馮翊，西漢武帝時改左内史置。本書《百官公卿表上》顏師古注引張晏曰：“馮，輔也。翊，佐也。”職掌相當於郡太守，轄區相當於一郡，因地屬畿輔，故不稱郡。治所在長安城。轄境範圍相當於今陝西渭河以北、涇河以東洛河中下游地區。右扶風，秦及漢初設主爵中尉，掌列侯。漢武帝時改名右扶風，掌治内史右地。治長安縣（今陝西西安市西北）。職掌相當於郡太守，因地屬畿輔，故不稱郡。京兆尹，詳細解釋見後文注釋。

　　[5]【顏注】應劭曰：天郊在長安城南，地郊在長安城北長陵界中。二縣有奉郊之勤，故一切並赦之。【今注】長陵：縣名。治所在今陝西咸陽市東北。以漢高祖陵墓而得名，屬左馮翊。

　　[6]【顏注】師古曰：中都官，京師諸官府。【今注】中都官：漢京師各官署的統稱。陳直《漢書新證》指出，《百官公卿表》稱諸侯王國都官如漢朝。都官猶衆官也，是知王國稱都官，漢廷則加稱爲中都官。　耐：古輕刑之名。一種輕於髡刑的毛髮刑，即僅剃去鬍鬚鬢毛而留下頭髮的輕刑。一歲刑爲罰作，二歲刑以上

爲耐。耐，"而"指面頰上的鬍鬚，"寸"指法度，刑法。在面頰上施刑罰，指剃須。字本作"耏"。

[7]【今注】減天下賦錢：西漢舊有祭祀天地的地點遠離京城，以甘泉祭天，汾陰祭地，又承秦設雍五畤。君主之祭祀造成較重的財政負擔，故由翼奉發端，匡衡上書，建議更改此祭祀儀式。建議更改儀式之理由雖以禮法爲言，然從此詔中不難看出，財政負擔纔是當時更改祭祀地點之主因。事見本書《郊祀志下》、卷七五《翼奉傳》。

[8]【顔注】孟康曰：本算百二十，今減四十爲八十。【今注】算：賦税計算單位。本書卷一上《高紀上》如淳注指出，"人百二十（錢）爲一算"。

閏月，以渭城延陵亭部爲初陵。[1]

[1]【今注】渭城：縣名。屬右扶風，治所在今陝西咸陽市東北聶家溝。　延陵亭：亭名。屬右扶風渭城，在今陝西咸陽市北郭旗寨村。延陵爲成帝之墓，時當未有延陵亭之名，班固據後名統稱之耳。　初陵：皇帝初置陵，未有名，故云"初"。

二月，詔三輔內郡舉賢良方正各一人。[1]

[1]【顔注】師古曰：內郡，謂非邊郡。【今注】賢良：選舉科目。始於漢文帝，常與方正、文學、能直言極諫者連稱，也稱賢良文學、賢良方正。

三月，北宮井水溢出。[1]辛丑，上始祠后土于北郊。丙午，立皇后許氏。[2]

　　[1]【今注】北宫：故址在今陝西西安市西北漢長安故城中。
位置在未央宫東北、長樂宫西北。因在未央宫北，故名。西漢供奉
神君的宫殿，也是軟禁廢黜后妃的居處。漢高祖時始建，漢武帝時
增修。（參李毓芳《漢長安城的布局與結構》，《考古與文物》1997
年第 5 期）《周禮・天官・内宰》：“憲禁令于王之北宫而糾其守。”
孫詒讓《正義》：“古者宫必南鄉，王路寢在前，謂之南宫……后六
宫在王六寢之後，對南宫言之，謂之北宫。”西安北宫遺址 1994 年
開始發掘，參見劉慶柱等《漢長安城北宫的勘探及其南面磚瓦窰的
發掘》（《考古》1996 年第 10 期）。

　　[2]【顔注】師古曰：許嘉女。【今注】立皇后許氏：漢元帝
哀其母即宣帝許皇后早亡，乃將堂舅許嘉女許配太子，至是立爲皇
后。事見本書卷九七下《外戚傳下》。

　　罷六厩、技巧官。[1]

　　[1]【顔注】服虔曰：倡技巧者也。師古曰：謂巧藝之技耳，
非倡樂之技也。【今注】案，《漢書考證》齊召南指出，根據《百
官表》，六厩、技巧二官屬於水衡都尉，有令、有丞。

　　夏，大旱。
　　東平王宇有罪，[1]削樊、亢父縣。[2]

　　[1]【今注】東平：諸侯王國名。漢宣帝時改大河郡置，治無
鹽（今山東東平縣東）。　宇：漢宣帝子，元帝弟，成帝叔。傳見
本書卷八〇。　有罪：以欲得皇位、不孝、私殺姬妾等名義獲罪。
事見本書卷八〇《宣元六王傳》。

　　[2]【顔注】師古曰：樊及亢父，東平之二縣也。亢音抗。
父音甫。【今注】樊：縣名。治所在今山東濟寧市兗州區西南。

亢父：縣名。治所在今山東濟寧市南。

秋，罷太子博望苑，[1]以賜宗室朝請者。[2]減乘輿廄馬。

[1]【顏注】文穎曰：武帝爲衞太子作此苑，令受賓客也。

[2]【顏注】師古曰：請音才性反。

三年春三月，赦天下徒。賜孝弟力田爵二級。諸逋租賦所振貸勿收。[1]

[1]【今注】諸逋租賦所振貸勿收：百姓所欠租賦和振貸物不再收取。逋，拖欠。振貸，賑災措施。本書卷四《文紀》顏師古注云“爲給貸之，令其存立也”。其物係借貸與受災民衆，到期需歸還，此時爲慶祝祥瑞，而令勿收。近人呂思勉對此制梳理頗詳，參見呂思勉《呂思勉讀史札記》（上海古籍出版社 2005 年版，第598—600 頁）。

秋，關內大水。[1]七月，[2]虒上小女陳持弓聞大水至，走入橫城門，闌入尚方掖門，[3]至未央宮鉤盾中。[4]吏民驚上城。九月，詔曰：“迺者郡國被水災，流殺人民，多至千數。京師無故訛言大水至，[5]吏民驚恐，奔走乘城。[6]殆苛暴深刻之吏未息，元元冤失職者衆。[7]遣諫大夫林等循行天下。”[8]

[1]【今注】關內大水：據本書《五行志上》記載，本次水災

是一場遍及十九個郡國的大災，"凡殺四千餘人，壞官寺民舍八萬三千餘所"。

[2]【今注】七月：王先謙《漢書補注》指出，《五行志》記此事在十月丁未，與此不同。案，後文詔書已明標九月，正與此"七月"相合。而十月渭河已進入枯水季，不當發水。應以"七月"爲是。《五行志》當是因漢代隸書"十""七"相近之故致誤。（參見姜建設《從兩起社會性恐慌事件透視西漢晚期的社會危機》，《鄭州大學學報》2012 年第 4 期；張勳燎《古文獻論叢》之《"七""十"考》，巴蜀書社 1990 年版）

[3]【顏注】服虔曰：虒音斯。應劭曰：虒上，地名，在渭水邊。陳，姓也。持弓，名也。無符籍妄入宮曰闌（宮，殿本作"官"）。掖門者，正門之傍小門也。如淳曰：橫音"光"。《三輔黃圖》北面西頭第一門（黃，大德本、殿本作"皇"）。師古曰：掖門在兩傍，言如人臂掖也。【今注】虒上：有觀點認爲，虒上在橫門靠近渭河的岸邊，因渭橋橋頭之怪異水神神像而得名（參見蕭愛玲《虒上考》，《中國歷史地理論叢》1999 年第 2 輯）。　橫城門：《三輔黃圖》云："長安城北出西頭第一門曰橫門。《漢書》虒上小女陳持弓走入光門，即此門也。門外有橋曰橫橋。"案，此次訛言大水事又見於本書卷八二《王商傳》。丞相王商認爲此爲訛言，不主張避水。因與大將軍王鳳異議，二人乃因此事釀成矛盾。又案，陳持弓誤入宮中一事，在此後成爲陰陽災異學說的典型案例。本書《五行志下之上》，卷七五《李尋傳》李尋上書，卷九七《外戚傳》載劉向、谷永爲成帝所擬責皇后之詔皆提及此事。今之學界則多將此事作爲災害流言對社會影響的典型案例來研究。（參見王子今、呂宗力《論長安"小女陳持弓"大水訛言事件》，《史學集刊》2011 年第 4 期；姜建設《從兩起社會性恐慌事件透視西漢晚期的社會危機》）

[4]【今注】鉤盾：官署名。漢少府屬官有鉤盾令，職掌園苑

游觀之事。

[5]【顏注】師古曰：訧，僞言。

[6]【顏注】師古曰：乘，登也。

[7]【顏注】師古曰：職，常也。失其常業。【今注】元元：百姓，庶民。《戰國策·秦策一》：“制海內，子元元，臣諸侯，非兵不可！”高誘注：“元，善也，民之類善故稱元。”

[8]【顏注】師古曰：行音下更反。【今注】諫大夫：漢武帝置，掌諫爭、顧問應對，議論朝政，無定員，秩比八百石。

冬十二月戊申朔，日有蝕之。[1]夜，地震未央宮殿中。[2]詔曰：“蓋聞天生衆民，[3]不能相治，爲之立君以統理之。君道得，則草木昆蟲咸得其所；[4]人君不德，謫見天地，[5]災異婁發，以告不治。[6]朕涉道日寡，舉錯不中，[7]乃戊申日蝕地震，朕甚懼焉。公卿其各思朕過失，明白陳之。‘女無面從，退有後言。’[8]丞相、御史與將軍、列侯、中二千石及內郡國舉賢良方正能直言極諫之士，[9]詣公車，[10]朕將覽焉。”[11]越嶲山崩。[12]

[1]【今注】日有蝕之：查諸日食表，公元前29年1月5日，亦即建始三年十二月戊申朔確有日食，西安地區食甚時刻爲下午3時27分，食分爲0.66（參見張培瑜《三千五百年曆日天象》，大象出版社1997年版）。與此記載相合。

[2]【今注】案，中，殿本作“下”。

[3]【今注】案，蔡琪本無“蓋聞”二字。

[4]【顏注】師古曰：昆，衆也。昆蟲，言衆蟲也。又許慎《說文》云：“二虫爲蚰”，讀與“昆”同，謂蟲之總名，兩義並

通。而鄭康成以昆蟲爲明蟲，失之矣。虫音許尾反。【今注】草木
昆蟲咸得其所：戰國以來，陰陽五行家創立了天人感應之學，認爲
君王執政可以影響自然界變化，《管子》《呂氏春秋》的相關章節
體現了這一思想。至漢代，此種思想逐漸與儒家合流，《禮記·禮
運》即有云：“聖王……用民必順。故無水旱昆蟲之災，民無凶饑
妖孽之疾。”董仲舒以來更將此種思想發展至極致，陰陽災異學説
遂成爲西漢中後期儒家學者參與政治的常見手段。

［5］【顔注】師古曰：言天地見變，所以責之。

［6］【顔注】師古曰：婁，古“屢”字也。治音丈吏反。

［7］【顔注】師古曰：中，當也，音竹仲反。

［8］【顔注】師古曰：《虞書·益稷》之篇云：“帝曰‘予違
汝弼，汝無面從，退有後言’。”謂我有違道，汝當正之，無得對
面則順從唯唯，退後則有謗讟之言也。故此詔引之。

［9］【今注】賢良方正：賢良爲秦漢時期選舉科目，選舉内容
以經學知識爲準。始於漢文帝，常與方正、文學、能直言極諫者連
稱，也稱賢良文學、賢良方正。賢良，指德才兼備。方正，指處事
正直。

［10］【今注】公車：漢代官署。爲衛尉的下屬機構，設公車
令，掌管宮殿司馬門的警衛。天下上事及徵召等事宜，經由此處
受理。

［11］【今注】案，日食五日後，丁丑，丞相匡衡以“專地盜
土”之罪名被免爲庶人。事見本書《百官公卿表下》、卷八一《匡
衡傳》。

［12］【今注】越嶲：郡名。治邛都（今四川西昌市東南）。

四年春，罷中書宦官，[1]初置尚書員五人。[2]

［1］【顔注】臣瓚曰：漢初中人有中謁者令。孝武加中謁者

令爲中書謁者令，置僕射。宣帝時，任中書官弘恭爲令，石顯爲僕射。元帝即位數年，恭死，顯代爲中書令，專權用事。至成帝乃罷其官。【今注】案，錢大昭《漢書辨疑》據《百官公卿表》認爲，中書謁者令在漢初以來即爲少府屬官，至成帝時改爲中謁者令。

［2］【顏注】師古曰：《漢舊儀》云尚書四人爲四曹：常侍尚書主丞相御史事，二千石尚書主刺史二千石事，戶曹尚書主庶人上書事，主客尚書主外國事。成帝置五人，有三公曹，主斷獄事。【今注】初置尚書員五人：錢大昭《漢書辨疑》據《漢官儀》認爲，武帝置尚書四員：侍曹尚書、戶曹尚書、主客尚書、二千石尚書。成帝加三公尚書，主斷獄事。是爲五人。

夏四月，雨雪。[1]

［1］【顏注】師古曰：雨音于具反。

五月，中謁者丞陳臨殺司隸校尉轅豐於殿中。[1]

［1］【顏注】應劭曰：豐爲長安令，治有能名，擢拜司隸。臨素與豐有怨（蔡琪本、大德本、殿本“臨素”前有“校尉”二字），見其尊顯，畏爲己害，拜訖未出，使人刺殺。【今注】中謁者丞：錢大昭《漢書辨疑》指出，此當即《百官公卿表》所載中書謁者丞。當時中書謁者令已改爲中謁者令，則丞亦改。　司隸校尉：漢武帝時始置，掌察舉京師及京師近郡犯法者，並領京師所在之州。秩二千石。

秋，桃李實。[1]大水，河決東郡金隄。[2]冬十月，御史大夫尹忠以河決不憂職，[3]自殺。

[1]【今注】桃李實：意指秋天桃李結果。然秋季桃李結果爲常事，並非異象，似無記載之必要。此或爲"桃李華"之誤，即桃李開花。

[2]【顏注】師古曰：金隄者，河隄之名，今在滑州界。【今注】東郡：治濮陽（今河南濮陽市西南）。 金隄：西漢時東郡、魏郡、平原郡界內黃河河堤，用石築成，根據地勢高低，高度從一丈到四五丈不等，取名金堤，寓意堅固。

[3]【今注】御史大夫：丞相副貳，秩中二千石，協調處理天下政務，而以監察、執法爲主要職掌，爲全國最高監察、執法長官。主管圖籍秘書檔案、四方文書，百官奏議經其上呈，皇帝詔命由其承轉丞相下達執行，負責考課、監察、彈劾官吏，典掌刑獄，收捕、審訊有罪官吏等，或派員巡察地方，鎮壓事變，有時亦督兵出征。丞相缺位，常由其遞補。詳見本書《百官公卿表上》。

河平元年春三月，詔曰："河決東郡，流漂二州，[1]校尉王延世隄塞輒平，[2]其改元爲河平。賜天下吏民爵，[3]各有差。"

[1]【顏注】師古曰：兗州、豫州之地。
[2]【今注】校尉：武官名。校尉爲秦漢時中級武官，係由一部一校的軍隊編制而來。
[3]【今注】賜天下吏民爵：漢代承秦行二十等爵制，以示身份，具體爵名參見本書《百官公卿表上》。其中，第八級公乘與第九級五大夫被認爲是"民爵"與"官爵"的分界，普通民衆與下級吏員賜爵不過公乘，五大夫以上的爵位祇授予六百石以上的官員。由於和平時期賜爵輕濫，至漢末三國，吏民已普遍具有公乘

爵，此爵制已名存實亡。（參見錢大昭《漢書辨疑》卷九；凌文超《漢初爵制結構的演變與官、民爵的形成》，《中國史研究》2012 年第 1 期）

　　夏四月己亥晦，[1] 日有蝕之，既。[2] 詔曰：“朕獲保宗廟，戰戰栗栗，未能奉稱。[3] 傳曰：‘男教不修，陽事不得，則日爲之蝕。’[4] 天著厥異，[5] 辜在朕躬。公卿大夫其勉悉心，以輔不逮。[6] 百寮各修其職，惇任仁人，退遠殘賊。[7] 陳朕過失，無有所諱。”大赦天下。六月，罷典屬國并大鴻臚。[8]

　　[1]【今注】晦：農曆每月最末一日。

　　[2]【今注】既：即日全食。查諸日食表，公元前 28 年 6 月 19 日，亦即河平元年四月己亥晦確有日食，西安地區食甚時刻爲上午 10 時 5 分，食分爲 0.91（參見張培瑜《三千五百年曆日天象》）。與此記載相合。

　　[3]【顏注】師古曰：謂不副先帝之業。

　　[4]【今注】傳：此或指《禮記》而言。其《昏義》篇云“男教不脩，陽事不得，適見於天，日爲之食；婦順不脩，陰事不得，適見於天，月爲之食”。

　　[5]【今注】厥：其。

　　[6]【顏注】師古曰：悉，盡也。逮，及也。

　　[7]【顏注】師古曰：惇，厚也。遠，離也。遠音于萬反。【今注】惇：勸勉。　殘賊：指凶殘暴虐的人。《孟子·梁惠王下》云：“賊仁者謂之賊，賊義者謂之殘，殘賊之人謂之一夫。”

　　[8]【今注】典屬國：官名。秦置，漢承之，掌蠻夷降者，即負責歸附少數民族事務，秩中二千石（一說二千石），銀印青綬，

居列卿之位。　大鴻臚：秦稱典客，漢景帝改名大行令，武帝始改大鴻臚。掌少數民族事務，及諸侯王喪事，又掌引導百官朝會，兼管京師郡國邸舍及郡國上計吏之接待。成帝時省典屬國併入，又兼管少數民族朝貢使節、侍子。九卿之一，秩中二千石。

秋九月，復太上皇寢廟園。[1]

［1］【今注】太上皇：指劉邦之父劉太公。　寢廟園：舊稱皇帝宗廟的前殿爲廟，後殿爲寢。此泛指宗廟陵園。王先謙《漢書補注》指出，此事源自平當之上書。

二年春正月，沛郡鐵官冶鐵飛。[1]語在《五行志》。[2]夏六月，封舅譚、商、立、根、逢時皆爲列侯。[3]

［1］【今注】沛郡：治相縣（今安徽濉溪縣西北）。　鐵官：官署名。漢武帝開始實行鹽鐵專賣，在產鐵地區設置鐵官，負責鐵礦開采、鐵器鑄作及買賣。全國共設鐵官四十八處。隸屬大司農。
［2］【今注】語在五行志：本書《五行志中之上》云"一鑪中銷鐵散如流星，皆上去"。《五行志》以此作爲丞相王商、京兆尹王章、許皇后及成帝皇子皆死之徵兆。
［3］【今注】皆爲列侯：王先謙《漢書補注》引蘇輿說指出，據《恩澤侯表》，五侯同在乙亥日受封。案，至此，元后在世的七位兄弟皆封列侯。

三年春二月丙戌，犍爲地震山崩，[1]雍江水，水逆流。[2]

　　[1]【顏注】師古曰：犍音其言反，又其連反。【今注】犍爲：郡名。漢武帝建元六年（前135）置，郡治屢遷，先後移治鱉縣（今貴州遵義市西）、廣南（今四川筠連縣）、僰道（今四川宜賓市西南）、武陽（今四川眉山市彭山區東）。

　　[2]【顏注】師古曰：雍音甕。其下皆同。【今注】江水：即長江。

　　秋八月乙卯晦，日有蝕之。[1]

　　[1]【今注】日有蝕之：查諸日食表，公元前26年10月23日，亦即河平三年八月乙卯朔確有日食，西安地區食甚時刻爲下午3時24分，食分爲0.8（參見張培瑜《三千五百年曆日天象》）。與此記載相合。

　　光禄大夫劉向校中祕書。[1]謁者陳農使，使求遺書於天下。[2]

　　[1]【顏注】師古曰：言中以別外。【今注】劉向：楚元王後裔，本名更生。西漢著名經學家、天文學家、目錄學家，與其子劉歆在成、哀之際相繼整理群書，編爲《七略》，奠定了中國古代目錄學的基礎。傳見本書卷三六。　中祕書：宮廷藏書。案，據本書《藝文志》記載，此次以劉向校經傳諸子詩賦，步兵校尉任宏校兵書，太史令尹咸校數術，侍醫李柱國校方技，而以劉向總成其事，爲校完之書撰寫提要，名爲《別録》。此次集書、校書工作是中國歷史上一次極其重要的書籍整理活動，對古代文化傳承發展有特別的意義。劉向死後，哀帝時復由其子劉歆負責此事，最終完成。其總目名爲《七略》——《漢書》之《藝文志》即襲《七略》而來。經過此次整理，上古以來的文獻内容相對確定，自春秋戰國以來的

託古作僞之風至此亦告一段落。

[2]【顏注】師古曰：言令陳農爲使，而使之求遺書也。上使音所吏反，下使讀如本字。【今注】謁者：職官名。春秋戰國已有，秦、漢承之。西漢時掌賓贊受事，郎中令（光祿勳）屬官，員七十人，秩比六百石。

四年春正月，匈奴單于來朝。赦天下徒，賜孝弟力田爵二級，諸逋租賦所振貸勿收。[1]二月，單于罷歸國。

[1]【今注】案，據肩水金關漢簡，此詔書當發自正月甲子日（參見張俊民《肩水金關漢簡札記二則》，簡帛網 2011 年 9 月 30 日）。

三月癸丑朔，日有蝕之。[1]

[1]【今注】日有蝕之：查諸日食表，公元前 25 年 4 月 18 日，亦即河平四年三月癸丑朔確有日食，西安地區食甚時刻爲下午 2 時 52 分，食分爲 0.53（參見張培瑜《三千五百年曆日天象》）。與此記載相合。

遣光祿大夫博士嘉等十一人行舉瀕河之郡。[1]水所毀傷困乏不能自存者，財振貸。[2]其爲水所流壓死，不能自葬，令郡國給槥櫝葬埋。[3]已葬者與錢，人二千。避水它郡國，在所㐱食之，[4]謹遇以文理，無令失職。[5]舉惇厚有行能直言之士。

[1]【顏注】師古曰：巡行而舉其狀也。瀕，水厓也。瀕河，言傍河也。行音下更反。瀕音頻，又音賓。傍音步浪反（步，大德本、殿本作“布”）。【今注】博士：官名。秦置，漢因之，隸屬九卿之一奉常（太常）。漢武帝罷黜百家之前，博士治各家之學，其後乃專立儒學一家。掌議政、制禮、藏書、顧問及教授經學、考核人才、奉命出使等。初秩比四百石，後升比六百石。

[2]【顏注】師古曰：“財”與裁同，謂量其等差而振貸之。

[3]【顏注】師古曰：槽櫝謂小棺。槽音衞。櫝音讀。

[4]【顏注】文穎曰：宂（宂，殿本作“冗”。本注下同），散（散，蔡琪本、大德本、殿本作“散也”）。廩食使生活（廩，蔡琪本作“廥”，大德本、殿本作“散廩”），不占著戶給役使也。如淳曰：散著人間給食之，官償其直也。師古曰：文說是也。宂音如勇反。食讀曰飤。【今注】案，宂，殿本作“冗”。

[5]【顏注】師古曰：勿使失其常理。

壬申，長陵臨涇岸崩，雍涇水。[1]

[1]【今注】涇水：即今陝西中部涇河，源出寧夏六盤山，經甘肅至陝西西安市高陵區入渭河。

夏六月庚戌，楚王囂薨。山陽火生石中，[1]改元爲陽朔。

[1]【今注】山陽：郡名。治昌邑（今山東巨野縣南）。

陽朔元年。[1]春二月丁未晦，日有蝕之。[2]三月，赦天下徒。冬，京兆尹王章有罪，[3]下獄死。

　　[1]【顏注】應劭曰：時陰盛陽微，故改元曰陽朔，欲陽之蘇息也。師古曰：應說非也。朔，始也。以火生石中，言陽氣之始。

　　[2]【今注】日有蝕之：查諸日食表，公元前24年4月7日，亦即陽朔元年二月丁未晦確有日食，西安地區食甚時刻爲下午3時7分，食分僅爲0.12（參見張培瑜《三千五百年曆日天象》）。與此記載相合。

　　[3]【今注】京兆尹：西漢京畿地方行政長官之一。武帝時改右內史置，職掌如郡太守。其地屬京畿，爲“三輔“之一，故不稱郡。因治京師，又得參與朝政，故又有中央官性質。地位高於郡守，位列諸卿，秩中二千石（一説秩二千石）。　王章有罪：王章因彈劾大將軍王鳳獲罪。事見本書卷七六《王章傳》、卷九八《元后傳》。

　　二年春，寒。詔曰：“昔在帝堯立羲、和之官，[1]命以四時之事，令不失其序。故《書》云‘黎民於蕃時雍’，[2]明以陰陽爲本也。今公卿大夫或不信陰陽，薄而小之，[3]所奏請多違時政。[4]傳以不知，周行天下，[5]而欲望陰陽和調，豈不謬哉！[6]其務順四時月令。”[7]

　　[1]【顏注】應劭曰：《尚書·堯典》曰“乃命羲、和”。羲氏、和氏世掌天地之官。【今注】羲和：本是上古神話傳說中的人物，有太陽之母、太陽的駕車人、黃帝時掌天文曆法的官員、帝堯時掌天文的家族等衆多異說。

　　[2]【顏注】應劭曰：黎，衆也。時，是也。雍，和也。言衆民於是變化，用是大和也（大，殿本作“太”）。韋昭曰：蕃，

多也。師古曰：此《虞書·堯典》之辭也。今《尚書》作"變"，而此紀作"蕃"，兩説並通。蕃音扶元反。

　　[3]【顏注】師古曰：謂爲輕小之事也。

　　[4]【顏注】李奇曰：時政，月令也。

　　[5]【顏注】如淳曰：在位者皆不知陰陽時政，轉轉相因，故令後人遂不知也。師古曰：如説非也。言遞相因循，以所不知之事施設教命，周徧天下。

　　[6]【今注】案，謬，大德本作"諑"。

　　[7]【今注】月令：戰國以來，在陰陽五行説的影響下，形成的一種規定某月施行某種政事的學説。這一學説被記於《禮記·月令》之中，相同內容亦見於《呂氏春秋·十二紀》。出土簡牘如青川木牘《爲田律》、睡虎地秦簡《田律》、張家山漢簡《二年律令·田律》皆有相關內容。江蘇連雲港市尹灣出土的成帝元延年間東海郡《集簿·以春令》、甘肅敦煌市懸泉置出土的平帝元始五年《詔書四時月令五十條》更是直接標識了"月令"。可見這一學説並非僅僅流於空談，對秦漢實際政治亦有着重要影響。這些出土文獻內容與《禮記·月令》有同有異，關於其文本解釋與差異形成的原因，學界尚存在爭議。（參見楊振紅《出土簡牘與秦漢社會》第五章，廣西師範大學出版社 2009 年版）

　　三月，大赦天下。
　　五月，[1]除吏八百石、五百石秩。[2]

　　[1]【今注】案，蔡琪本、大德本、殿本"五月"前有"夏"字。

　　[2]【顏注】李奇曰：除八百就六百，除五百就四百。

　　秋，關東大水，流民欲入函谷、天井、壺口、五阮關者，勿苛留。[1]遣諫大夫博士分行視。[2]

　　[1]【顏注】應劭曰：天井在上黨高都。壺口在壺關。五阮在代郡。如淳曰：阮音近捲反。師古曰：苛，細刻也。阮音其遠反。苛音何（何，殿本作“河”）。【今注】函谷：關名。本在今河南靈寶市境。戰國秦置。漢武帝元鼎三年（前114）徙關至今河南新安縣東，是爲新關，西去故關三百里。三國魏正始元年（240）廢。　天井：關名。一名太行關，在今山西晉城市南，扼太行山南北交通要衝。　壺口：關名。即壺關，在今山西長治市東南，山勢形如壺口，故得名。　五阮：關名。即今河北易縣西北紫荊關。

　　[2]【顏注】師古曰：行音下更反。

　　八月甲申，定陶王康薨。

　　九月，奉使者不稱。[1]詔曰：“古之立太學，將以傳先王之業，流化於天下也。儒林之官，四海淵原，宜皆明於古今，溫故知新，通達國體，[2]故謂之博士。否則學者無述焉，爲下所輕，非所以尊道德也。‘工欲善其事，必先利其器。’[3]丞相、御史其與中二千石、二千石雜舉可充博士位者，使卓然可觀。”[4]

　　[1]【顏注】師古曰：不副上意。【今注】奉使者不稱：王先謙《漢書補注》認爲，“奉使者不稱”一句不合史例，爲傳寫錯誤，當在上文“分行視”一句下。結合後文詔書可知，此當指前文視察水災之博士不稱職。

　　[2]【顏注】師古曰：溫，厚也，謂厚積於故事也。【今注】溫故知新：《論語·爲政》云：“溫故而知新，可以爲師矣。”《禮記·中庸》云：“溫故而知新，敦厚以崇禮。”

[3]【顏注】師古曰：《論語》載孔子之言也，故此詔引焉。

[4]【顏注】師古曰：卓然，高遠之貌也。

是歲，御史大夫張忠卒。[1]

[1]【顏注】師古曰：史不記其月，故書之於歲末。其下王駿亦同。

三年春三月壬戌，隕石東郡，八。[1]夏六月，潁川鐵官徒申屠聖等百八十人殺長吏，[2]盜庫兵，自稱將軍，經歷九郡。[3]遣丞相長史、御史中丞逐捕，[4]以軍興從事，皆伏辜。[5]秋八月丁巳，大司馬大將軍王鳳薨。[6]

[1]【今注】案，王先謙《漢書補注》指出，據《五行志》，其地在東郡白馬縣。但《五行志》記此事在二月，與此不同。

[2]【今注】潁川：郡名。治陽翟（今河南禹州市）。　長吏：漢代指縣令（長）、尉、丞以上的地方官。

[3]【今注】經歷九郡：周壽昌《漢書注校補》認爲，申屠聖等起事，人數少、時間短，似難經歷九郡。他認爲或是“經歷九縣”之誤。今案，本書卷九〇《酷吏傳》載武帝命御史中丞、丞相長史鎮壓大規模民變，與此相類。因民變溢出一郡之範圍，故漢廷方需從中央派員監督、協調各地鎮壓行動。此處若爲“九縣”，則漢廷實無派員之必要。類似情況可參見後文。永始三年（前14）蘇令以二百二十八人起事，“經郡國十九”，情況與申屠聖相類，而漢廷處理情況亦相類，亦是命丞相長史、御史中丞逐捕。相反，鴻嘉四年（前17）鄭躬起事，最後聚衆高達萬人，然因其僅“犯歷

四縣"，活動範圍不廣，故漢廷僅任趙護爲廣漢太守發兵擊之，而並未從中央派員。事實上，依史書體例，"夏六月"僅表緊接其後的申屠聖起事之時間，其後諸事有可能是表其終始，未必在六月。且若申屠聖屬下僅百餘人，當不致驚動皇帝。而從起事至驚動皇帝派丞相長史、御史中丞以軍法從事並鎮壓，所耗時間亦不當止一兩月。然則申屠聖當是以百餘人起事，其後人數自不止此，以較久時間"經歷九郡"之後，被丞相長史等鎮壓。此處僅是表其終始而已。其後永始三年蘇令事亦與此相類。

[4]【今注】丞相長史：官名。秦置漢因。爲丞相府諸吏之長，員二人，或增爲三人，秩級爲千石。協助丞相管理文書等事務的高級官吏，掌領丞相府事，署理諸曹，並可參與朝議等。　御史中丞：西漢始置，爲御史大夫副貳，主掌監察、執法；兼管蘭臺所藏圖籍秘書、文書檔案。外則督諸監郡御史，監察考核郡國行政；內領侍御史，監督殿庭、典禮威儀，受公卿奏事，關通中外朝，考核四方文書計簿，劾按公卿章奏，監察、糾劾百官，參治刑獄，收捕罪犯等。秩千石。

[5]【顏注】師古曰：逐捕之事須有發興，皆依軍法。

[6]【今注】王鳳薨：高官薨例不書姓，錢大昕《廿二史考異・漢書一》指出，惟陽朔三年（前22）大司馬大將軍王鳳、永始二年大司馬車騎將軍王音、元延元年（前12）大司馬大將軍王商兼書姓。今案，錢氏之意，當指班固此體例意在強調王氏家族之權勢。

　　四年春正月，詔曰："夫洪範八政，以食爲首，[1]斯誠家給刑錯之本也。[2]先帝劭農，[3]薄其租稅，寵其強力，[4]令與孝弟同科。[5]間者，民彌惰怠，鄉本者少，趨末者衆，將何以矯之？[6]方東作時，[7]其令二千石勉勸農桑，出入阡陌，致勞來之。[8]書不云乎：'服田力嗇，乃亦有秋。'[9]其勗之哉！"[10]

[1]【顏注】師古曰：《洪範》，《尚書》篇名，箕子爲周武王所説。洪，大也。範，法也。八政一曰食，蓋王政之所先，故以爲首。

[2]【顏注】師古曰：言倉廩充盈（廩，大德本、殿本作"廪"），則家家自足，人不犯禁，無所用刑也。

[3]【顏注】蘇林曰：劭音翹，精異之意也。晉灼曰：劭，勸勉也。師古曰：晉説是也。其字從力，音時召反。

[4]【顏注】師古曰：謂優寵力田之人。【今注】案，强，蔡琪本作"彊"。

[5]【顏注】師古曰：謂每同薦舉及加賜也。

[6]【顏注】師古曰：鄉讀曰嚮。矯，正也。

[7]【顏注】應劭曰：東作，耕也。師古曰：春位在東，耕者始作，故曰東作。《虞書·堯典》曰"平秩東作"。

[8]【顏注】師古曰：阡陌，田間道也，南北曰阡，東西曰陌，蓋秦時商鞅所開也。勞來，勸勉之意也。勞音郎到反。來音郎代反。

[9]【顏注】應劭曰：農夫服田，屬其膂力，乃有秋收也。師古曰：比《商書·盤庚》之辭（比，蔡琪本、大德本、殿本作"此"）。

[10]【今注】勗：鼓勵。

二月，赦天下。秋九月壬申，東平王宇薨。閏月壬戌，御史大夫于永卒。[1]

[1]【顏注】師古曰：于定國子。【今注】于永：西漢東海郯

縣（今山東郊城縣西南）人。宣、元朝丞相于定國子。少嗜酒，多過失。年三十折節修行。以父任侍中中郎將、長水校尉。定國死，嗣爵列侯，居喪以孝行聞。官至御史大夫。尚宣帝長女館陶公主。

鴻嘉元年春二月，詔曰："朕承天地，獲保宗廟，明有所蔽，德不能綏，[1]刑罰不中，眾冤失職，[2]趨闕告訴者不絕。[3]是以陰陽錯謬，寒暑失序，[4]日月不光，百姓蒙辜，朕甚閔焉。[5]書不云乎：'即我御事，罔克耆壽，咎在厥躬。'[6]方春生長時，臨遣諫大夫理等。[7]舉三輔、三河、弘農冤獄。[8]公卿大夫、部刺史明申敕守相，[9]稱朕意焉。其賜天下民爵一級，女子百戶牛酒，加賜鰥寡孤獨高年帛。逋貸未入者勿收。"

[1]【今注】綏：安撫。

[2]【今注】失職：失其常業。

[3]【今注】闕：古代皇宮門外兩邊供瞭望的樓臺，中有通道。

[4]【顏注】師古曰：序，次也。

[5]【顏注】師古曰：蒙，被也。

[6]【顏注】文穎曰：此《尚書·文侯之命》篇中辭也。言我周家用事者，無能有耆老賢者，使國危亡（國危，蔡琪本、大德本、殿本作"國之危"），罪咎在其用事者也。師古曰："咎在厥躬"，平王自謂，故帝引之以自責耳。文氏乃云咎在用事，斯失之矣。

[7]【顏注】師古曰：天子自臨敕而遣。

[8]【今注】三河：指河南、河東、河內三郡，相當於今河南北部、中部及山西西南部地區。河南郡，即秦三川郡，治洛陽（今

河南洛陽市東北）。河内郡，治懷縣（今河南武陟縣西南）。河東郡，見後文注釋。　弘農：郡名。治弘農（今河南靈寶市東北故函谷關城）。案，三輔解釋見前文注釋。此七郡爲漢廷統治核心區域，不屬於十三州，歸司隸校尉部負責監察。故而於此並列。

[9]【今注】部刺史：即刺史。漢武帝時始置，分全國爲十三部州，州置刺史一人。奉詔巡行諸郡，以六條問事，省察治政，黜陟能否，斷理冤獄。無治所，秩六百石。

壬午，行幸初陵，[1]赦作徒。[2]以新豐戲鄉爲昌陵縣，[3]奉初陵，[4]賜百户牛酒。

[1]【今注】初陵：此當指延陵。

[2]【顏注】師古曰：徒人之在陵作役者。

[3]【顏注】師古曰：戲水之鄉也，音許宜反。【今注】新豐：縣名。治所在今陝西西安市臨潼區東北陰盤城。劉太公思鄉，漢高帝乃於關中建邑如豐縣，徙豐民實之，號新豐。　昌陵：縣名。漢成帝鴻嘉元年（前20）以新豐縣戲鄉置昌陵縣，在此營建陵墓，治所在今陝西西安市臨潼區東。永始元年（前16）廢。

[4]【今注】初陵：此當指昌陵。

上始爲微行出。[1]

[1]【顏注】張晏曰：於後門出，從期門郎及私奴客十餘人。白衣組幘，單騎出入市里，不復警蹕，若微賤之所爲，故曰微行。

冬，黃龍見真定。[1]

[1]【顏注】師古曰：本趙國東垣縣也，高祖十一年更名真定。【今注】真定：縣名。先後屬常山郡、真定國，治所在今河北正定縣南。

二年春，行幸雲陽。[1]三月，博士行飲酒禮，[2]有雉蜚集于庭，歷階升堂而雊，[3]後集諸府，又集承明殿。[4]

[1]【今注】雲陽：縣名。屬左馮翊，治所在今陝西淳化縣西北。

[2]【今注】飲酒禮：《儀禮》有《鄉飲酒禮》篇，記載鄉大夫爲舉薦賢者、慶祝節日等原因舉行宴飲時的禮節。《儀禮》所載本爲下層貴族"士"的禮節，然因秦代以後，傳世上層禮儀制度缺乏，漢儒乃以士禮爲基礎推之於上層禮儀。此在未央宮中所行之禮當亦略同於鄉飲酒禮。

[3]【顏注】師古曰：蜚，古"飛"字也。歷階，謂以次而登也。【今注】雊（gòu）：指野雞叫。

[4]【顏注】師古曰：在未央宮中。【今注】承明殿：據《三輔黃圖》卷三，此殿在未央宮，爲著述之所。

詔曰："古之選賢，傅納以言，明試以功，[1]故官無廢事，下無逸民，[2]教化流行，風雨和時，百穀用成，衆庶樂業，咸以康寧。朕承鴻業十有餘年，數遭水旱疾疫之災，黎民婁困於飢寒，[3]而望禮義之興，豈不難哉！朕既無以率道，[4]帝王之道日以陵夷，[5]意迺招賢選士之路鬱滯而不通與，[6]將舉者未得其人也？其舉敦厚有行義能直言者，冀聞切言嘉謀，匡朕之不逮。"

[1]【顏注】師古曰：傅讀曰敷。敷，陳也。令其陳言而省納之，乃試以事也。【今注】案，《尚書·舜典》云："敷奏以言，明試以功，車服以庸。"

[2]【顏注】師古曰：逸，遁也。

[3]【顏注】師古曰：婁，古"屢"字。

[4]【顏注】師古曰：道讀曰導。

[5]【顏注】師古曰：陵，丘陵也。夷，平也。言其積替若丘陵之漸平也。又曰陵遲亦言如丘陵之逶遲，稍卑下也。他皆類此。

[6]【顏注】師古曰：與讀曰歟。

夏，徙郡國豪桀訾五百萬以上五千户于昌陵。[1]賜丞相、御史、將軍、列侯、公主、中二千石冢地、第宅。[2]

[1]【今注】案，據本書卷七〇《陳湯傳》，此事爲陳湯所建議。桀，蔡琪本、殿本作"傑"。今案，秦始皇統一後，爲了削弱關東、加強關中地區的實力，以便統治，施行了遷徙關東豪富至關中的政策。漢朝建立後，劉邦用婁敬策，繼續遷徙豪富的政策。其形式爲在營建皇帝陵墓的同時，將關東豪富遷徙到陵墓周邊，並置縣。本書《地理志下》云："後世世徙吏二千石、高訾富人及豪桀并兼之家於諸陵。蓋亦以彊幹弱支，非獨爲奉山園也。"元帝時取消此政策，至此復令徙民於昌陵。其後成帝廢昌陵，不復徙民。此政策遂告終止。

[2]【顏注】師古曰：並於昌陵賜之。

六月，立中山憲王孫雲客爲廣德王。[1]

[1]【今注】中山憲王孫雲客：錢大昕《廿二史考異·漢書一》引羅願《新安志》，根據《景十三王傳》與《諸侯王表》指出，雲客當爲中山憲王弟安之孫，此處脱一"弟"字。中山，諸侯王國名。治盧奴（今河北定州市）。廣德，諸侯王國名。治所在今安徽黟縣東北。

三年夏四月，赦天下。令吏民得買爵，[1]賈級千錢。[2]大旱。秋八月乙卯，孝景廟闕災。冬十一月甲寅，皇后許氏廢。[3]廣漢男子鄭躬等六十餘人攻官寺，[4]篡囚徒，[5]盜庫兵，自稱山君。

[1]【今注】令吏民得買爵：王先謙《漢書補注》引蘇輿説，指出在惠帝、文帝、武帝時皆曾賣爵位。他根據《惠帝紀》賜錢的記載，指出當時一級貴於萬錢。又據《食貨志》，知道武帝時武功爵級十七萬。雖然武功貴於常爵，然亦可知當時常爵亦不甚賤。然其後反令有爵者爲吏、服役、出馬，遂使願買者少，故至是一級僅千錢。

[2]【顏注】師古曰：賈讀曰價。

[3]【今注】皇后許氏：漢宣帝岳父許廣漢之侄孫女，屢不見容於成帝母族王氏，以其姊祝詛王太后而牽連被廢，後復被迫自殺。事見本書卷九七下《外戚傳下》。

[4]【今注】廣漢：郡名。治乘鄉（今四川金堂縣東）。　鄭躬：周壽昌《漢書注校補》據《五行志》，指出鄭躬等本爲囚徒，爲廣漢鉗徒所篡。

[5]【顏注】師古曰：逆取曰篡。

　　四年春正月，詔曰："數敕有司，務行寬大，而禁苛暴，訖今不改。一人有辜，舉宗拘繫，農民失業，怨恨者衆，傷害和氣，水旱爲災，關東流宂者衆，[1]青、幽、冀部尤劇，[2]朕甚痛焉。未聞在位有惻然者，孰當助朕憂之！[3]已遣使者循行郡國。[4]被災害什四以上，[5]民貲不滿三萬，[6]勿出租賦。逋貸未入，皆勿收。流民欲入關，輒籍內。[7]所之郡國，謹遇以理，[8]務有以全活之，思稱朕意。"

　　[1]【顏注】師古曰：宂，散失其事業也。宂音人勇反。【今注】案，宂，殿本作"穴"。

　　[2]【今注】青：青州。漢武帝所置十三刺史部之一。轄境約當今山東德州市、平原縣、高唐縣以東，河北吳橋縣及山東馬頰河以南，濟南、安丘、高密、萊陽、棲霞、乳山等市縣以北地。幽：幽州。漢武帝所置十三刺史部之一。轄境相當今北京市、河北北部、遼寧大部、天津市海河以北及朝鮮大同江流域。　冀：冀州。漢武帝所置十三刺史部之一，監察趙國、廣平、真定、中山國、河間、信都、魏郡、常山、鉅鹿、清河等郡國。

　　[3]【顏注】師古曰：孰，誰也。

　　[4]【顏注】師古曰：行音下更反。

　　[5]【今注】什四：十分之四。

　　[6]【今注】貲：資產。

　　[7]【顏注】師古曰：錄其名籍而內之（名，大德本、殿本作"民"）。

　　[8]【顏注】師古曰：之，往也。

　　秋，勃海、清河河溢，[1]被災者振貸之。

[1]【今注】勃海：郡名。治浮陽（今河北滄州市舊州鎮）。清河：諸侯王國名、郡名。治清河（今河北清河縣東南）。

　　冬，廣漢鄭躬等黨與濅廣，[1]犯歷四縣，衆且萬人。拜河東都尉趙護爲廣漢太守，[2]發郡中及蜀郡合三萬人擊之。[3]或相捕斬，除罪。[4]旬月平，遷護爲執金吾，[5]賜黄金百斤。

　　[1]【顏注】師古曰：濅，古"浸"字。浸，漸也。

　　[2]【今注】河東：郡名。治安邑（今山西夏縣西北）。　都尉：職官名。原稱郡尉，漢景帝中元二年（前148）更爲此名，一郡之最高武官，佐郡太守典武職甲卒，掌治安，防盗賊。秩比二千石。　太守：職官名。漢地方郡的最高長官。原稱郡守。漢景帝中元二年更爲現名，秩二千石。

　　[3]【今注】蜀郡：治成都（今四川成都市）。

　　[4]【顏注】師古曰：賊黨相捕斬而来者，赦其本罪。

　　[5]【今注】遷護爲執金吾：朱一新《漢書管見》指出，《百官公卿表》記載趙護爲執金吾在元延元年（前12），此處或是連及言之。執金吾，官名，西漢中央諸卿之一，西漢前期稱中尉，漢武帝時改稱執金吾，職掌宫殿之外、京城之内的警備事務，天子出行時充任儀衞導行。秩中二千石。

　　永始元年春正月癸丑，太官凌室火。[1]戊午，庚后園闕火。[2]

　　[1]【顏注】師古曰：藏冰之室。【今注】太官：官署名。戰國秦置，秦漢沿置，掌宫廷膳食。屬少府。　凌室：據《三輔黄

圖》卷三，凌室爲藏冰之所，在未央宫中。

[2]【今注】戾后：即史良娣。漢宣帝祖母，衛太子劉據之妻。衛太子因巫蠱之變被殺，宣帝時上謚號爲"戾"。因此，史良娣乃有"戾后"之名，其園陵被稱爲"戾后園"。

夏四月，封婕妤趙氏父臨爲成陽侯。[1]五月，封舅曼子侍中騎都尉光禄大夫王莽爲新都侯。[2]六月丙寅，立皇后趙氏。[3]大赦天下。

[1]【今注】婕妤：又作"倢伃"。漢景帝之前，除皇后外，後宫高等姬妾多泛稱夫人，至武帝所寵李夫人，亦不聞倢伃之號。此號當始自武帝晚年，有尹倢伃、趙倢伃，地位高於普通夫人。西漢後期制度規定，皇后以下的嬪妃分十四等，倢伃爲第二等，官秩視上卿，爵位比列侯。　趙氏：趙飛燕，後爲漢成帝皇后。事見本書卷九七下《外戚傳下》。　成陽：侯國名。屬汝南郡，治所在今河南信陽市東北。

[2]【今注】騎都尉：漢置，掌監羽林騎，後掌駐屯騎兵，領兵征伐。漢宣帝時，一人監羽林騎，一人領西域都護。秩比二千石。　王莽：字巨君。漢元帝王皇后侄。漢末以外戚掌權。成帝時封新都侯。哀帝死，與王皇后立平帝，專制朝政，稱安漢公。元始五年（5），毒死平帝，另立孺子劉嬰，自稱假皇帝。初始元年（8）稱帝，改國號爲新，年號始建國。實行改制。地皇四年（23），被綠林、赤眉等義軍推翻，被殺。傳見本書卷九九。　新都：侯國名。屬南陽郡，治所在今河南新野縣東南王莊鎮九女城村。

[3]【顏注】師古曰：趙飛燕也，即上所謂婕妤趙氏。

秋七月，詔曰："朕執德不固，謀不盡下，[1]過聽將作大匠萬年[2]言昌陵三年可成。[3]作治五年，中陵、司馬殿門內尚未加功。[4]天下虛耗，[5]百姓罷勞，[6]客土疏惡，[7]終不可成。朕惟其難，恇然傷心。[8]夫'過而不改，是謂過矣'，[9]其罷昌陵，及故陵勿徙吏民，[10]令天下毋有動搖之心。"立城陽孝王子俚爲王。[11]

[1]【顏注】師古曰：言不博謀於群下。

[2]【顏注】師古曰：過，誤也。萬年，解萬年也。【今注】將作大匠：漢景帝時由將作少府改名。掌治宮室。秩二千石。

[3]【今注】昌陵：鴻嘉元年（前20），漢成帝放棄修建了一半的延陵，而新建昌陵。漢代因山爲帝陵，而昌陵地勢低窪，需積土爲山，費用太高，興作數年，至此乃廢。復遷於延陵。錢大昭《漢書辨疑》指出，《太平御覽》卷三七引《三輔舊事》有云："成帝作延陵及起廟，竇將軍有青竹田在廟南，恐犯蹈之，言作陵不便，乃徙作昌陵，取土十餘里，土與粟同價。"永始元年（前16）詔曰"作治五年，客土疏惡"，所指即此。今案，今陝西西安市灞橋區陸旗營向東15里，在灞橋區與臨潼區交界處有一個三平方公里的夯土臺，其上有一個一百多平方米大小、二十多米深的矩形大土坑，當地稱爲"八角琉璃井"，一般認爲此地即昌陵遺址。（參見劉慶柱、李毓芳：《西漢十一陵》，陝西人民出版社1987年版）

[4]【顏注】如淳曰：陵中有司馬殿門，如生時制也。臣瓚曰：天子之藏壙中無司馬殿門也。此謂陵上寢殿及司馬門也。時皆未作之，故曰尚未加功。師古曰：中陵，陵中正寢也。司馬殿門內，瓚説是也。【今注】司馬殿門：據臣瓚説，即司馬門。皇帝宮、王宮、軍營、帝陵均有司馬門，先秦時已有。司馬門不是止車門。臣子入宮不得走司馬門，祇能走掖門。過司馬門須下車。〔參見楊鴻年《漢魏司馬門雜考》（上、下），《中華文史論叢》1981年

第3、4輯]

［5］【顏注】師古曰：耗，損也，音呼到反。

［6］【顏注】師古曰：罷讀曰疲。

［7］【顏注】服虔曰：取他處土以增高，爲客土也。

［8］【顏注】師古曰：惟，思也。

［9］【顏注】師古曰：《論語》載孔子之言，故詔引之。

［10］【今注】案，及，大德本作“反”。陳景雲《兩漢訂誤》卷一認爲，此處“及”當作“反”，意爲返還渭城延陵。今案，本書卷七〇《陳湯傳》有云：“丞相御史請廢昌陵邑中室，奏未下，人以問湯：‘第宅不徹，得毋復發徙？’湯曰：‘縣官且順聽群臣言，猶且復發徙之也。’”而陳湯以此獲罪。然則前文徙昌陵之令當廢，而延陵附近並無建造陵邑的餘地。然則此處作“及”似亦通，指昌陵、延陵皆不徙民。

［11］【顏注】如淳曰：倁音里。【今注】城陽：諸侯國名、郡名。治莒縣（今山東莒縣）。

　　八月丁丑，太皇太后王氏崩。[1]

［1］【顏注】師古曰：宣帝王皇后也。

　　二年春正月己丑，大司馬車騎將軍王音薨。[1]

［1］【今注】車騎將軍：漢初爲臨時將軍之號，因領車騎士得名，事訖即罷。武帝後常設，地位次於大將軍、驃騎將軍。武帝後常典京城、皇宮禁衞軍隊，出征時常總領諸將軍。文官輔政者亦或加此銜，領尚書政務，成爲中朝重要官員。　王音：西漢東平陵（今山東濟南市東）人。元帝皇后王政君從弟。親附從兄王鳳。鳳死代爲大司馬車騎將軍輔政，封安陽侯。輔政八年死。

　　二月癸未夜，星隕如雨。乙酉晦，日有蝕之。[1]詔曰："乃者，龍見于東萊，[2]日有蝕之。天著變異，以顯朕郵，[3]朕甚懼焉。公卿申敕百寮，深思天誡，有可省減便安百姓者，條奏。所振貸貧民，勿收。"又曰："關東比歲不登，[4]吏民以義收食貧民、入穀物助縣官振贍者，已賜直，[5]其百萬以上，加賜爵右更，[6]欲爲史補三百石，其史也遷二等。[7]三十萬以上，賜爵五大夫，[8]史亦遷二等，民補郎。[9]十萬以上，家無出租賦三歲。萬錢以上，一年。"[10]

　　[1]【今注】日有蝕之：查諸日食表，公元前15年3月29日，亦即永始二年二月乙酉晦確有日食，西安地區食甚時刻爲早上8時40分，食分爲0.86（參見張培瑜《三千五百年曆日天象》）。與此記載相合。

　　[2]【今注】東萊：郡名。治掖縣（今山東萊州市）。

　　[3]【顏注】師古曰：郵與尤同，謂過也。

　　[4]【顏注】師古曰：比，頻也。【今注】關東：函谷關或潼關以東地區。

　　[5]【顏注】如淳曰：賜之爵，復租賦以爲直。師古曰：此說非也。收食貧人，謂收取而養食之。助縣官振贍，謂出物以助郡縣之官也。已賜直，謂官賜其所費直也。今方更加爵及免賦耳。食讀曰飤。

　　[6]【顏注】師古曰：第十四爵也。更音工行反。

　　[7]【顏注】師古曰：先已爲吏，則遷二等。

　　[8]【顏注】師古曰：第九爵也。

　　[9]【今注】郎：官名。或稱郎官、郎吏。掌守皇宮門戶，出行充皇帝車騎。有議郎、中郎、侍郎、郎中等。秩自比六百石至比

三百石不等，無定員。

[10]【今注】案，漢成帝賣爵，爵位最高爲右更，補吏不超過三百石。何焯《義門讀書記》卷一五指出，東漢安帝、桓帝時期，完全計價賣官，封爵高至關内侯，較此更爲輕濫。

　　冬十一月，行幸雍，祠五畤。[1]

[1]【今注】五畤：何焯《義門讀書記》卷一五指出，建始二年（前31）所罷雍五畤，至此已復，而於後年紀事中總書之。

　　十二月，詔曰：“前將作大匠萬年知昌陵卑下，不可爲萬歲居，奏請營作，[1]建置郭邑，妄爲巧詐，積土增高，多賦斂繇役，興卒暴之作。[2]卒徒蒙辜，死者連屬，[3]百姓罷極，天下匱竭。[4]常侍閎前爲大司農中丞，數奏昌陵不可成。[5]侍中衛尉長數白宜早止，徙家反故處。[6]朕以長言下閎章，[7]公卿議者皆合長計。首建至策，閎典主省大費，[8]民以康寧。閎前賜爵關内侯，黃金百斤。其賜長爵關内侯，食邑千户，閎五百户。萬年佞邪不忠，毒流衆庶，海内怨望，至今不息，雖蒙赦令，不宜居京師。其徙萬年敦煌郡。”[9]

[1]【今注】奏請營作：本書卷七〇《陳湯傳》云：“成帝起初陵，數年後，樂霸陵曲亭南，更營之。”與此不同。

[2]【顏注】師古曰：卒讀曰猝，謂急也。

[3]【顏注】師古曰：屬音之欲反。

[4]【顏注】師古曰：罷讀曰疲。匱，空也。竭，盡也。

[5]【顏注】師古曰：閎，王閎也。【今注】閎：王閎。王莽

三叔王譚之子。王閎在成、哀兩朝任常侍。哀帝朝打壓王氏家族頗甚，在去世後，王閎仗劍奪大司馬董賢印綬，助王氏家族重新掌權。王莽稱帝後，猜忌王閎，外放其爲東郡太守。王莽政權倒臺後，王閎投降更始政權，後復降光武帝劉秀。劉秀表彰王閎，補其子爲吏。事見本書卷九三《董賢傳》、《後漢書》卷一二《張步傳》。　大司農中丞：漢武帝時置，大司農屬官。職掌財用度支、均輸漕運諸事。

　　[6]【顏注】師古曰：長，淳于長也。【今注】長：淳于長。元后姊君俠之子。傳見本書卷九三。

　　[7]【顏注】如淳曰：以衛尉長數白罷，故因下閎請奏罷作之章。師古曰：下音胡稼反。

　　[8]【顏注】師古曰：司農中丞主錢穀顧庸，故云典主。

　　[9]【今注】敦煌：郡名。治敦煌（今甘肅敦煌市七里鎮白馬塔村）。時陳湯與人言，稱之後當復徙民，被以“惑衆”之罪與解萬年同貶敦煌郡。案，營建昌陵及廢棄事詳見本書《陳湯傳》。

　　是歲，御史大夫王駿卒。[1]

　　[1]【顏注】師古曰：王吉之子也。

　　三年春正月己卯晦，日有蝕之。[1]詔曰：“天災仍重，朕甚懼焉。[2]惟民之失職，[3]臨遣太中大夫嘉等循行天下，[4]存問耆老，民所疾苦。其與部刺史舉惇樸遜讓有行義者各一人。”

　　[1]【今注】日有蝕之：查諸日食表，公曆前14年3月18日，亦即永始三年正月己卯晦確有日食，西安地區食甚時刻爲下午4時

31分，食分爲0.42（參見張培瑜《三千五百年曆日天象》）。與此記載相合。

[2]【顏注】師古曰：仍，頻也。重音直用反。

[3]【顏注】師古曰：失其常業也。

[4]【顏注】師古曰：行音下更反。【今注】太中大夫：官名。亦作"大中大夫"。郎中令（光禄勳）屬官。秦始置，居諸大夫之首，漢武帝時次於光禄大夫。掌議論，秩比千石（東漢時秩千石），無定員，多至數十人。雖爲顧問一類散職，但漢世多以寵臣貴戚和功臣充任，侍從皇帝左右，與皇帝關係親近，爲機密之職。

冬十月庚辰，皇太后詔有司復甘泉泰畤、汾陰后土、雍五畤、陳倉陳寶祠。[1]語在《郊祀志》。

[1]【顏注】師古曰：陳寶祠在陳倉。【今注】陳倉：縣名。治所在今陝西寶雞市東。　陳寶祠：春秋時秦文公設立的祭祀場所。

十一月，尉氏男子樊並等十三人謀反，[1]殺陳留太守，[2]劫略吏民，自稱將軍。徒李譚等五人共格殺並等，[3]皆封爲列侯。

[1]【顏注】師古曰：尉氏，陳留之縣。

[2]【今注】陳留太守：錢大昭《漢書辨疑》根據《天文志》指出太守名嚴普。陳留，郡名。治陳留（今河南開封市東南陳留鎮）。

[3]【今注】五人：王先謙《漢書補注》指出，《功臣表》載李譚、稱忠、鍾祖、訾順四人，無五人。

十二月，山陽鐵官徒蘇令等二百二十八人攻殺長吏，[1]盜庫兵，自稱將軍，經郡國十九，[2]殺東郡太守、汝南都尉。[3]遣丞相長史、御中丞持節督趣逐捕。[4]汝南太守嚴訢捕斬令等。[5]遷訢爲大司農，[6]賜黃金百斤。

[1]【今注】山陽：縣名。屬河内郡，治所在今河南焦作市東南。

[2]【今注】經郡國十九：周壽昌《漢書注校補》指出，《天文志》《五行志》都記載蘇令等經歷郡國“四十餘”，與此不同。他認爲，蘇令等起事時間較短，無論是郡國“十九”還是“四十餘”，皆有誤。王先謙《漢書補注》指出，荀悅《漢紀》、《資治通鑑》皆作“郡國十九”；又舉《梅福傳》指出蘇令等之“蹈藉名都大郡”，聲勢頗大，認爲或可從“郡國十九”之説。今案，周壽昌説誤。此處叙事所用是表其終始之法，並非皆發生在十二月。當以王先謙説爲是。詳參前文陽朔三年（前22）申屠聖反事注釋“經歷九郡”條。經，蔡琪本、殿本作“經歷”。

[3]【今注】汝南：郡名。治上蔡（今河南上蔡縣西南）。

[4]【顏注】師古曰：趣讀曰促。【今注】案，御，蔡琪本、大德本、殿本作“御史”。

[5]【顏注】師古曰：“訢”與“欣”同。令即蘇令。【今注】案，周壽昌《漢書注校補》指出，汝南都尉治汝陰，太守治平輿，治所不同，故汝南都尉雖被殺，但汝南太守無罪，職録其功。

[6]【今注】大司農：漢武帝改大農令置。掌管全國租賦收入和國家財政開支。秩中二千石，列位九卿。

四年春正月，行幸甘泉，郊泰畤，神光降集紫殿。[1]大赦天下。賜雲陽吏民爵，女子百户牛酒，鰥寡孤獨高年帛。三月，行幸河東，祠后土，賜吏民如雲陽，行所過無出田租。

[1]【今注】紫殿：據《三輔黃圖》卷二記載，秦始皇二十七年（前220）建甘泉宮，於甘泉宮內起紫殿，"雕文刻鏤黼黻，以玉飾之"。陳直《三輔黃圖校證》據《太平御覽》卷一七五引《西京雜記》指出，成帝曾設雲帳、雲幄、雲幕於甘泉紫殿，故紫殿又有三雲殿之稱。此段文字不見於今本《西京雜記》。

夏四月癸未，長樂臨華殿、未央宮東司馬門皆災。[1]

[1]【顏注】師古曰：東面之司馬門也。【今注】長樂：長樂宮。本秦興樂宮，"周迴二十里"（《資治通鑑》卷一一《漢紀》太祖高皇帝五年胡三省注引程大昌《雍録》）。漢高祖時擴建，改名長樂宮，在此視朝。漢惠帝以後爲太后寢宮。遺址在今陝西西安市西北漢長安故城東南隅。 臨華殿：據《三輔黃圖》卷三記載，臨華殿爲漢武帝所建，在長樂宮前殿之後。

六月甲午，霸陵園門闕災。[1]出杜陵諸未嘗御者歸家。[2]詔曰："迺者，地震京師，火災婁降，[3]朕甚懼之。有司其悉心明對厥咎，[4]朕將親覽焉。"

[1]【今注】霸陵：漢文帝劉恒墓。因地處霸上，故名。在今陝西西安市東北。 災：此指火災。《左傳》宣公十六年有云"凡火，人火曰火，天火曰災"。

[2]【今注】杜陵：漢宣帝劉詢墓，地處杜縣（後改杜陵縣），故名。在今陝西西安市雁塔區曲江街道辦事處三兆村西北。　諸未嘗御者歸家：何焯《義門讀書記》卷一五指出，宣帝下葬至此年，已三十六年，方因成帝無繼嗣放這些宮女回家。

[3]【顏注】師古曰：妻，古"屢"字。

[4]【顏注】師古曰：悉，盡也。

又曰："聖王明禮制以序尊卑，異車服以章有德，雖有其財，而無其尊，不得踰制，故民興行，[1]上義而下利。[2]方今世俗奢僭罔極，[3]靡有厭足。公卿列侯親屬近臣，四方所則，[4]未聞脩身遵禮，同心憂國者也。或迺奢侈逸豫，務廣第宅，治園池，多畜奴婢，被服綺縠，[5]設鐘鼓，備女樂，車服嫁娶葬埋過制。吏民慕效，濅以成俗，[6]而欲望百姓儉節，家給人足，豈不難哉！《詩》不云乎：'赫赫師尹，民具爾瞻。'[7]其申敕有司，以漸禁之。[8]青綠民所常服，且勿止。[9]列侯近臣，各自省改。[10]司隸校尉察不變者。"

[1]【顏注】師古曰：行音下更反。

[2]【顏注】師古曰：以義爲上，以利爲下。

[3]【顏注】師古曰：罔，無也。極，中也，一曰止也。

[4]【顏注】師古曰：則，法也。

[5]【顏注】師古曰：被音皮義反。

[6]【顏注】師古曰：濅，漸也。

[7]【顏注】師古曰：《小雅·節南山》之詩也。赫赫，盛貌也。師尹，尹氏爲太師之官也。言居位甚高，備爲眾庶所瞻仰。

[8]【顏注】師古曰：謂約束也。

[9]【顏注】師古曰：然則禁紅紫之屬。

[10]【顏注】師古曰：省，視也。視而改之。《論語》稱曾子曰"吾日三省吾身"。

秋七月辛未晦，日有蝕之。[1]

[1]【今注】日有蝕之：查諸日食表，公元前13年8月31日，亦即永始四年七月辛未晦確有日食，西安地區食甚時刻爲早上6時22分，食分僅爲0.23（參見張培瑜《三千五百年曆日天象》）。與此記載相合。

元延元年春正月己亥朔，日有蝕之。[1]

[1]【今注】日有蝕之：查諸日食表，公元前12年1月26日，亦即元延元年正月己亥朔確有日食，西安地區食甚時刻爲上午8時56分，食分僅爲0.09（參見張培瑜《三千五百年曆日天象》）。與此記載相合。

三月，行幸雍，祠五畤。

夏四月丁酉，無雲有雷，聲光燿燿，[1]四面下至地，昏止。赦天下。

[1]【今注】案，燿燿，蔡琪本、大德本、殿本作"耀耀"。

秋七月，有星孛于東井。[1]詔曰："迺者，日蝕星隕，謫見于天，大異重仍。[2]在位默然，罕有忠言。今孛星見于東井，朕甚懼焉。公卿大夫、博士、議郎其

各悉心，^[3]惟思變意，明以經對，無有所諱；與内郡國
舉方正能直言極諫者各一人，^[4]北邊二十二郡舉勇猛知
兵法者各一人。"

[1]【今注】東井：即二十八宿中的井宿，屬於南方朱雀七宿
之一。因西方白虎七宿中的參宿内有玉井星宿，故稱井宿爲東井，
以示區分。

[2]【顏注】師古曰：仍，頻也。重音直用反。

[3]【今注】議郎：爲高級郎官，不入直宿衛，職掌顧問應
對，參與議政。秩比六百石。

[4]【顏注】師古曰：令公卿與内郡國各舉一人。【今注】内
郡國：内地郡國，詳見本書卷八《宣紀》韋昭注。

封蕭相國後喜爲酇侯。

冬十二月辛亥，大司馬大將軍王商薨。^[1]是歲，昭
儀趙氏害後宮皇子。^[2]

[1]【今注】王商：字子夏，西漢東平陵（今山東濟南市東）
人。元帝皇后王政君弟。以外戚於成帝時封成都侯。位特進，領城
門兵。後代王音爲大司馬衛將軍輔政。驕奢淫逸，爭爲奢侈。病
死，子況嗣。

[2]【顏注】師古曰：趙飛燕之妹。【今注】昭儀趙氏：指成
帝皇后趙飛燕之妹，亦有寵。成帝暴亡，元后歸罪於趙昭儀，趙昭
儀自殺。　害後宮皇子：事見本書卷九七下《外戚傳下》。關於趙
氏姐妹殺害成帝子嗣的罪名，有觀點認爲係王莽等人所造之冤獄
（參見孟祥才《撲朔迷離的趙飛燕姊妹謀殺皇子案》，《聊城師範學
院學報》2000 年第 6 期）。

　　二年春正月，行幸甘泉，郊泰畤。三月，行幸河東，祠后土。[1]夏四月，立廣陵孝王子宇爲王。[2]

　　[1]【今注】案，王先謙《漢書補注》指出，《資治通鑑》載其歸程云："既祭，行游龍門，登歷觀，陟西岳而歸。"

　　[2]【今注】廣陵：諸侯王國名。由故江都國部分地區演變而來，治廣陵（今江蘇揚州市西北蜀崗上）。案，宇，蔡琪本、大德本、殿本作"守"。

　　冬，行幸長楊宮，[1]從胡客大校獵。[2]宿萯陽宮，[3]賜從官。

　　[1]【今注】長楊宮：宮名。在今陝西周至縣東南。據《三輔黃圖》卷一記載，長楊宮本爲秦宮，漢承之。宮中有垂楊數畝，因爲宮名。其門名射熊館，爲秦漢游獵之所。

　　[2]【顏注】如淳曰：合軍聚衆，有幡校擊鼓也。《周禮》校人掌王田獵之馬，故謂之校獵。師古曰：如說非也。此校謂以木自相貫穿爲闌校耳。校人職云"六厩成校"，是則以遮闌爲義也。校獵者，大爲闌校以遮禽獸而獵取也。軍之幡旗雖有校名，本因部校，此無豫也。

　　[3]【顏注】師古曰：萯音倍。【今注】萯陽宮：據《三輔黃圖》卷一記載，萯陽宮爲春秋時秦惠文王所起，地在鄠縣（今陝西西安市鄠邑區北）西南。

　　三年春正月丙寅，蜀郡岷山崩，[1]雍江三日，江水竭。二月，封侍中衞尉淳于長爲定陵侯。[2]三月，行幸雍，祠五畤。

[1]【顏注】師古曰：岷音武巾反。【今注】岷山：亦作“嶓山”。又名汶山、瀆山、汶阜山、汶焦山。在今四川西北部，綿延四川、甘肅兩省邊境。

[2]【今注】定陵：侯國名。治所在今河南漯河市鄖城區西北。漢成帝元延三年（前10）封侍中衛尉淳于長爲定陵侯，食邑一千户。綏和元年（前8）國除。

四年春正月，行幸甘泉，郊泰畤。二月，罷司隸校尉官。三月，行幸河東，祠后土。甘露降京師，賜長安民牛酒。[1]

[1]【今注】長安：縣名。治所在今陝西西安市西北。

綏和元年春正月，[1]大赦天下。

[1]【今注】綏和元年：公元前8年。綏和，漢成帝年號（前8—前7）。

二月癸丑，詔曰：“朕承太祖鴻業，奉宗廟二十五年，德不能綏理宇内，百姓怨恨者衆。[1]不蒙天祐，至今未有繼嗣，天下無所係心。觀于往古近事之戒、禍亂之萌，皆由斯焉。[2]定陶王欣於朕爲子，[3]慈仁孝順，可以承天序，繼祭祀。其立欣爲皇太子。封中山王舅諫大夫馮參爲宜鄉侯，[4]益中山國三萬户，以慰其意。[5]賜諸侯王、列侯金，天下當爲父後者爵，三老、孝弟力田帛，各有差。”

[1]【今注】案，恨，大德本、殿本作"望"。

[2]【顏注】師古曰：始生曰萌。

[3]【今注】定陶王欣：即漢哀帝。元帝孫，定陶恭王子。因其祖母傅太后賂遺趙昭儀及輔政的驃騎將軍王根，而成帝又賞識其才，乃得立。

[4]【今注】中山王：此指元帝少子中山孝王興，是年（綏和元年，前8年）早逝。中山，王國名。王都在盧奴（今河北定州市）。屬冀州刺史部。　馮參：宣、元朝名將馮奉世之子。其姊媛爲元帝昭儀，中山孝王母。馮媛與哀帝祖母傅太后有舊怨。在哀帝即位後，馮媛與馮參皆於建平元年（前6）被逼自殺。事見本書卷七九《馮奉世傳》。

[5]【顏注】師古曰：以不得繼統爲帝之後，恐其怨恨。

又曰："蓋聞王者必存二王之後，所以通三統也。[1]昔成湯受命，[2]列爲三代，[3]而祭祀廢絶。考求其後，莫正孔吉。[4]其封吉爲殷紹嘉侯。"三月，進爵爲公，及周承休侯皆爲公，地各百里。[5]

[1]【顏注】師古曰：天、地、人是爲三統。二王之後并己爲三。【今注】三統：三統説是董仲舒等人倡導的王朝循環理論，認爲王朝興替按照黑統、白統、赤統分別循環用事，每三個王朝爲一組，當政的王朝應厚待前兩朝的王族，是爲"二王"。

[2]【今注】成湯：商朝的開國帝王，滅亡夏朝，建立商朝。事見《史記》卷三《殷本紀》。

[3]【顏注】師古曰：夏、殷、周是爲三代。【今注】三代：錢大昕《三史拾遺》卷二根據"王者存二王之後，並當代爲三"的説法，認爲此處"三代"所指爲殷、周、漢。王先謙《漢書補注》引沈欽韓，不同意錢説，認爲這是因爲馬上要封殷後，故談及

湯爲三王之代。今案，當以顏、沈説是。前一句言二王、三統，所用爲"王者存二王之後"的理論，由漢引出殷商。此句則單表殷商功業，與前一句無直接關聯。

[4]【顏注】臣瓚曰：無若孔吉最正也。【今注】案，王先謙《漢書補注》引蘇輿説，根據《梅福傳》，此封商源自元帝時梅福、匡衡提議封孔子子孫奉湯祀一事。

[5]【今注】案，漢武帝元鼎四年（前 113），封周王後裔嘉爲周子南君。元帝初元五年（前 44），封周于南君爲周承休侯。隨着儒學在西漢後期的盛行，董仲舒所創立的"三統説"影響越來越大。此説以黑統、白統、赤統三統循環附會王朝興亡，歷朝之重要禮儀顏色皆當與統相符。根據此種理論，當朝帝王應"存二王之後"，以體現"三統"。由於秦朝不被"三統説"認作正朔，因而殷商、周朝被視作漢朝的前兩朝。至成帝綏和元年（前 8）二月，乃以"三統説"爲據，封孔子後裔吉爲殷紹嘉侯。三月，復封"二王之後"爲殷紹嘉公、周承休公，至平帝元始四年（4），復改封爲宋公、鄭公。此制發展到後來，形成了對中國古代禮制影響頗爲深遠的"二王三恪"制度。

行幸雍，祠五畤。

夏四月，以大司馬票騎大將軍爲大司馬，[1]罷將軍官。御史大夫爲大司空，[2]封爲列侯。益大司馬、大司空奉如丞相。[3]

[1]【顏注】文穎曰：王根也。【今注】票騎大將軍：錢大昕《廿二史考異·漢書一》認爲，此處"大"字衍，當作"票騎將軍"。票騎將軍，即驃騎將軍。漢武帝置爲重號將軍，僅次於大將軍，秩萬石。案，蔡琪本作"票騎大將軍根"。根，指王根，字稚卿，西漢東平陵（今山東濟南市東）人。元帝皇后王政君弟。成帝

時以帝舅封曲陽侯。後爲大司馬驃騎將軍，繼其兄王商輔政。歷五歲，以老辭職。哀帝立，遣就國。今案，此處所叙爲官職制度性變革，不必言及時任官員之名。下文"御史大夫"亦不言其名。"根"字爲衍。

[2]【今注】御史大夫：丞相副貳，秩中二千石，協調處理天下政務，而以監察、執法爲主要職掌，爲全國最高監察、執法長官。主管圖籍秘書檔案、四方文書，百官奏議經其上呈，皇帝詔命由其承轉丞相下達執行，負責考課、監察、彈劾官吏，典掌刑獄，收捕、審訊有罪官吏等，或派員巡察地方，鎮壓事變，有時亦督兵出征。丞相缺位，常由其遞補。詳見本書《百官公卿表上》。 大司空：漢成帝綏和元年（前8）改御史大夫爲大司空，內領侍御史十五人，受公卿奏事，舉劾按章，並掌圖籍秘書；外督部刺史。金印紫綬，祿比丞相，秩萬石。

[3]【顏注】如淳曰：律：丞相、大司馬大將軍奉錢月六萬，御史大夫奉月四萬也。【今注】益：洪亮吉《四史發伏》卷三指出，此處既云"益"，則大司馬俸祿自當低於丞相。他認爲，如淳所言爲武帝時之規定，而宣帝地節三年（前67）以後大司馬不冠將軍，或俸祿亦減少，至此復增益之。 奉：通"俸"。

秋八月庚戌，中山王興薨。

冬十一月，立楚孝王孫景爲定陶王。

定陵侯淳于長大逆不道，下獄死。廷尉孔光使持節賜貴人許氏藥，飲藥死。[1]

[1]【顏注】師古曰：即前所廢皇后許氏也。【今注】廷尉：戰國秦始置，秦、西漢沿置。主管詔獄。列位九卿，秩中二千石。

孔光：傳見本書卷八一。

十二月，罷部刺史，更置州牧，[1]秩二千石。

[1]【今注】州牧：州部長官。漢武帝時設十三州部刺史，監察地方郡國，秩六百石。成帝綏和元年（前8）改刺史爲州牧，以應上古州伯方牧之義，秩二千石，位次九卿。哀帝建平二年（前5）復稱刺史，元壽二年（前1）又改稱州牧。新莽制度崇古，沿用州牧名稱，又因州牧地位高如三公，怠懈於刺舉諸事，故置牧監以爲輔助，職責如漢之刺史。

二年春正月，行幸甘泉，郊泰畤。二月壬子，丞相翟方進薨。[1]

[1]【今注】翟方進：傳見本書卷八四。案，據《翟方進傳》，是年春，熒惑守心（火星停留至心宿的位置）。此天象象徵着對帝王性命的威脅，彼時成帝重病懼死，乃用術士策，以重臣性命當之，乃逼令翟方進自殺。由於皇帝對此事“祕之”，故此處稱“薨”。然據黃一農推算，綏和二年春並無“熒惑守心”之天象，實係僞造。當是政敵爲逼死翟方進，而聯合觀察天象的官吏僞造此記錄。（參見黃一農《社會天文學十講》之《漢成帝與丞相翟方進死亡之謎》，復旦大學出版社2004年版）

三月，行幸河東，祀后土。[1]丙戌，帝崩于未央宮。[2]皇太后詔有司復長安南北郊。四月己卯，葬延陵。[3]

[1]【今注】案，祀，大德本、殿本作“祠”。
[2]【顏注】臣瓚曰：帝年二十即位，即位二十六年，壽四

十五。師古曰：即位明年乃改元耳，壽四十六。【今注】案，朱一新《漢書管見》指出，成帝三歲宣帝崩，經過元帝十六年，十九歲時元帝崩，被立爲帝，踰年改元，改元後在位二十六年，正合四十五歲。臣瓚注無誤，其所謂“二十即位”，是以改元之年言之。

[3]【顏注】臣瓚曰：自崩至葬凡五十四日。延陵在扶風，去長安六十二里。【今注】延陵：漢成帝劉驁陵墓，在今陝西咸陽市北馬家窰附近（參見劉慶柱、李毓芳《西漢十一陵》）。

　　贊曰：臣之姑充後宮爲婕妤，[1]父子昆弟侍帷幄，數爲臣言成帝善修容儀，升車正立，不内顧，不疾言，不親指，[2]臨朝淵嘿，尊嚴若神，可謂穆穆天予之容者矣！[3]博覽古今，容受直辭。公卿稱職，奏議可述。[4]遭世承平，上下和睦。然湛于酒色，[5]趙氏亂内，外家擅朝，言之可爲於邑。[6]建始以來，王氏始執國命，哀、平短祚，莽遂篡位，蓋其威福所由來者漸矣！

[1]【顏注】晉灼曰：班彪之姑也。【今注】臣之姑：此指班彪之姑班婕妤。事見本書卷九七下《外戚傳下》。班彪曾續《史記》，班固承之而著《漢書》，此贊語當爲班彪之舊稿。

[2]【顏注】師古曰：不内顧者，謂儼然端嚴，不迴眄也。不疾言者，爲輕肆也。不親指者，爲惑下也。此三句者，本《論語》鄉黨篇述孔子之事，故班氏引之以美成帝。今《論語》云：“車中不内顧，不疾言，不親指。”内顧者，説者以爲前視不過衡軛，旁視不過輢較，與此不同。軛音於綺反。

[3]【顏注】師古曰：《禮記》云“天子穆穆，諸侯皇皇，大夫濟濟，士蹌蹌”，故此贊引之。【今注】案，天予，蔡琪本、大德本、殿本作“天子”。

〔4〕【顏注】師古曰：稱職，克當其任也。可述，言有文采。

〔5〕【顏注】師古曰：湛讀曰耽。

〔6〕【顏注】師古曰：於邑，短氣貌，讀如本字。又於音烏。邑又音烏合反。他皆類此。

漢書 卷一一

哀紀第十一

[1]【今注】案，哀紀，蔡琪本、大德本、殿本作"哀帝紀"。

孝哀皇帝，[1]元帝庶孫，定陶恭王子也。[2]母曰丁姬。年三歲嗣立爲王，長好文辭法律。[3]元延四年入朝，盡從傅、相、中尉。[4]時成帝少弟中山孝王亦來朝，[5]獨從傅。上怪之，以問定陶王，對曰："令，諸侯王朝，得從其國二千石。傅、相、中尉皆國二千石，故盡從之。"[6]上令誦《詩》，通習，能説。[7]他日問中山王："獨從傅在何法令?"不能對。令誦《尚書》，又廢。[8]及賜食於前，後飽；起下，韤係解。[9]成帝由此以爲不能，而賢定陶王，數稱其材。時王祖母傅太后隨王來朝，[10]私略遺上所幸趙昭儀及帝舅票騎將軍曲陽侯王根。[11]昭儀及根見上亡子，亦欲豫自結爲長久計，皆更稱定陶王，[12]勸帝以爲嗣。成帝亦自美其材，爲加元服而遣之，[13]時年十七矣。明年，使執金吾任宏守大鴻臚，[14]持節徵定陶王，立爲皇太子。謝曰："臣幸得繼父守藩爲諸侯王，材質不足以假充太子之宮。[15]陛下聖德寬仁，敬承祖宗，奉順神祇，宜蒙福祐子孫千億之報。[16]臣願且得留國邸，[17]旦夕奉問起居，俟有聖嗣，歸國守藩。"書奏，天子報聞。後月餘，立楚孝王孫景爲定陶王，奉恭王祀，所以獎屬太子專爲後之誼。[18]語在《外戚傳》。

[1]【顏注】荀悅曰：諱欣之字曰喜。應劭曰：恭仁短折曰哀。

[2]【今注】定陶恭王：名康，漢元帝與傅昭儀之子，初封濟陽王，徙山陽王，成帝河平四年（前25）徙爲定陶王。傳見本書卷八〇。定陶，諸侯王國名。宣帝時改濟陰郡置，後廢，成帝河平四年復置，徙山陽王劉康王定陶，治定陶（今山東菏澤市定陶區西北古陶邑）。

[3]【顏注】師古曰：年長而好之。【今注】年三歲嗣立爲王：漢成帝陽朔二年（前23），定陶共王康去世，哀帝劉欣年三歲，立爲王，次年改元。然綏和元年（前8），中山孝王興去世，平帝劉箕子年二歲，立爲王，次年改元，其本紀亦云"年三歲嗣立爲王"。從體例統一的角度講，二者必有一爲非。案，本書《諸侯王表》有云"陽朔三年，王欣嗣"，"綏和二年，王箕子嗣"，皆以次年改元計算嗣年。若依此爲準，則此處當作"年四歲嗣立爲王"。

[4]【顏注】師古曰：三官皆從王入朝。【今注】傅：即諸侯王太傅。皇子封王，其郡爲國，置太傅一人輔王，導王以善，禮如師，不臣。漢成帝改太傅曰傅，俸二千石。　相：此指諸侯相。官名。漢朝派往諸侯國的最高行政長官。原稱相國，漢惠帝元年（前194）改稱丞相，景帝中五年（前145）改稱相。　中尉：此指諸侯國中尉。職掌維持王國治安，督察軍吏，典領軍隊，與傅、相共同輔王。秩二千石。

[5]【今注】中山：諸侯王國名。治盧奴（今河北定州市）。屬冀州刺史部。　孝王：名興，漢元帝與馮昭儀所生庶子，成帝綏

和元年早逝。

[6]【今注】二千石：漢朝二千石爲中央政府機構的列卿，及地方州牧郡守、諸侯王國相等。又可細分爲中二千石、二千石、比二千石三等。據本書《百官公卿表》顏師古注，中二千石者月各百八十斛，二千石者百二十斛，比二千石者百斛。《續漢書·百官志五》所載與此略同。根據張家山漢簡《秩律》與《新書》《史記》等傳世文獻，閻步克先生又指出漢初祇有二千石，並無中二千石等細分等級，最早的中二千石的記載出現在文帝死後景帝發布的詔書中。楊振紅先生則進一步認爲中二千石的官位是文帝時在賈誼的建議下設立的，是爲了區別漢廷官員與諸侯官員之地位。而早期中二千石官員亦不止本書《百官公卿表》所載諸官，如內史、主爵都尉均曾列於中二千石。案，石，漢代度量衡單位，有兩義：一爲重量單位，合一百二十斤。二爲容量單位，合十斗，亦即一斛。馬彪等先生指出，"石"本爲秦與西漢時的官方標準重量單位，合十斗的官方標準容量單位爲"桶（甬）"。因一石重的禾黍可得十斗糙米，一石重的稻禾可得十斗稻米，故實踐中有將十斗稱爲"石"的習慣。王莽時以"斛"作爲合十斗的官方容量單位，東漢承之，此後容量單位"石"便逐漸淡出了漢代計量系統。然則根據前文顏注所引二千石的俸禄換算，二千石當指二千石（容量單位）容積的米，亦即二千石（重量單位）重的禾，其餘官秩與此相類。又案，陳夢家先生根據傳世與出土文獻指出，雖然西漢承秦制，官俸以"石"爲名，但主要是代表官秩，實際發俸以錢爲主。至王莽後期，變爲以穀爲主，東漢則爲半錢半穀，而以穀數爲標準。前文所引顏注所舉具體官俸，當出自東漢之材料，且亦祇是一種計算標準，並非兩漢官俸的實際發放情況。（參見閻步克《〈二年律令·秩律〉的中二千石秩級闕如問題》，《河北學刊》2003 年第 5 期；楊振紅《出土簡牘與秦漢社會（續編）》，廣西師範大學出版社 2015 年版，第 51—57 頁；馬彪、林力娜《秦、西漢容量"石"諸問題研究》，《中國史研究》2018 年第 4 期；陳夢家《漢簡所見奉例》，

《文物》1963年第5期）

[7]【顏注】師古曰：説其義。【今注】詩：指《詩經》，儒家五經之一。

[8]【顏注】師古曰：中忘之。【今注】尚書：書名。儒家五經之一。先秦時稱《書》。漢初始稱《尚書》，指上古之書。尚，同“上”。記載上古及夏商事迹，體裁有典、謨、訓、誥、誓、命六種。

[9]【顏注】師古曰：食而獨在後飽，及起，又韈係解也。韈，音武伐反。【今注】韈係：束襪帶。韈，“襪”的異體字。

[10]【今注】傅太后：漢元帝昭儀，哀帝祖母，性剛暴而有材略，哀帝朝重要政治事件多與其有關。事見本書卷九七下《外戚傳下》、卷七七《毋將隆傳》、卷八一《孔光傳》、卷八二《傅喜傳》、卷八三《朱博傳》等哀帝朝諸大臣、貴戚之傳記中。

[11]【今注】趙昭儀：漢成帝皇后趙飛燕之妹，亦有寵。成帝暴亡，元后歸罪於趙昭儀，趙昭儀自殺。昭儀，元帝所置後宮封號，地位僅次於皇后。西漢後期制度規定，皇后之下的嬪妃分十四等，昭儀爲第一等，位視丞相，爵比諸侯王。　票騎將軍：即驃騎將軍。西漢武帝置爲重號將軍，僅次於大將軍，秩萬石。　曲陽：侯國名。治所在今安徽淮南市東。　王根：字稚卿，西漢東平陵（今山東濟南市東）人。元帝皇后王政君弟。成帝時以帝舅封曲陽侯。後爲大司馬驃騎將軍，繼其兄王商輔政。歷五歲，以老辭職。哀帝立，遣就國。

[12]【顏注】師古曰：更，音工衡反。

[13]【顏注】師古曰：爲之冠。【今注】加元服：即行冠禮，以示成年。元，指首。元服，即冠。

[14]【今注】執金吾：官名。西漢前期稱中尉，漢武帝時改稱執金吾，職掌宮殿之外、京城之内的警備事務，天子出行時充任儀衛導行。中央諸卿之一，秩中二千石。　任宏：曾任步兵校尉，

受成帝令，與劉向等校勘群書。任宏負責校勘兵書，論次兵書爲四種，是即七略中的兵書略。　守：臨時擔任。　大鴻臚：秦稱典客，漢景帝改名大行令，武帝始改大鴻臚。掌少數民族事務，及諸侯王喪事，又掌引導百官朝會，兼管京師郡國邸舍及郡國上計吏之接待。成帝時省典屬國併入，又兼管少數民族朝貢使節、侍子。九卿之一，秩中二千石。《資治通鑑》卷三二《漢紀》孝成皇帝綏和元年胡三省注云："大鴻臚，掌諸侯，故任宏守大鴻臚之官以徵定陶王。守者，權守也。"

[15]【顏注】師古曰：謙不敢言爲太子，故云假充，若言非正。

[16]【顏注】師古曰：大雅假樂之詩曰"千祿百福，子孫千億"。言成王宜衆宜人，天所保祐，求得福祿（求，蔡琪本作"來"），故子孫衆多也。十萬曰億。故此謝書引以爲言。

[17]【今注】國邸：周壽昌《漢書注校補》指出，漢代諸侯王在京師皆有府邸。這裏是定陶王謙虛，表示願意留在府邸，不敢入居太子宮。

[18]【顏注】師古曰：獎，勸使也。

綏和二年三月，成帝崩。四月丙午，太子即皇帝位，謁高廟。[1]尊皇太后曰太皇太后，皇后曰皇太后。大赦天下。賜宗室王子有屬者馬各一駟，[2]吏民爵，[3]百户牛酒，[4]三老、孝弟力田、鰥寡孤獨帛。[5]太皇太后詔尊定陶恭王爲恭皇。[6]

[1]【今注】高廟：即高祖廟，又稱"太祖廟"，是祭祀開國皇帝劉邦的宗廟。西漢新帝即位，須拜謁高祖廟，以宣示自己的合法性和正統性。霍光廢昌邑王時，即曾以"未見命高廟"爲由。惠帝時始設，地方諸郡國皆立。據《三輔黃圖》，京師高廟在長安城

安門街東（參見劉慶柱、李毓芳《關於西漢帝陵形制諸問題的探討》，《考古與文物》1985 年第 5 期）。

[2]【顔注】師古曰：有屬，謂親未盡，尚有服者。

[3]【今注】爵：漢代承秦行二十等爵制，具體爵名參見本書《百官公卿表上》。其中，第八級公乘與第九級五大夫被認爲是"民爵"與"官爵"的分界，普通民衆與下級吏員賜爵不過公乘，五大夫以上的爵位祇授予六百石以上的官員。由於和平時期賜爵輕濫，至漢末三國，吏民已普遍具有公乘爵，此爵制已名存實亡。參見錢大昭《漢書辨疑》卷九、錢大昕《廿二史考異·史記三》、凌文超《漢初爵制結構的演變與官、民爵的形成》（《中國史研究》2012 年第 1 期）。

[4]【今注】百户牛酒：牛酒，牛和酒。古代用作饋贈、宴請、祭祀的物品。"百户"指的是漢廷賞賜民間牛酒的標準。《史記·封禪書》云："賜民百户牛一，酒十石。"可見此句意當爲"每百户賞賜一頭牛、十石酒"。因賜牛酒往往與賜爵、賜酺並行，因而有觀點認爲，牛酒是用於賜爵之後的酒禮之會，其用意在於通過坐席的序列確立爵位地位。此觀點頗有創意，然尚缺乏直接證據。如此例中賜牛酒即與賜爵無關。（參見 [日] 西嶋定生《中國古代帝國的形成與結構——二十等爵制研究》第四章第三節《關於"女子百户牛酒"》，中華書局 2004 年版；郭俊然《漢代賜牛酒現象探析》，《北方論叢》2016 年第 6 期）

[5]【今注】三老：先秦以來掌教化之鄉官，西漢又增縣三老。　孝弟：又作"孝悌"，指孝於父母、禮敬兄長者。　力田：指勤於農事者，本書卷一○《成紀》所謂"先帝劭農，薄其租稅，寵其彊力，令與孝弟同科"是也。案，相關研究認爲，惠帝、吕后時的孝弟、力田僅是爲民表率，或免除賦稅，或給予賞賜，並無鄉官身份。其鄉官身份在文帝時方被確立起來。（參見黃留珠《西漢前期人事制度的改革》，《西北大學學報》1983 年第 2 期）

[6]【今注】案，漢哀帝初繼位時，高昌侯董宏即曾建議立丁

姬爲帝太后，而爲師丹所劾，此事乃寢。至此乃使王太后下詔，封其父爲恭皇。參見本書卷九七下《外戚傳下》。

五月丙戌，立皇后傅氏。[1]詔曰：“《春秋》：‘母以子貴’，[2]尊定陶太后曰恭皇太后，丁姬曰恭皇后，各置左右詹事，食邑如長信宮、中宮。”[3]追尊傅父爲崇祖侯、丁父爲襃德侯。[4]封舅丁明爲陽安侯，[5]舅子滿爲平周侯，[6]追謚滿父忠爲平周懷侯，皇后父晏爲孔鄉侯，[7]皇太后弟侍中光禄大夫趙欽爲新成侯。[8]

[1]【顏注】師古曰：傅晏女。【今注】傅氏：漢哀帝皇后，其父傅晏爲哀帝祖母傅太后之堂弟。

[2]【今注】母以子貴：王先謙《漢書補注》指出，此句出自《公羊傳》隱公元年。

[3]【顏注】應劭曰：成帝母王太后居長信宮。李奇曰：傅姬如長信，丁姬如中宮也。師古曰：中宮，皇后之宮。【今注】詹事：官名。掌皇后、太子家事。秩二千石。 長信宮：本書《百官公卿表》張晏注認爲長信宮與長樂宮爲不同的兩宮。然《三輔黃圖》卷三“長樂宮”條下載有“長信宮”，爲太后常居之所。《資治通鑑》卷二四胡三省注進一步指出，據本書《百官公卿表》記載，平帝時“長信少府”改爲“長樂少府”。然則長信宮當爲長樂宮中的一座宮殿，爲太后所居之殿。又案，此時居住在長信宮的是成帝母王太后，故以長信宮指代王太后。意謂令傅太后食邑數與王太后相等。

[4]【顏注】師古曰：傅父，傅太后之父。丁父，丁太后之父。

[5]【今注】陽安：侯國名、縣名。治所在今河南確山縣東北。本屬南陽郡，漢文帝十二年（前168）改屬汝南郡。哀帝綏和

二年（前7）封丁明爲陽安侯，平帝元始元年（1）國除，復爲郡。

　　[6]【今注】平周：縣名。治所在今陝西米脂縣。

　　[7]【今注】晏：傅晏。西漢河內溫縣（今河南溫縣西）人。哀帝祖母傅太后從父傅中叔之子，女爲哀帝皇后。哀帝綏和二年封孔鄉侯，國在沛郡夏丘縣（今安徽泗縣東）。以外戚寵幸，任大司馬、衞將軍。附傅太后，與朱博相結，承意奏免丞相孔光、大司馬傅喜與大司空師丹。其事爲彭宣等劾奏，被削減爵户。哀帝元壽二年（前1）坐亂妻妾免爵，徙合浦。

　　[8]【今注】侍中：官名。秦置，原爲丞相史，以其往來殿中奏事，切問近對，故名。西漢時爲加官，列侯以下至郎中皆可加此頭銜，無定員。有此加官即可入禁中，多由外戚幸臣及功臣子弟充任。掌侍從皇帝左右，侍奉生活起居，分掌御用乘輿服物，無員。武帝以後漸參與朝政，常授重臣儒者，與聞朝政，贊導衆事，顧問應對，與公卿大臣論辯，平議尚書奏事。武帝末年令出居宫禁外，有事召入，事畢即出。設僕射一人。　光禄大夫：西漢武帝時改中大夫置，掌論議。屬光禄勳，秩比二千石。　新成：侯國名、縣名。治所在今河南伊川縣西南。

　　六月，詔曰：“鄭聲淫而亂樂，[1]聖王所放，[2]其罷樂府。”[3]

　　[1]【顏注】師古曰：鄭國有溱、洧之水，男女亟於其間聚會，故俗亂而樂淫。【今注】鄭聲：本指春秋戰國時鄭國的音樂。因與儒家提倡的雅樂不同，娛樂性强而教育性弱，故受到排斥。後來凡與雅樂不同的音樂，乃至一般的民間音樂，往往都被儒者斥爲“鄭聲”。

　　[2]【顏注】師古曰：放，棄也。《論語》稱孔子曰“放鄭聲”。

[3]【今注】樂府：古代管理音樂的官署。秦置，西漢哀帝之前沿用。由樂府令統領，隸屬少府。案，王先謙《漢書補注》指出，此處所罷爲鄭聲及不應經法者，其餘別屬他官。

曲陽侯根前以大司馬建社稷策，益封二千户。[1]太僕安陽侯舜輔導有舊恩，益封五百户，[2]及承相孔光、大司空氾鄉侯何武益封各千户。[3]

[1]【顏注】師古曰：王根也，建議立哀帝爲太子。【今注】大司馬：《周禮》中所載的夏官之長，掌武事。漢初承秦制，以太尉爲武官之長，且亦不常置，更不設大司馬一職。漢武帝於元狩四年（前119）漠北大捷後，設大司馬爲加官，分別封衞青、霍去病。自霍光封大司馬大將軍之後，此職乃成爲常置固定之職，内朝官之領袖。成帝時改官制，又以此職比附漢初之太尉，成爲三公之一。

[2]【顏注】師古曰：王舜。【今注】太僕：秦漢列卿之一，秩中二千石，除掌管皇帝輿馬之外，還兼主馬政。　安陽：侯國名。治所在今河南正陽縣南。　舜：王舜，西漢東平陵（今山東濟南市東）人。王音子，襲爵爲安陽侯。與王莽相善，莽執政，爲車騎將軍，迎立平帝，遷太保。王莽居攝，爲太傅、左輔。莽稱帝，官至太師，封安新公。

[3]【顏注】師古曰：“氾”音“凡”（氾，蔡琪本、大德本、殿本作“汜”）。【今注】孔光：傳見本書卷八一。　大司空：漢成帝綏和元年（前8）改御史大夫爲大司空，内領侍御史十五人，受公卿奏事，舉劾按章，並掌圖籍秘書；外督部刺史。金印紫綬，禄比丞相，秩萬石。　何武：傳見本書卷八六。

詔曰：“河間王良喪太后三年，[1]爲宗室儀表，[2]益封萬户。

[1]【今注】案，此句意指河間王良爲太后服喪三年。周壽昌《漢書注校補》指出，當時尚無行三年喪之制度，故特褒獎。下文詔"博士弟子父母死，予寧三年"，亦與此有關。河間，諸侯王國名。治樂成（今河北獻縣東南）。

[2]【顏注】師古曰：儀表者，言爲禮儀之表率。

又曰："制節謹度以防奢淫，爲政所先，百王不易之道也。[1]諸侯王、列侯、公主、吏二千石及豪富民多畜奴婢，田宅亡限，與民爭利，百姓失職，重困不足。[2]其議限列。"[3]有司條奏："王、列侯得名田國中，[4]列侯在長安及公主名田縣道，關内侯、吏民名田，皆無得過三十頃。[5]諸侯王奴婢二百人，列侯、公主百人，關内侯、吏民三十人。年六十以上，十歲以下，不在數中。賈人皆不得名田、爲吏，[6]犯者以律論。諸名田畜奴婢過品，皆没入縣官。[7]齊三服官、諸官織綺繡，難成，害女紅之物，皆止，無作輸。[8]除任子令及誹謗詆欺法。[9]掖庭宮人年三十以下，出嫁之。官奴婢五十以上，免爲庶人。禁郡國無得獻名獸。益吏三百石以下奉。[10]察吏殘賊酷虐者，以時退。有司無得舉赦前往事。[11]博士弟子父母死，予寧三年。"[12]

[1]【顏注】師古曰：言爲常法，不可改易。

[2]【顏注】師古曰：失職，失其常分也。重，音直用反。

[3]【顏注】師古曰：令條列而爲限禁。

[4]【今注】案，王，蔡琪本、大德本、殿本作“諸王”。

[5]【顏注】如淳曰：名田國中者，自其所食國中也，既收其租稅，又自得有私田三十頃。名田縣道者，令甲，諸侯在國，名田他縣，罰金二兩。今列侯有不之國者，雖遙食其國租稅，復自得田於他縣道，公主亦如之，不得過三十頃。【今注】關內侯：秦置二十等爵，漢沿襲，關內侯爲第十九級，無具體封土而享受租稅收入。案，何焯《義門讀書記》卷一五贊揚哀帝行限田之制，然同時責備王莽所行與此類似的王田之策，認爲其目的在於迷信祈勝，而致不便於民。王先謙《漢書補注》指出，名田即爲占田之意，各以名自占。王、侯各自有國，故得名田國中。在長安未就國之列侯與公主，祇能名田縣道，其限制與關內侯、吏民相同。荀悅《漢紀》與此紀文略同。《資治通鑑》云“自諸侯王、列侯、公主名田各有限，關內侯、吏民名田皆毋過三十頃”，其意與此略有不同。

[6]【顏注】如淳曰：市井子孫不得爲吏，見《食貨志》。

[7]【今注】案，王先謙《漢書補注》指出，此令因貴戚、近臣的反對，最終未能施行。

[8]【顏注】如淳曰：紅亦工也。其所作已成未成皆止，無復作，皆輸所近官府也。師古曰：如說非也。謂未成者不作，已成者不輸耳。【今注】齊三服官：齊地滿足宮廷織品消費的專營機構。本書卷七二《貢禹傳》有云：“故時齊三服官輸物不過十笥，方今齊三服官作工各數千人，一歲費數鉅萬。”可見當時奢靡情況，是爲此令出臺之背景。本書卷九《元紀》顏注引李斐說認爲“三服”指的是首服、冬服、夏服。而南宋吳仁傑《兩漢刊誤補遺》卷二指出，《漢書·地理志》記載齊郡臨淄縣有“服官”。他認爲，所謂“三服官”指的是“服官”三所。二者相較，似以吳說爲長。（參見王子今《西漢“齊三服官”辨正》，《中國史研究》2005年第3期）案，《資治通鑑》卷三四胡三省注認爲，此句意爲齊三服

官及諸織官，都不要再作難成之物以輸送。王先謙《漢書補注》認爲，如、顔二説不成立，當以胡三省説爲準。

[9]【顔注】應劭曰：任子令者，《漢儀注》（注，大德本作"住"）：吏二千石以上視事滿三年，得任同産若子一人爲郎。不以德選，故除之。師古曰：任者，保也。詆，誣也（蔡琪本無"也"字），音丁禮反。

[10]【顔注】師古曰：奉，音扶用反。【今注】案，石，殿本作"而"。

[11]【今注】案，沈欽韓《漢書疏證》認爲，此句所指，蓋爲司隸解光奏趙氏一事所引發。

[12]【顔注】師古曰：寧謂處家持喪服。【今注】博士：官名。秦置，漢因之，隸屬九卿之一奉常（太常）。漢武帝罷黜百家之前，博士治各家之學，其後乃專立儒學一家。掌議政、制禮、藏書、顧問及教授經學、考核人材、奉命出使等。初秩比四百石，後升比六百石。　寧：指爲父母守喪。案，何焯《義門讀書記》卷一五指出，漢代官員父母去世，其休假守喪不過自卒至葬後三十六日。哀帝此次僅對博士弟子予寧三年，而非在職官員。至東漢安帝元初三年（116），鄧太后臨朝時，初聽大臣二千石、刺史行三年喪。至建光三年（何氏誤，當爲建光元年）安帝親政後廢。桓帝永興二年（154），聽刺史、二千石行三年喪。至延熹二年（159），復廢。至於公卿，在兩漢從無三年喪服之制。

秋，曲陽侯王根、成都侯王況皆有罪。[1]根就國，況免爲庶人，歸故郡。

[1]【今注】案，錢大昭《漢書辨疑》指出，其罪名是當時成帝陵墓未成，便置酒歌舞。　成都：縣名。治所在今四川成都市。秦惠文王時即置縣。《華陽國志·蜀志》："惠王二十七年，（張）儀

與若城成都，周迴十二里，高七丈。"秦封泥有"成都丞印"。

王況：漢元帝皇后王政君弟王商之子。

詔曰："朕承宗廟之重，戰戰兢兢，懼失天心。間者日月亡光，五星失行，[1]郡國比比地動。[2]迺者河南、潁川郡水出，[3]流殺人民，壞敗廬舍。[4]朕之不德，民反蒙辜，朕甚懼焉。已遣光祿大大循行舉籍，[5]賜死者棺錢，人三千。[6]其令水所傷縣邑及他郡國災害什四以上，民貲不滿十萬，皆無出今年租賦。"[7]

[1]【今注】五星：金、木、水、火、土五大行星。

[2]【顏注】師古曰：比比，猶言頻頻也。【今注】地動：殿本作"動地"。王先謙《漢書補注》指出，本書《五行志》所載"綏和二年九月丙辰"之地震，當即此詔所言。

[3]【今注】河南：郡名。即秦三川郡，治洛陽（今河南洛陽市東北）。潁川：郡名。治陽翟（今河南禹州市）。

[4]【今注】案，壞敗，殿本作"敗壞"。

[5]【顏注】師古曰：舉其名籍也。行，音下更反。

[6]【顏注】師古曰：賜錢三千以充棺。

[7]【顏注】師古曰：什四，謂十分損四（十，大德本、殿本作"什"）。【今注】貲：資產。

建平元年春正月，赦天下。侍中騎都尉新成侯趙欽、成陽侯趙訢皆有罪，免為庶人，[1]徙遼西。

[1]【顏注】師古曰：訢、欽皆趙昭儀之兄。【今注】騎都尉：漢置，掌監羽林騎，後掌駐屯騎兵，領兵征伐。漢宣帝時，一

人監羽林騎，一人領西域都護。秩比二千石。　成陽：侯國名。屬汝南郡，治所在今河南信陽市東北。案，訢、欽之兩妹即成帝皇后趙飛燕及趙昭儀。成帝死，皇太后王政君歸罪趙昭儀，趙昭儀自殺。哀帝初即位，趙飛燕爲皇太后，復有司隸解光舉奏趙飛燕姐妹曾殘害成帝子嗣。哀帝即位多賴趙氏姐妹之力，故不深究此事，以保全趙太后，然亦不得不罷免趙氏兄弟以塞責王氏家族。事見本書卷九七下《外戚傳下》。關於趙氏姐妹殺害成帝子嗣的罪名，有觀點認爲係王莽等人所造之冤獄。

太皇太后詔外家王氏田非冢塋，皆以賦貧民。[1]

[1]【顏注】師古曰：塋，冢域也。賦，給與也。"塋"音"營"。【今注】案，何焯《義門讀書記》卷一五認爲，自此以後，王氏恩惠漸及民間。

二月，詔曰："蓋聞聖王之治，以得賢爲首。其與大司馬、列侯、將軍、中二千石、州牧、守、相舉孝弟惇厚能直言通政事，延于側陋可親民者，各一人。"[1]

[1]【顏注】師古曰：言有孝弟惇厚直言通政事之人，雖在側陋，可延致而任者，皆令舉之。【今注】延于側陋可親民者：王念孫《讀書雜志·漢書第一》不同意顏師古説，認爲"延于側陋"四字與上下文不相屬。他認爲此四字當在"州牧守相"之下，而以"舉孝弟惇厚能直言通政事可親民者"十五字連讀，如此則上下文意貫通。俞樾《湖樓筆談》卷四則認爲，"延"爲"起"字之誤。因其起於側陋，故能知民間疾苦，可使親民。

三月，賜諸侯王、公主、列侯、丞相、將軍、中二千石、中都官郎吏金錢帛，各有差。

冬，中山王太后媛、[1] 弟宜鄉侯馮參有罪，皆自殺。

[1]【顏注】師古曰：馮奉世之女也。"媛"音"援"（援，大德本、殿本作"爰"）。【今注】案，中山土，祭堪本、大德本、殿本作"中山孝王"。　媛：馮媛，西漢名將馮奉世之女，元帝昭儀，中山孝王興之母，平帝祖母。因與哀帝祖母傅太后有舊怨，被陷以祝詛罪，被迫自殺。事見本書卷九七下《外戚傳下》。

二年春三月，罷大司空，復御史大夫。[1]

[1]【顏注】師古曰：復，音扶目反。此下皆同（皆，大德本、殿本作"亦"）。【今注】御史大夫：丞相副貳，秩中二千石，協調處理天下政務，而以監察、執法爲主要職掌，爲全國最高監察、執法長官。主管圖籍秘書檔案、四方文書，百官奏議經其上呈，皇帝詔命由其承轉丞相下達執行，負責考課、監察、彈劾官吏、典掌刑獄，收捕、審訊有罪官吏等，或派員巡察地方，鎮壓事變，有時亦督兵出征。丞相缺位，常由其遞補。案，成帝綏和元年（前8）設三公，改御史大夫爲大司空，至此復改爲御史大夫。王先謙《漢書補注》指出，此命令是從朱博之請。

夏四月，詔曰："漢家之制，推親親以顯尊尊。[1]定陶恭皇之號不宜復稱定陶。尊恭皇太后曰帝太后，[2]稱永信宮；恭皇后曰帝太后，稱中安宮。立恭皇廟于京師。[3]赦天下徒。"罷州牧，復刺史。[4]

　　[1]【顏注】師古曰：天子之至親，當極尊號。

　　[2]【今注】案，帝太后，蔡琪本、大德本、殿本作"帝太太后"，是。

　　[3]【今注】案，王先謙《漢書補注》引蘇輿語指出，此事詳見本書卷八六《師丹傳》。

　　[4]【今注】刺史：漢武帝時始置，分全國爲十三部州，州置刺史一人。奉詔巡行諸郡，以六條問事，省察治政，黜陟能否，斷理冤獄。無治所，秩六百石。成帝綏和元年（前8）設州牧，罷刺史。至此復設。

　　六月庚申，帝太后丁氏崩。上曰："朕聞夫婦一體。《詩》云：'穀則異室，死則同穴。'[1]昔季武子成寢，杜氏之殯在西階下，請合葬而許之。[2]附葬之禮，自周興焉。[3]'郁郁乎文哉！吾從周。'[4]孝子事亡如事存。帝太后宜起陵恭皇之園。"遂葬定陶。發陳留、濟陰近郡國五萬人穿復土。[5]

　　[1]【顏注】師古曰：《詩·王風·大車》之篇也。穀，生也。穴，冢壙也。

　　[2]【顏注】師古曰：季武子，魯大夫季孫宿也。成寢，新爲寢室也。事見《禮記·檀弓》。

　　[3]【顏注】師古曰：《禮記》稱孔子曰"合葬非古也，自周公以來未之有改也"。

　　[4]【顏注】師古曰：《論語》稱孔子曰"周監於二代，郁郁乎文哉！吾從周"。言周觀視夏、殷之禮而損益之，典文大備，吾從周禮也。郁郁，文章貌。

　　[5]【顏注】師古曰：爲冢壙也。復，音扶目反。【今注】陳

留：郡名。治陳留（今河南開封市東南陳留鎮）。 濟陰：郡名、諸侯王國名。治定陶（今山東菏澤市定陶區西北）。

待詔夏賀良等言赤精子之讖，[1]漢家歷運中衰，當再受命，宜改元易號。詔曰：“漢興二百載，歷數開元。皇天降非材之佑，[2]漢國再獲受命之符，朕之不德，曷敢不通！夫基事之元命，必與天下自新，[3]其大赦天下。以建平二年爲太初元年。[4]號曰陳聖劉太平皇帝。[5]漏刻以百二十爲度。”[6]

[1]【顔注】應劭曰：諸以材技徵召，未有正官，故曰待詔。夏，姓也。賀良，名也。高祖感赤龍而生，自謂赤帝之精，良等因是作此讖文。【今注】案，是年二月，有所謂“彗星出牽牛七十餘日”之天象，據説爲改更之象。在司隸校尉解光、騎都尉李尋的引薦下，成帝朝術士甘忠可之徒夏賀良乃得待詔而出此策。據説哀帝因久病不愈，乃行之。事見本書《天文志》、卷七五《李尋傳》。《漢書考證》齊召南指出，“讖”字及赤精子之説始見於此。漢高祖起兵時雖旗幟上赤，然之後漢廷僅有水德、土德之争，未聞火德之説。張衡稱讖起哀、平之間，所言甚是。

[2]【顔注】應劭曰：哀帝自言不才，天降之佑。

[3]【顔注】師古曰：基，始也。元，大也。始爲大事之命，謂改制度也。又曰更受天之大命。

[4]【今注】太初：《漢書考正》宋祁指出，根據《王莽傳》對讖文的解釋，此年號當作“太初元將”。宋氏稱後得唐本，其上確有“元將”二字。《漢書考證》齊召南指出，這裏是惑於術士之説，而用四字年號，表示更新。四字年號始於此。

[5]【顔注】李斐曰：陳，道也。言得神道聖者劉也。如淳曰：陳，舜後。王莽，陳之後。謬語以明莽當篡立而不知。韋昭

曰：敷陳聖劉之德也。師古曰：如、章二説是也。

[6]【顏注】師古曰：舊漏晝夜共百刻，今增其二十。此本齊人甘忠可所造，今賀良等重言，遂施行之。事見《李尋傳》。【今注】案，沈欽韓《漢書疏證》指出，原百刻分配十二時，一時得八刻二十分（每刻爲六十分）。現以百二十刻分十二時，則一時爲十刻也。又據《隋書·天文志》，指出梁武帝時曾設晝夜九十六刻，一時爲八刻。又據王溥《五代會要》，後晉時仍爲一百刻。清代所用《時憲書》與梁武帝時類似，每時均八刻。王先謙《漢書補注》引蘇輿説指出，根據後文詔書，此制施行月餘後，仍按舊漏。至王莽時，復遵行之。今案，甘忠可、夏賀良等雖以神道設教，然其所主以百二十爲度之法顯較舊法爲優。

七月，以渭城西北原上永陵亭部爲初陵。[1]勿徙郡國民，使得自安。

[1]【今注】渭城：縣名。屬右扶風，治所在今陝西咸陽市東北聶家溝。　初陵：在位皇帝爲自己營建的陵墓，尚未有名時，稱初陵。此名稱似始見於漢宣帝時。

八月，詔曰：“待詔夏賀良等建言改元易號，增益漏刻，可以永安國家。朕過聽賀良等言，[1]冀爲海内獲福，卒亡嘉應。皆違經背古，不合時宜。六月甲子制書，非赦令也，皆蠲除之。[2]賀良等反道惑衆，下有司。”皆伏辜。[3]

[1]【顏注】師古曰：過，誤也。

[2]【顏注】如淳曰：悔前赦令不蒙其福，故收令還之。臣

瓚曰：改元易號，大赦天下，以求延祚，而不蒙福，哀帝悔之，故更下制書，諸非赦罪事皆除之。謂改制易號，令皆復故也。師古曰：如釋非也，瓚說是矣。非赦令也，猶言自非赦令耳。也，語終辭也。而讀者不曉，輒改也爲他字，失本文也。【今注】案，沈欽韓《漢書辨疑》認爲，此句意爲，赦令不可追改，故不在蠲除之限。

　　[3]【今注】案，據本書卷七五《李尋傳》，因哀帝疾未愈，而夏賀良等又欲變更政事、罷免高官，乃獲罪。推薦者解光、李尋等減死一等，徙敦煌郡。

　　丞相博、御史大夫玄、孔鄉侯晏有罪。[1]博自殺，玄減死二等論，晏削户四分之一。[2]語在《博傳》。

　　[1]【顏注】師古曰：博，朱博。玄，趙玄。晏，傅晏。【今注】博：朱博。傳見本書卷八三。　玄：趙玄。東郡人。西漢時，《尚書》有小夏侯（夏侯建）之學，夏侯建傳張山拊，再傳鄭寬中、李尋等，鄭寬中傳趙玄。哀帝爲太子時，趙玄爲太傅。成帝立楚孝王孫景爲定陶王，奉定陶恭王祀，趙玄建議太子辭謝，乃爲尚書所劾，遷少府，改由師丹任太傅。至是年二月，朱博任丞相，同日趙玄任御史大夫。事見本書卷二七《五行志中之下》、卷八三《朱博傳》、卷八六《師丹傳》、卷八八《儒林傳》、卷九七下《外戚傳下》。

　　[2]【今注】案，據稱在傅太后指使下，傅晏託朱博奏削傅喜封爵，朱博與趙玄商議後，舉奏追奪傅喜、何武封爵。事爲哀帝發覺，博等乃盡獲罪。事見本書《朱博傳》。　二等：王先謙《漢書補注》指出，荀悦《漢紀》亦作“二等”。但《資治通鑑》卷三四作“三等”。胡三省注指出，減死罪三等爲隸臣妾。今案，本書《朱博傳》北宋遞修本、蔡琪本、大德本、殿本皆作“三等”，當

爲《資治通鑑》之來源。　四分之一：《資治通鑑》卷三四胡三省注指出，晏封五千户，所削爲一千二百五十户。

三年春正月，立廣德夷王弟廣漢爲廣平王。[1]癸卯，帝太太后所居桂宫正殿火。[2]三月己酉，丞相當薨。[3]有星孛于河鼓。[4]夏六月，立魯頃王子䣄鄉侯閔爲王。[5]冬十一月壬子，復甘泉泰畤、汾陰后土祠，罷南北郊。[6]東平王雲、雲后謁、安成恭侯夫人放[7]皆有罪。雲自殺，謁、放棄市。[8]

[1]【今注】廣德：諸侯王國名。治黔縣（今安徽黟縣東北）。廣平：諸侯王國名。漢哀帝建平三年（前4）改廣平郡復置，治廣平縣（今河北鷄澤縣東南）。

[2]【今注】桂宫：西漢后妃居住的宫殿，主殿是鴻寧殿。位置在未央宫正北。武帝太初四年（前101）建。故址在今陝西西安市未央區六村堡街道夾城堡、民婁村、黃家莊與鐵鎖村一帶。（參見中國社會科學院考古研究所、日本奈良國立文化財研究所《漢長安城桂宫：1996—2001年考古發掘報告》，文物出版社2007年版）

[3]【顔注】師古曰：平當。

[4]【今注】孛：一般指彗星，有時也可能指新星和超新星。本書卷一《高紀》李奇注、卷四《文紀》文穎注皆認爲“孛”有除舊布新之寓意。　河鼓：星宿名。屬二十八宿中的牛宿。

[5]【顔注】蘇林曰：“䣄”音“魚”，縣名也，屬東海。師古曰：又音“吾”。【今注】案，王先謙《漢書補注》指出，此時爲魯頃王子文王晙薨，無後，故以閔紹封。　魯：諸侯王國名。漢景帝時以薛郡置，治魯縣（今山東曲阜市魯故城）。

[6]【今注】甘泉泰畤汾陰后土祠：從漢武帝時開始，於甘泉設泰畤祭祀天神泰一；於汾陰祭祀地祇后土。成帝建始元年（前

32)，設南北郊，甘泉、汾陰祀乃廢。永始元年（前16），因成帝無子嗣而復甘泉、汾陰祀。綏和二年（前7），成帝去世，元后復廢甘泉、汾陰祀。哀帝即位後，因身有疾病，乃於建平三年（前4）復以甘泉、汾陰祀代替南北郊。至平帝元始五年（5），乃復用王莽議，終以南北郊代替甘泉、汾陰祀。王莽此制基本爲後世所承襲，是爲中國古代郊祀制度的一大重要變革。甘泉，左馮翊雲陽縣有甘泉山，在今陝西淳化縣西北，山上有甘泉宮。時，秦漢時祭祀天地五帝的祭壇。汾陰，縣名。屬河東郡，治所在今山西靜樂縣西。

　　〔7〕【顏注】文穎曰：恭侯王崇，王太后弟。【今注】東平：諸侯王國名。漢宣帝時改大河郡置，治無鹽（今山東東平縣東）。

　　安成：侯國名。屬汝南，治所在今河南汝南縣東南。

　　〔8〕【今注】棄市：刑罰名。在鬧市執行死刑，尸暴街頭，言與眾人共棄之。案，王先謙《漢書補注》曰："詳《息夫躬傳》。"

　　　四年春，大旱。關東民傳行西王母籌，[1]經歷郡國，西入關至京師。民又會聚祠西王母，或夜持火上屋，[2]擊鼓號呼相驚恐。[3]

　　〔1〕【顏注】師古曰：西王母，元后壽考之象。行籌，又言執國家籌策行於天下。【今注】案，此事當時被用來指責傅太后專權之事。後在王莽代漢之際復被認爲是元后王政君之象。參見本書《五行志下之上》、卷八四《翟方進傳》、卷九八《元后傳》。王念孫《讀書雜志·漢書第一》指出，根據本書《五行志》，此事當發生在正月。王先謙《漢書補注》指出，"傳籌"意爲爲天子清道，至清代猶然。

　　〔2〕【顏注】李奇曰：皆陰爲陽之象。

　　〔3〕【顏注】師古曰：呼，音火故反。

　　二月，[1]封帝太太后從弟侍中傅商爲汝昌侯，太后同母弟子侍中鄭業爲陽信侯。[2]三月，侍中駙馬都尉董賢、光禄大夫息夫躬、南陽太守孫寵皆以告東平王封列侯。[3]語在賢傳。

　　[1]【今注】案，二月，蔡琪本作“三月”。
　　[2]【今注】陽信：縣名。治所在今山東無棣縣東北。
　　[3]【今注】駙馬都尉：西漢武帝始置。皇帝出行時掌副車，爲侍從近臣，常用作加官。秩比二千石。　董賢：漢哀帝寵臣，事見本書卷九三《佞幸傳》。　息夫躬：傳見本書卷四五。　南陽：郡名。治宛縣（今河南南陽市宛城區）。　太守：職官名。漢地方郡的最高長官。原稱郡守。漢景帝中二年（前148）更爲現名，秩二千石。

　　夏五月，賜中二千石至六百石及天下男子爵。[1]六月，尊帝太太后爲皇太太后。秋八月，恭皇園北門災。[2]冬，詔將軍、中二千石舉明兵法有大慮者。[3]

　　[1]【今注】六百石：秦漢職官系統中，六百石是一個重要的分界綫，其各項待遇遠較其下各級爲高。二十等爵中，九級（五大夫）以上爵位祇有六百石以上官吏纔能被授予。是以本書卷八《宣紀》云“吏六百石位大夫，有罪先請，秩禄上通”。出土睡虎地秦簡亦云“六百石爲顯大夫”。是知六百石爲長吏與普通吏員之分界。（參見楊振紅《秦漢官僚體系中的公卿大夫士爵位系統及其意義——中國古代官僚政治社會構造研究之一》，《文史哲》2008年第5期）
　　[2]【今注】災：蔡琪本作“灾”。此指火災。《左傳》宣公十

六年有云"凡火，人火曰火，天火曰災"。

[3]【顏注】師古曰：慮謂策謀思慮（策謀，殿本作"謀策"）。【今注】舉明兵法有大慮者：王先謙《漢書補注》指出，此爲息夫躬之謀。明，蔡琪本、殿本作"民"。

元壽元年春正月辛丑朔，日有蝕之。[1]詔曰："朕獲保宗廟，不明不敏，宿夜憂勞，未皇寧息。[2]惟陰陽不調，元元不贍，[3]未睹厥咎。畺救公卿，庶幾有望。[4]至今有司執法，未得其中，[5]或上暴虐，假埶獲名，[6]溫良寬柔，陷於亡滅。是故殘賊彌長，和睦日衰，百姓愁怨，靡所錯躬。[7]迺正月朔，日有蝕之，厥咎不遠，在余一人。公卿大夫其各悉心勉帥百寮，[8]敦任仁人，黜遠殘賊，[9]期於安民。陳朕之過失，無有所諱。其與將軍、列侯、中二千石舉賢良方正能直言者各一人。[10]大赦天下。"

[1]【今注】元壽元年：公元前2年。《三國志》卷三〇《東夷傳》裴松之注引《魏略》云："昔漢哀帝元壽元年，博士弟子景盧受大月氏王使伊存口受《浮屠經》。"是爲佛教傳入中國較早的記錄。　日有蝕之：查諸日食表，公元前2年2月5日，亦即元壽元年正月辛丑確有日食，陝西西安地區食甚時刻爲上午8點32分，食分爲0.85，與此記載相合。（參見張培瑜《三千五百年曆日天象》，大象出版社1997年版）

[2]【顏注】師古曰：皇，暇也。

[3]【顏注】師古曰：贍，足也。【今注】元元：百姓，庶民。

[4]【顏注】師古曰：望其屬精爲治。妻，古屢字。

[5]【顏注】師古曰：中，音竹仲反。

[6]【今注】案，埶，蔡琪本作“勢”。

[7]【顏注】師古曰：錯，置也，音千故反。

[8]【顏注】師古曰：悉，盡也（盡，大德本作“尽”）。寮，官也。

[9]【顏注】師古曰：敦，厚也。遠，音于萬反（萬，大德本作“万”）。

[10]【今注】賢良：選舉科目。始於漢文帝，常與方正、文學、能直言極諫者連稱，故也稱賢良文學、賢良方正。

丁巳，皇太太后傅氏崩。[1]

[1]【今注】皇太太后：蔡琪本作“皇太后”，誤。案，傅太后去世當月，哀帝徵前丞相孔光詣公車，問日蝕事。參見本書卷八一《孔光傳》。

三月，丞相嘉有罪，下獄死。[1]

[1]【顏注】師古曰：王嘉。【今注】嘉：王嘉。傳見本書卷八六。因王嘉疑東平王案爲冤獄，又與董賢不睦而獲罪。

秋九月，大司馬票騎將軍丁明免。[1]

[1]【今注】案，丁明爲漢哀帝之舅，因其交好王嘉且與董賢不和而被免。事見本書卷九三《佞幸傳》。周壽昌《漢書注校補》據本書《百官公卿表》，指出十一月韋賞繼任大司馬車騎將軍，十二月董賢爲大司馬衛將軍。卷七三《韋玄成傳》所載與此合。然卷九三《董賢傳》未載韋賞爲大司馬事。王先謙《漢書補注》指出，韋賞在位僅八日即卒，故被忽略。

孝元廟殿門銅龜蛇鋪首鳴。[1]

[1]【顏注】如淳曰：門鋪首作龜蛇之形而鳴呼也。師古曰：門之鋪首，所以銜環者也。鋪，音普胡反。

二年春正月，[1]匈奴單于、烏孫大昆彌來朝。二月，歸國，單于不說。[2]語在《匈奴傳》。

[1]【今注】二年：大德本作“元壽二年”。案，沈欽韓《漢書疏證》根據《東觀記》，指出是年三輔民變四起，乃至將茂陵都邑燒掉，其後周邊諸郡亦亂。李慈銘《越縵堂讀書札記·漢書一》根據本書《百官公卿表》及《後漢書》卷一《光武紀》章懷注，指出成帝綏和元年（前8）更刺史爲牧後，哀帝建平二年（前5）復爲刺史，到是年復爲牧。

[2]【顏注】師古曰：“說”讀曰“悅”。【今注】單于不說：西漢宣帝、元帝朝單于來朝後不久，二帝皆去世。故時人以爲單于來朝不利漢朝皇帝。時哀帝身有疾病，雖用揚雄議同意單于來朝，然復用厭勝之術，安排其住宿在上林苑蒲陶宮，而單于知之。事見本書卷九四下《匈奴傳下》。

夏四月壬辰晦，日有蝕之。[1]

[1]【今注】四月壬辰晦：晦，農曆每月最末一日。王先謙《漢書補注》指出，本書《五行志》記此事在三月。今案，《五行志下之下》云“二年三月壬辰晦，日有食之”。查諸曆表，元壽二年（前1）三月壬辰晦，四月壬戌晦。又查諸日食表，公元前1年

6月20日，亦即元壽二年四月壬戌晦有日食，西安地區食甚時刻爲下午7點53分，食分爲0.20。然則此處"四月"是，但干支誤承《五行志》。此處及《五行志》皆當作"四月壬戌晦"。（參見張培瑜《三千五百年曆日天象》）

五月，正三公官分職。[1]大司馬衞將軍董賢爲大司馬，[2]丞相孔光爲大司徒，[3]御史大夫彭宣爲大司空，封長平侯。[4]正司直、司隸，造司寇職，[5]事未定。

[1]【今注】三公：漢成帝綏和元年（前8）改御史大夫爲大司空，去大司馬將軍號並設官署，與丞相並稱三公。哀帝建平二年（前5），從朱博之請，復大司空爲御史大夫，去大司馬印綬、官署而冠將軍號。至此又復三公，並改丞相爲大司徒。此制基本上爲新莽、東漢所承。　分職：王先謙《漢書補注》指出，此指大司馬掌兵事，大司徒掌人民事，大司空掌水土事。

[2]【今注】衞將軍：漢代將軍名號。即掌護衞的高級武官，掌京師屯兵及守衞宮禁。

[3]【今注】大司徒：漢哀帝時以丞相之名不見於經書，改名大司徒，列大司馬之下。

[4]【今注】長平：縣名。治所在今河南西華縣東北。本屬淮陽國，漢宣帝元康三年（前63）改屬汝南郡。

[5]【顏注】師古曰：司直、司隸，漢舊有之，但改正其職掌（其職掌，蔡琪本作"其司職掌"）。而司寇舊無，今特創置（今，大德本作"令"；特，蔡琪本作"時"），故云造也。【今注】案，王先謙《漢書補注》引王啓原說，根據本書《百官公卿表》指出，武帝元狩年間置司直，掌佐丞相舉不法。征和年間置司隸校尉，官監察三輔、三河、弘農，成帝時省，綏和二年（前7）復置，但名司隸，屬大司空。武帝以護軍都尉屬大司馬，哀帝元壽元年（前2）更

名司寇。他認爲，此令當是以司寇、司直、司隸比附所謂孤卿——少師、少傅、少保。

六月戊午，帝崩于未央宫。[1]秋九月壬寅，葬義陵。[2]

[1]【顏注】臣瓚曰：帝年二十即位，即位六年，壽二十五。師古曰：即位明年乃改元，壽二十六。【今注】未央宫：漢正宫。在秦章臺基礎上修建，位於漢長安城地勢最高的西南角龍首原上，因在長安城安門大街之西，又稱西宫。（參見李毓芳《漢長安城未央宫的考古發掘與研究》，《文博》1995年第3期；陳蘇鎮《未央宫四殿考》，《歷史研究》2016年第5期）。案，王先謙《漢書補注》引朱一新説，與臣瓚説略同。今案，臣瓚依《漢書》體例，以逾年改元爲即位，與後世對"即位"定義不同。故在此方面，顏師古所駁多誤。

[2]【顏注】臣瓚曰：自崩至葬凡百五日。義陵在扶風，去長安四十六里。【今注】九月壬寅：《資治通鑑》卷三五《漢紀》孝哀皇帝元壽二年《考異》指出，是年九月無壬寅。哀帝在六月戊午去世，而瓚注云"自崩至葬凡百五日"，然其當在十月下葬。十月十二日恰爲壬寅。　義陵：漢哀帝陵寢，位於今陝西咸陽市周陵鄉南賀村東南。（參見劉慶柱、李毓芳《西漢十一陵》，陝西人民出版社1987年版）

贊曰：孝哀自爲藩王及充太子之宫，文辭博敏，幼有令聞。[1]睹孝成世禄去王室，權柄外移，是故臨朝婁誅大臣，欲彊主威，以則武、宣。[2]雅性不好聲色，時覽卞射武戲。[3]即位痿痺，[4]末年寖劇。[5]饗國不永，哀哉！[6]

[1]【顏注】師古曰：博，廣也。敏，疾也。令，善也。聞，名也。

[2]【顏注】師古曰：則，法也。

[3]【顏注】應劭曰：卞射，皮卞而射也。蘇林曰：手搏爲卞（搏，蔡琪本作"博"），角力爲武戲也。晉灼曰：《甘延壽傳》"試卞爲期門"。師古曰：蘇、晉二說是。

[4]【顏注】蘇林曰：痿，音"萎枯"之"萎"。如淳曰：痿音躓跢弩（殿本"弩"前有"之跢"二字）。病兩足不能相過曰痿。師古曰：痿亦痹病也，音人佳反。痹，音必寐反。躓跢者，弩名，事見晉令。"躓"音"煩"。"跢"音"蕤"。

[5]【顏注】師古曰：濡，漸也。

[6]【顏注】師古曰：永，長也。

漢書　卷一二

平紀第十二[1]

[1]【今注】案，平紀，蔡琪本、大德本、殿本作“平帝紀”。

　　孝平皇帝,[1]元帝庶孫，中山孝王子也,[2]母曰衞姬。[3]年三歲嗣立爲王。[4]元壽二年六月,[5]哀帝崩，太皇太后詔曰:[6]“大司馬賢年少，不合衆心。[7]其上印綬，罷。”[8]賢即日自殺。[9]新都侯王莽爲大司馬,[10]領尚書事。[11]秋七月，遣車騎將軍王舜、大鴻臚左咸使持節迎中山王。[12]辛卯,[13]貶皇太后趙氏爲孝成皇后,[14]退居北宮,[15]哀帝皇后傅氏退居桂宮。[16]孔鄉侯傅晏、少府董恭等皆免官爵,[17]徙合浦。[18]九月辛酉,[19]中山王即皇帝位，謁高廟,[20]大赦天下。

　　[1]【顏注】荀悅曰：諱衎之字曰樂。應劭曰：布綱治紀曰平。師古曰：衎，音口旱反。【今注】孝平皇帝：漢平帝劉衎(kàn)，生於漢成帝元延四年（前9）。參考本卷後文元始二年(2)平帝更名事及顏師古注“孟康曰”，及本書《諸侯王表》，知平帝本名箕子，元始二年改名爲衎。
　　[2]【今注】中山孝王：中山，王國名。王都在盧奴（今河北定州市）。屬冀州刺史部。孝王爲漢元帝與馮昭儀（馮奉世女，名

媛）所生庶子，名興，成帝綏和元年（前 8）早逝。

[3]【今注】衛姬：平帝母，其父至衛尉，姑、姐分別爲宣帝、元帝婕妤。王莽吸取哀帝外家排擠王氏的教訓，乃隔絶衛氏，不令衛姬及其家族至長安。後王莽誅滅衛氏，唯保留衛姬禄位，至王莽篡位，乃被廢爲家人，歲餘乃卒。事見本書卷九七下《外戚傳下》。

[4]【今注】三歲：王先謙《漢書補注》引陳景雲説指出，“三歲”，本書《外戚傳》作“二歲”。下文稱平帝即皇帝位時年九歲，與嗣王時間相距七載。他認爲，此處當從《外戚傳》作“二歲”。施之勉《漢書集釋》認爲，據《外戚傳》，成帝元延四年（前 97）平帝出生。據本書《諸侯王表》成帝綏和二年（前 7），王箕子（即後來的平帝）繼嗣。從元延四年數至綏和二年正爲三年，則《外戚傳》當作“三歲”。今案，二説皆有誤。《外戚傳》云“平帝年二歲，孝王薨，代爲王”，顯見是以劉興去世、劉衎繼立之時間爲言，故爲二歲；本紀及《諸侯王表》循《漢書》諸表慣例，以即位次年改元時間爲嗣立時間，故爲三歲。二説不明此區別，强欲劃一，故誤。劉衎於元延四年出生，次年即綏和元年劉興去世，劉衎繼王位，時年二歲，綏和二年改元，時年三歲。今本皆無誤。參見本書卷一〇《成紀》、《諸侯王表》、卷九七《外戚傳下》。

[5]【今注】元壽二年：公元前 1 年。元壽，漢哀帝年號（前 2—前 1）。

[6]【今注】太皇太后：元帝皇后王政君，王莽之姑母。傳見本書卷九八。

[7]【顏注】師古曰：董賢。【今注】大司馬：《周禮》中所載的夏官之長，掌武事。漢初承秦制，以太尉爲武官之長，且亦不常置，更不設大司馬一職。漢武帝於元狩四年（前 119）漠北大捷後，設大司馬爲加官，分別封衛青、霍去病。自霍光封大司馬大將軍之後，此職乃成爲常置固定之職，内朝官之領袖。成帝時改官

制，又以此職比附漢初之太尉，成爲三公之一。　賢：董賢。漢哀帝寵臣，事見本書卷九三《佞幸傳》。按本書《百官公卿表》，董賢於六月乙未罷官。然是年六月無乙未，王先謙《漢書補注·百官公卿表下》引周壽昌説，指出乙未爲己未之誤。按是年六月戊午哀帝崩，次日己未董賢免，次日庚申王莽繼任大司馬，三事正相連接，則此日確當爲"己未"。參見本卷及《百官公卿表下》。

[8]【今注】其上印綬：其，副詞，表祈使。上，使上，猶言收取。印綬，印信和繫在印信上的絲帶，絲帶顏色不同代表官職高低。本書《佞幸傳》載此事及詔書曰："其收人司馬印綬，罷歸第。"

[9]【今注】即日自殺：本書《佞幸傳》云"即日賢與妻皆自殺"。據《後漢書》卷一二《張步傳》載：哀帝臨崩，以璽綬付董賢。元后聽其侄王閎游説後，纔令閎仗劍入宫，奪取璽綬。

[10]【今注】新都：侯國名。治所在今河南新野縣東。本爲南陽郡新野縣都鄉地，漢成帝永始元年（前16）封外戚王莽爲新都侯。

[11]【今注】領尚書事：即以他官兼領尚書政事，參與政務，皆由重臣兼任。尚書，始於戰國，秦時爲少府屬官，掌殿内文書。漢初承秦制，設令、僕射、丞、尚書吏，掌收發文書，傳達記録詔命章奏，隸少府。漢武帝時漸成爲重要宫廷政治機構，參與國家機密，常以中朝大臣兼領、平、視，以左右曹諸吏平尚書奏事，參與議政決策，宣示詔命。百官奏事先呈尚書，皆爲正、副二封，由領尚書者拆閲副封，加以裁決，可屏抑不奏。百官選舉任用考察詰責彈劾之責亦歸之。漢成帝時設尚書五人，開始分曹辦事，群臣章奏都經尚書。

[12]【顔注】師古曰：爲使而持節也。使音所吏反。【今注】車騎將軍：漢初爲臨時將軍之號，因領車騎士得名，事訖即罷。武帝後常設，地位次於大將軍、驃騎將軍。武帝後常典京城、皇宮禁衛軍隊，出征時常總領諸將軍。文官輔政者亦或加此銜，領尚書政

務，成爲中朝重要官員。　王舜：濟南郡東平陵（今山東濟南市章丘區）人。漢元帝皇后王政君堂弟大司馬、車騎將軍、安陽侯王音之子，甚爲王莽所親信，倚爲腹心。成帝永始二年（前15）父死襲爵，成帝綏和元年以駙馬都尉爲太僕，哀帝元壽二年遷大司馬、車騎將軍。哀帝崩奉太皇太后詔持節迎立平帝，平帝元始元年（1）爲太保。王莽居攝，爲太傅、左輔。王莽稱帝，曾爲莽向元后索要傳國玉璽，拜爲太師，封安新公，爲新莽四輔之一。新莽始建國三年（11）病卒。事多見本書卷九九《王莽傳》。　大鴻臚：秦稱典客，漢景帝時改名大行令，武帝時始改大鴻臚。掌少數民族事務，及諸侯王喪事，又掌引導百官朝會，兼管京師郡國邸舍及郡國上計吏之接待。成帝時省典屬國併入，又兼管少數民族朝貢使節、侍子。九卿之一，秩中二千石。　左咸：琅邪郡琅邪縣（今山東諸城市西南）人。經學家，受《公羊春秋》於淮陽泠豐，爲博士。哀帝時任大司農、左馮翊、復土將軍、大鴻臚，曾議毀武帝廟事。平帝時賜爵關内侯，新莽時任《春秋》祭酒。事見本書卷七三《韋賢傳》、卷八八《儒林傳》、卷九九下《王莽傳下》。　使：即受命出使之人，亦稱使者、奉使、使客等。漢時使者多持節，故又稱使節。

［13］【今注】辛卯：據陳垣《二十史朔閏表》，七月辛卯爲三十日。

［14］【今注】貶：蔡琪本、大德本、殿本作“貶”。當作“貶”。　趙氏：漢成帝皇后趙飛燕。

［15］【今注】北宮：故址在今陝西西安市西北漢長安故城中。位置在未央宮東北、長樂宮西北。因在未央宮北，故名。西漢供奉神君的宮殿，也是軟禁廢黜后妃的居處。漢高祖時始建，漢武帝時增修。參見李毓芳《漢長安城的布局與結構》（《考古與文物》1997年第5期）。《周禮·天官·内宰》：“憲禁令于王之北宮而糾其守。”孫詒讓《正義》：“古者宮必南鄉，王路寢在前，謂之南宮……后六宮在王六寢之後，對南宮言之，謂之北宮。”西安北宮

遺址 1994 年開始發掘，參見劉慶柱等《漢長安城北宮的勘探及其南面磚瓦窯的發掘》（《考古》1996 年第 10 期）。

[16]【顏注】師古曰：北宮及桂宮皆在城中，而非未央宮中也。【今注】傅氏：漢哀帝皇后，其父傅晏爲哀帝祖母傅太后之堂弟。　桂宮：西漢后妃居住的宮殿，主殿是鴻寧殿。位置在未央宮正北。漢武帝太初四年（前 101）建。故址在今陝西西安市西北六村堡街道夾城堡、民婁村、黃家莊與鐵鎖村一帶。（參見中國社會科學院考古研究所、日本奈良國立文化財研究所《漢長安城桂宮：1996—2001 年考古發掘報告》，文物出版社 2007 年版）案，趙氏、傅氏二人退居北宮、桂宮後月餘，復被廢爲庶人，就成帝、哀帝寢廟園，自殺。事見本書《外戚傳下》。關於二人被廢殺的時間，《資治通鑑》卷三五《考異》云："《漢春秋》'八月，甲寅'，未知胡旦所據。"

[17]【今注】孔鄉侯傅晏：西漢河內溫縣（今河南溫縣西）人。哀帝祖母傅太后從父傅中叔之子，女爲哀帝皇后。成帝綏和二年（前 7）封孔鄉侯，國在沛郡夏丘縣（今安徽泗縣東）。以外戚寵幸，任大司馬、衛將軍。附傅太后，與朱博相結，承意奏免丞相孔光、大司馬傅喜與大司空師丹。其事爲彭宣等劾奏，被削減爵戶。哀帝元壽二年坐亂妻妾免爵，徙合浦。　少府：官名。漢代中央諸卿之一。爲皇帝私府，專管帝室財政及生活諸事。機構龐大，屬官繁多。秩中二千石。　董恭：字君夢，左馮翊雲陽縣（今陝西淳化縣西北）人，董賢之父。初任御史，後徵爲霸陵令，遷光祿大夫。董賢受哀帝寵幸，被擢少府，賜爵關內侯，復遷爲衛尉。哀帝死，賢被逼自殺，因厚葬董賢免官，舉家謫徙合浦。錢大昭《漢書辨疑》據本書《百官公卿表》，指出哀帝建平四年（4），光祿大夫董恭爲少府，元壽元年（前 2）遷衛尉，二月爲光祿大夫。此處仍云少府，與表不同。他認爲或是當時官職遷徙無常，表中未及記錄。或是當時董恭以光祿大夫仍爲少府。

[18]【顏注】師古曰：恭，董賢之父。【今注】合浦：郡名。治合浦（今廣西浦北縣舊州）。漢武帝元鼎六年（前111）平南越後置。因在偏遠的嶺南，西漢後期常作流放之地。案，成帝母族王氏家族在元帝時頗爲顯赫，在成帝時更是獨攬大權，但在哀帝繼位後，遭到排擠打擊，一度大權旁落。哀帝死後，王氏重新奪權，對哀帝親信進行了如上的嚴酷打擊。

[19]【今注】九月辛酉：王先謙《漢書補注》引劉攽説，指出辛酉日距哀帝去世六十四日。又據陳垣《二十史朔閏表》，九月辛酉朔，辛酉爲初一日。

[20]【今注】高廟：即高祖廟，又稱“太祖廟”，是祭祀開國皇帝劉邦的宗廟。西漢新帝即位，須拜謁高祖廟，以宣示自己的合法性和正統性。霍光廢昌邑王時，即曾以“未見命高廟”爲由。惠帝時始設，地方諸郡國皆立。據《三輔黃圖》，京師高廟在長安城安門街東。（參見劉慶柱、李毓芳《關於西漢帝陵形制諸問題的探討》，《考古與文物》1985年第5期）

　　帝年九歲，太皇太后臨朝，大司馬莽秉政，百官總己以聽於莽。[1]詔曰：夫赦令者，將與天下更始，誠欲令百姓改行絜己，[2]全其性命也。往者有司多舉奏赦前事，累增罪過，誅陷亡辜，殆非重信慎刑，洒心自新之意也。[3]及選舉者，其歷職更事有名之士，則以爲難保，[4]廢而弗舉，甚謬於赦小過舉賢材之義。[5]諸有臧及內惡未發而薦舉者，勿案驗。[6]令士厲精鄉進，[7]不以小疵妨大材。[8]自今以來，有司無得陳赦前事置奏上。[9]有不如詔書爲虧恩，以不道論。定著令，布告天下，使明知之。

　　[1]【顏注】師古曰：聚束曰總，音"揔"。【今注】總己：謂總攝己職。《論語·憲問》："君薨，百官總己以聽於冢宰三年。"

　　[2]【今注】絜己：修潔自身。

　　[3]【顏注】師古曰：洒，滌也，音先禮反。【今注】洒（xǐ）心：蕩滌心中雜念，徹底悔改。洒，同"洗"。

　　[4]【顏注】師古曰：更，經也。難保者，言己嘗有罪過，不可保也。更，音工衡反。

　　[5]【顏注】師古曰：《論語》云仲弓問政，孔子對曰"赦小過，舉賢材"，故此詔引之。

　　[6]【顏注】師古曰：有臧，謂以臧賞致罪。【今注】臧：占同"贓"。贓物。　案，勿，蔡琪本、大德本、殿本作"皆勿"。案驗：查詢驗證。

　　[7]【顏注】師古曰："鄉"讀曰"嚮"。

　　[8]【顏注】師古曰：疵，病也。

　　[9]【顏注】師古曰：置，立也。置奏上，謂立文奏而上陳也。上，音時掌反。

　　元始元年春正月，越裳氏重譯獻白雉一，黑雉二，[1]詔使三公以薦宗廟。[2]群臣奏言大司馬莽功德比周公，賜號安漢公，及太師孔光等皆益封。[3]語在《莽傳》。賜天下民爵一級，[4]吏在位二百石以上，一切滿秩如真。[5]

　　[1]【顏注】師古曰：越裳，南方遠國也。譯謂傳言也。道路絕遠，風俗殊隔，故累譯而後迺通。【今注】元始元年：公元1年。　越裳：此名始見於《尚書大傳》。據越南歷史學家陳重金考證，越裳位於今越南廣平省、廣治省一帶。有學者認爲越裳指的是今緬甸、老撾境内的撣族。參見《越南通史》（戴可來譯，商務印

書館 1992 年版, 第 14 頁)。 重譯: 多次翻譯。因距離遥遠, 語言陌生, 沒有能直接翻譯此種語言的人才, 因此需要通過沿途多種語言依次翻譯, 最終翻譯成漢語。

[2]【今注】三公: 古代輔助國君的三位最高官員的總稱。周朝三公有二説: 一謂司馬、司徒、司空; 一謂太師、太傅、太保。秦及西漢前期無法定三公, 但在習慣上往往將丞相、太尉、御史大夫並稱三公。至成帝時, 改革官制, 改丞相、御史大夫爲大司徒、大司空, 又以大司馬比附早已不常置的太尉, 正式確立了"三公"之制。近年有觀點認爲, 成帝時改革官制並非祇是從形式上整齊官制, 其重新確立"三公"後, 實是將外朝的丞相、御史大夫以大司徒、大司空的名義引入内朝, 同時又令大司馬兼領外朝, 使三公同時施行内外朝的權力。一定程度上改變了霍光以來内朝大司馬獨大, 外朝丞相、御史大夫淪爲傀儡的政治格局。(參見安作璋、熊鐵基《秦漢官制史稿》, 齊魯書社 2007 年版, 第 6—7 頁; 徐冲《西漢後期至新莽時代"三公制"的演生》,《文史》2018 年第 4 輯)

[3]【今注】周公: 周武王之弟周公旦, 事見《史記》卷三三《魯周公世家》。 太師: 本爲傳説中周代的三公官之一, 是年漢廷置太師一職以爲榮銜, 位在三公之上, 然無實權。 孔光: 傳見本書卷八一。 益封: 增加封邑。

[4]【今注】賜天下民爵一級: 漢代承秦行二十等爵制, 以示身份, 具體爵名參見本書《百官公卿表上》。其中, 第八級公乘與第九級五大夫被認爲是"民爵"與"官爵"的分界, 普通民衆與下級吏員賜爵不過公乘, 五大夫以上的爵位祇授予六百石以上的官員。由於和平時期賜爵輕濫, 至漢末三國, 吏民已普遍具有公乘爵, 此爵制已名存實亡。參見本書《百官公卿表》所引錢大昭《漢書辨疑》、凌文超《漢初爵制結構的演變與官、民爵的形成》(《中國史研究》2012 年第 1 期)。

[5]【顔注】如淳曰: 諸官吏初除, 皆試守一歲迺爲真, 食全奉。平帝即位故賜真。師古曰: 此説非也。時諸官有試守者, 特

加非常之恩，令如真耳。非凡除吏皆當試守也。一切者，權時之事，非經常也。猶如以刀切物，苟取整齊，不顧長短縱橫，故言一切。他皆放此。【今注】秩：古代官員的工資，亦代指其品級。真：官員實任。

立故東平王雲太子開明爲王，[1]故桃鄉頃侯子成都爲中山王。[2]封宣帝耳孫信等三十六人皆爲列侯。[3]太僕王惲等二十五人[4]前議定陶傅太后尊號，[5]守經法，[6]不阿指從邪，右將軍孫建爪牙大臣，[7]大鴻臚咸前正議不阿，[8]後奉節使迎中山王，[9]及宗正劉不惡、執金吾任岑、中郎將孔永、尚書令姚恂、沛郡太守石詡，[10]皆以前與建策，東迎即位，[11]奉事周密勤勞，賜爵關內侯，[12]食邑各有差。賜帝徵即位所過縣邑吏二千石以下至佐史爵，[13]各有差。又令諸侯王、公、列侯、關內侯亡子而有孫若子同產子者，皆得以爲嗣。[14]公、列侯嗣子有罪，耐以上先請。[15]宗室屬未盡而以罪絕者，復其屬。[16]其爲吏舉廉佐史，補四百石。[17]天下吏比二千石以上年老致仕者，參分故祿，以一與之，終其身。[18]遣諫大夫行三輔，[19]舉籍吏民，[20]以元壽二年倉卒時橫賦斂者，償其直。[21]義陵民冢不妨殿中者勿發。[22]天下吏民亡得置什器儲偫。[23]

[1]【今注】立故東平王雲太子開明爲王：東平，諸侯王國名。治無鹽（今山東東平縣東）。漢宣帝時改大河郡置。東平王雲，東平煬王劉雲，公元前20年至前3年在位，宣帝孫。哀帝在位時，

息夫躬告劉雲有謀反之意，劉雲被迫自殺。王先謙《漢書補注》指出，這裏立開明爲王，是爲了雪劉雲之冤而收衆人之望。

[2]【今注】故桃鄉頃侯子成都爲中山王：桃鄉，侯國名。治所在今山東汶上縣東北。漢成帝鴻嘉二年（前19）封東平思王子劉宣爲桃鄉侯。本書《王子侯表下》言桃鄉頃侯宣，成帝鴻嘉二年正月戊子封。《資治通鑑》卷三五《漢紀》孝平皇帝元始元年胡三省注指出，立成都爲中山王是因爲平帝繼嗣大宗，故立成都以奉其生父孝王後。《漢書考證》齊召南指出，成帝立定陶王爲太子後，即立楚孝王孫景，以奉定陶恭王祀，即此事所本。

[3]【今注】耳孫：泛稱遠孫。出自《爾雅·釋親》。

[4]【顏注】師古曰：惲，音於吻反。【今注】太僕：秦漢列卿之一，秩中二千石，除掌管皇帝輿馬之外，還兼主馬政。

[5]【今注】定陶：諸侯王國名。治定陶（今山東菏澤市定陶區西北古陶邑）。漢宣帝時改濟陰郡置，後廢，成帝河平四年（前25）復置，徙山陽王劉康王定陶。　傅太后：漢元帝昭儀，哀帝之祖母。親自撫養哀帝，對哀帝朝政爭影響頗大，與王氏家族結怨甚深。事見本書卷九七下《外戚傳下》。　尊號：漢哀帝時，尊傅太后爲皇太太后，地位與元后相侔。上尊號事見卷七二《鮑宣傳》、卷八三《朱博傳》、卷八六《師丹傳》、卷九七下《外戚傳下》、卷九八《元后傳》。

[6]【今注】守經法：固守經義或常法。此指反對傅太后上尊號一事。因上尊號一事削弱了元后地位，損害了王氏家族的利益，因而王氏家族在重新掌權後，對反對上尊號的官員予以獎賞。

[7]【今注】右將軍：官名。漢代有前、後、左、右將軍，漢武帝時始設，初爲大將軍出征時手下裨將臨時名號，事訖即罷，昭宣以後常置，典掌禁兵，戍衛京師，或任征伐，皆“位上卿，金印紫綬”。　孫建：周壽昌《漢書注校補》指出，本書卷七〇《傅常鄭甘陳段傳》贊云“孫建用威重顯”。卷九二《游俠傳》則言王莽“素善强弩將軍孫建”。孫建仕莽，至立國將軍成新公，莽欲以其女

平帝皇后改嫁孫建之子，可見其寵。

[8]【顏注】師古曰：左咸。【今注】正議不阿：此指左咸不依附哀帝打壓王氏家族。

[9]【顏注】師古曰：謂奉持節而爲使。

[10]【顏注】師古曰：岑，音士林反（士，殿本作"土"）。"恂"音"荀"。詡，音況羽反。【今注】宗正：秦置，一說西周至戰國皆置，秦、漢列位九卿，管理皇族外戚事務。例由宗室擔任。秩中二千石。　劉不惡：王先謙《漢書補注》引朱一新說，根據本書《百官公卿表》，指出"不惡"後更名"容"。　執金吾：官名。西漢中央諸卿之一，西漢前期稱中尉，漢武帝時改稱執金吾，職掌宮殿之外、京城之內的警備事務，天子出行時充任儀衛導行。秩中二千石。　中郎將：官名。秦、西漢時爲中郎長官，職掌宮禁宿衛，隨行護駕，協助郎中令（光禄勳）考核選拔郎官及從官，亦常奉詔出使，職位清要。後又專設五官、左、右中郎將分領中郎及謁者。西漢昭、宣以來，其職多由外戚及親近官員擔任，加中朝官號。隸郎中令，秩比二千石。　尚書令：秦始置，漢沿置，本爲少府屬官，掌章奏文書，武帝後職權漸重。掌凡選署及奏下尚書曹文書衆事。秩千石。　沛郡：治相縣（今安徽濉溪縣西北）。　太守：官名。漢地方郡的最高長官。原稱郡守。漢景帝中二年（前148）更爲現名，秩二千石。

[11]【顏注】師古曰：帝本在中山，出關而迎，故曰東迎。"與"讀曰"豫"。

[12]【今注】關内侯：秦置二十等爵，漢沿襲，關内侯爲第十九級，一般無具體封土而享受租稅收入。

[13]【今注】案，即位所過，蔡琪本、大德本、殿本作"即位前所過"。　二千石：漢朝二千石爲中央政府機構的列卿，及地方州牧郡守、諸侯王國相等。又可細分爲中二千石、二千石、比二千石三等。據本書《百官公卿表》顏師古注，中二千石者月各百八

十斛，二千石者百二十斛，比二千石者百斛。《續漢書·百官志五》所載與此略同。根據張家山漢簡《秩律》與《新書》《史記》等傳世文獻，閻步克先生又指出漢初祇有二千石，並無中二千石、比二千石等細分等級，最早的中二千石的記載出現在文帝死後景帝發布的詔書中。楊振紅先生則進一步認爲中二千石的官位是文帝時在賈誼的建議下設立的，是爲了區別漢廷官員與諸侯官員之地位。而早期中二千石官員亦不止《百官公卿表》所載諸官，如内史、主爵都尉均曾列於中二千石。案，石，漢代度量衡單位，有兩義：一爲重量單位，合一百二十斤。二爲容量單位，合十斗，亦即一斛。馬彪等先生指出，“石”本爲官方重量單位，合十斗的官方容量單位爲“桶（甬）”。因一石重的禾黍可得十斗糙米，一石重的稻禾可得十斗稻米，故實踐中有將十斗稱爲“石”的習慣。王莽時以“斛”作爲合十斗的官方容量單位，東漢承之，此後容量單位“石”便逐漸淡出了漢代官方計量系統。然則根據前文顏注所引二千石的俸禄換算，二千石當指二千石（容量單位）容積的米，亦即二千石（重量單位）重的禾，其餘官秩與此相類。又案，陳夢家先生根據傳世與出土文獻指出，雖然西漢承秦制，官俸以“石”爲名，但主要是代表官秩，實際發俸以錢爲主。至王莽後期，變爲以穀爲主，東漢時則爲半錢半穀，而以穀數爲標準。前文所引顏注所舉具體官俸，當出自東漢之材料，且亦祇是一種計算標準，並非兩漢官俸的實際發放情況。（參見閻步克《〈二年律令·秩律〉的中二千石秩級闕如問題》，《河北學刊》2003 年第 5 期；楊振紅《出土簡牘與秦漢社會（續編）》，廣西師範大學出版社 2015 年版，第 51—57 頁；馬彪、林力娜《秦、西漢容量“石”諸問題研究》，《中國史研究》2018 年第 4 期；陳夢家《漢簡所見奉例》，《文物》1963 年第 5 期）　佐史：官名。本書《百官公卿表上》：“百石以下有斗食、佐史之秩，是爲少吏。”顏師古注引《漢官名秩簿》：“佐史，月俸八斛也。”

　　[14]【顏注】師古曰：子同産子者，謂養昆弟之子爲子者。

【今注】若：以及。　同産：在秦漢時期"同産"一般指同父的兄弟姐妹。晉代以後，由於法律規定較秦漢時寬鬆，"同産"的概念相對縮小，一般指"同父同母"的兄弟姐妹。（參見田煒《説"同生""同産"》，《中國語文》2017 年第 4 期；李建平《"同生""同産"辨正》，《中國語文》2018 年第 6 期）綜上，"若子同産子"似可釋爲"被當作親子收養的同産之子"。然則此句似當斷作"有孫、若子同産子者"。

[15]【今注】耏：又作"耐"，刑罰名。一種輕於髠刑的毛髮刑，即僅剃去鬍鬚鬢毛而留下頭髮的輕刑。

[16]【顏注】師古曰：復，音扶目反。【今注】案，《資治通鑑》卷三五胡三省注指出，此句意爲通過赦免宗室罪責以表達尊尚親情之意。過去因犯罪而被開除屬籍的宗室，今皆復之。

[17]【顏注】如淳曰：宗室爲吏及舉廉及佐史，皆補四百石。師古曰：此説非也。言宗室爲吏者，皆令舉廉，各從本秩。而依廉吏遷之爲佐史者，例補四百石。

[18]【顏注】師古曰：參，三也。【今注】參分故禄：參，即"三"。本句意指給退休的"比二千石"以上的高官發原工資的三分之一，直至其去世。

[19]【顏注】師古曰：行，音下更反。【今注】諫大夫：漢武帝時置，掌諫争、顧問應對，議論朝政，無定員。秩比八百石。

三輔：長安及周邊的三個郡級區劃，即京兆尹、左馮翊、右扶風。因地屬畿輔，故不稱郡。在十三州之外，由司隸校尉部負責監察。京兆尹，西漢京畿地方行政長官之一。武帝時改右内史置，職掌如郡太守。因治京師，又得參與朝政，故又有中央官性質。地位高於郡守，位列諸卿，秩中二千石（一説秩二千石）。左馮翊，西漢武帝時改左内史置。本書《百官公卿表上》注："馮，輔也。翊，佐也。"職掌相當於郡太守，轄區相當於一郡。治所在長安城。轄境範圍相當於今陝西渭河以北、涇河以東洛河中下游地區。右扶風，秦及漢初設主爵中尉，掌列侯。漢武帝時改名右扶風，掌治内史右地。治長安縣（今陝西西安市西北）。職掌相當於郡太守。

[20]【顏注】張晏曰：舉録賦斂之籍而償之。【今注】舉籍：統計人口，編造簿籍。王先謙《漢書補注》引蘇輿曰：本書卷一一《哀紀》云“遣光禄大夫循行舉籍”。顏師古云“舉其名籍”，此義與彼同，張晏專就本文爲説耳。

[21]【顏注】師古曰：“卒”讀曰“猝”。横，音胡孟反。【今注】倉卒：指漢哀帝元壽二年（前1）六月，哀帝崩。

[22]【顏注】如淳曰：陵上有宫牆，象生制度爲殿屋，故曰殿中。師古曰：此説非也。殿中，謂壙中象正殿處。【今注】義陵：漢哀帝陵寝，位於今陝西咸陽市周陵鄉南賀村東南。（參見劉慶柱、李毓芳《西漢十一陵》，陝西人民出版社1987年版）

[23]【顏注】師古曰：軍法，五人爲伍，二伍爲什，則共其器物。故通謂生生之具爲什器，亦猶今之從軍及作役者十人爲火，共畜調度也。儲，積也。偫，具也。偫，音丈紀反。【今注】什器：指人們在日常生活中使用的各種器具。　儲偫：儲備，指存儲物資以備需用。

　　二月，置羲和官，[1]秩二千石；外史、閭師，秩六百石。[2]班教化，禁淫祀，放鄭聲。[3]

[1]【今注】羲和：本是上古神話傳説中的人物，有太陽之母、太陽的駕車人、黄帝時掌天文曆法的官員、帝堯時掌天文的家族等衆多異説。西漢末被王莽借用爲官名，改大司農爲羲和，後又改稱納言，掌錢穀金帛諸貨幣。王先謙《漢書補注》則認爲，此時封劉歆爲羲和，本自爲一官。至王莽稱帝後，改大司農爲羲和。

[2]【顏注】應劭曰：《周禮》閭師掌四郊之民，時其徵賦也。【今注】外史：王先謙《漢書補注》引蘇輿説，指出此官出於

《周官・夏官》："外史,掌書外令。"

[3]【今注】淫祀:不合禮制的祭祀。　鄭聲:本指春秋戰國時鄭國的音樂。因與儒家提倡的雅樂不同,娛樂性强而教育性弱,故受到排斥。後來凡與雅樂不同的音樂,乃至一般的民間音樂,往往都被儒者斥爲"鄭聲"。

乙未,義陵寢神衣在柙中,丙申旦,衣在外牀上,[1]寢令以急變聞。[2]用太牢祠。[3]

[1]【顏注】文穎曰:哀帝陵也。衣在寢中,今自出在牀上(牀,殿本作"床")。師古曰:柙,匱也,音"狎"。【今注】柙:通"匣"。收藏東西的器具。　衣在外牀上:周壽昌《漢書注校補》指出,《漢武故事》《王莽傳》,皆有與此相類之記載,地點一在高廟,一在杜陵。牀,"床"的異體字,殿本作"床"。

[2]【顏注】師古曰:非常之事,故云急變。

[3]【今注】太牢:以牛、羊、豕祭祀,爲太牢。有羊、豕而無牛則爲少牢。

夏五月丁巳朔,日有蝕之。[1]大赦天下。公卿、將軍、中二千石舉敦厚能直言者各一人。

[1]【今注】日有蝕之:查諸日食表,公元 1 年 6 月 10 日,亦即漢平帝元始元年五月丁巳確有日食,陝西西安地區食甚時刻爲上午 11 點 12 分,食分爲 0.74,與此記載相合。(參見張培瑜《三千五百年曆日天象》,大象出版社 1997 年版)

六月,使少府左將軍豐[1]賜帝母中山孝王姬璽書,拜爲中山孝王后。賜帝舅衛寶、寶弟玄爵關内侯。賜帝女弟四人號皆曰君，[2]食邑各二千戶。

[1]【顏注】師古曰：甄豐。【今注】少府：蔡琪本、大德本、殿本作"少傅"。周壽昌《漢書注校補》指出，本書《百官公卿表》作"少府"。王先謙《漢書補注》引朱一新説，則指出本書卷九七下《外戚傳下》作"少傅"。今案，據本書卷九九《王莽傳上》記載，漢平帝元始元年（1）正月，甄豐獲封少傅，位列"四輔"之一。出土簡牘有"元始三年……少傅豐"的記載。此處甄豐向平帝母賜書，其工作內容亦近於"少傅"而非"少府"。然則此處實當作"少傅"。在哀帝之前，少傅一般指太子少傅。然平帝時年尚幼，未有太子，其職責自不當爲此。此"少傅"又位居"四輔"之一，位在三公之上，自非"太子少傅"可比。參考"四輔"其他的三個官職"太師""太保""太傅"名義上的輔佐對象爲皇帝，然則此少傅在名義上亦當執掌輔導皇帝之責。關於"四輔"的來歷與實際政治作用，參見後文"四輔"條。（參見張德芳《居延新簡集釋（七）》，甘肅文化出版社 2016 年版）　左將軍：官名。漢代有前、後、左、右將軍，武帝時始設，初爲大將軍出征時手下裨將臨時名號，事訖即罷，昭、宣以後常置，典掌禁兵，戍衞京師，或任征伐，皆"位上卿，金印紫綬"。　豐：甄豐，字長伯。西漢末至新莽朝官員。成、哀時歷任京兆都尉、水衡都尉、泗水相、左曹中郎將、光禄勳、右將軍等職。平帝時任少傅左將軍、大司空，封廣陽侯，爲權臣王莽心腹之一。新莽代漢，拜更始將軍，封廣新公。後因其子犯罪，被迫自殺。事迹見本書《王莽傳》。

[2]【今注】四人：周壽昌《漢書注校補》指出，本書《外戚傳》記載爲"賜帝三妹號爲君"，《王莽傳》同。此處"四"字當誤。

封周公後公孫相如爲襃魯侯，孔子後孔均爲襃成侯，奉其祀。追謚孔子曰襃成宣尼公。

罷明光宫及三輔馳道。[1]

[1]【今注】明光宫：據本書卷六《武紀》記載，此宫爲漢武帝太初四年（前101）秋所建。《三輔黄圖》卷三云“在長樂宫後，南與長樂宫相連屬”。本書卷九八《元后傳》曰：“成都侯商嘗病，欲避暑，從上借明光宫。”蓋即此。王莽始建國元年（9），改明光宫爲安定館，安定太后居之。本書《元后傳》顏師古注引《三輔黄圖》云：“在城中，近桂宫也。”《文選》班固《西都賦》云：“北彌明光而亘長樂。”注引《三輔舊事》云：“桂宫内有明光殿。”張衡《西京賦》云：“屬長樂與明光，徑北通乎桂宫。”馳道：專供天子行馳車馬的道路，亦泛指行馳車馬的道路。秦始皇二十七年（前220），開始修築。

天下女徒已論，歸家，顧山錢月三百。[1]復貞婦，鄉一人。[2]置少府海丞、果丞各一人；[3]大司農部丞十三人，人部一州，勸農桑。[4]

[1]【顏注】如淳曰：已論者，罪已定也。令甲，女子犯罪，作如徒六月，顧山遣歸。説以爲當於山伐木，聽使入錢顧功直，故謂之顧山。應劭曰：舊刑鬼薪，取薪於山以給宗廟，今使女徒出錢顧薪，故曰顧山也。師古曰：如説近之。謂女徒論罪已定，並放歸家，不親役之，但令一月出錢三百，以顧人也。爲此恩者，所以行太皇太后之德，施惠政於婦人。【今注】顧山錢：沈欽韓《漢書疏證》認爲，本書卷六六《楊惲傳》所載富郎出錢，名“山郎”，與此女徒出錢名“顧山”，其義相同。王先謙《漢書補注》

指出，《資治通鑑》"顧"上有"出"字，文意更爲通順。《漢書》無此字，疑爲傳寫奪之。

　　[2]【顔注】師古曰：復，音方目反。鄉一人，取其尤最者。【今注】復：指免除徭賦。

　　[3]【顔注】師古曰：海丞，主海稅也。果丞，掌諸果實也。

　　[4]【今注】大司農：西漢武帝時改大農令置。掌管全國租賦收入和國家財政開支。秩中二千石，位列九卿。《資治通鑑》卷三五《漢紀》孝平皇帝元始元年胡三省注指出，武帝時，桑弘羊置大司農部丞數十人，分部郡國，主均輸鹽鐵。今以十三人部十三州勸農桑。

　　太皇太后省所食湯沐邑十縣，[1]屬大司農，常別計其租入，以贍貧民。

　　[1]【今注】湯沐邑：古封邑名稱。本指周天子在王畿內賜給來朝諸侯住宿和齋戒沐浴用的封邑。漢時沿用此名，指皇帝、皇后、公主以及諸侯王列侯收取賦稅以供私人奉養的封邑。

　　秋九月，赦天下徒。
　　以中山苦陘縣爲中山孝王后湯沐邑。[1]

　　[1]【顔注】師古曰："陘"音"形"。【今注】苦陘：縣名。治所在今河北無極縣東北。

　　二年春，黃支國獻犀牛。[1]

　　[1]【顔注】應劭曰：黃支在日南之南，去京師三萬里。師

古曰：犀狀如水牛，頭似猪而四足類象，黑色，一角當額前，鼻上又有小角。【今注】案，王先謙《漢書補注》指出，這是王莽厚遺其王，使其獻之。此事見於本書《地理志下》。

詔曰：皇帝二名，通于器物，[1]今更名，合於古制。[2]使太師光奉太牢告祠高廟。

[1]【顏注】孟康曰：平帝本名箕子，更名曰衍。箕，用器也，故云通于器物。【今注】二名：指二字名。漢平帝原爲二字名"箕子"，而《春秋公羊傳》有"譏二名，二名非禮也"之説，故改名爲單字名"衍"。不僅如此，迷信經學的王莽還據此制定了"中國不得有二名"之令（見本書卷九四《匈奴傳》），徹底改變了民間的起名風尚。自新莽、東漢以來數百年間，單字名成爲命名的主流。這種風氣在上層尤其流行，基本形成單名+字的命名習慣。從出土材料看，當時政府的户籍編制亦在力求命名格式的統一，對此種風氣的推行當亦有促進作用。（參見魏斌《單名與雙名：漢晉南方人名的變遷及其意義》，《歷史研究》2012 年第 1 期） 通于器物：周代以來形成了避諱文化。爲了便於民衆避諱，貴族尤其是帝王命名一般要遵循"難知而易諱"（《大戴禮記·保傳》）的原則。平帝原名"箕子"，"箕"爲常見器物，不便於避諱，故有此説。

[2]【顏注】師古曰：更，改也。

夏四月，立代孝王玄孫之子如意爲廣宗王，[1]江都易王孫盱台侯宫爲廣川王，[2]廣川惠王曾孫倫爲廣德王。[3]封故大司馬博陸侯霍光從父昆弟曾孫陽、宣平侯張敖玄孫慶忌、絳侯周勃玄孫共、舞陽侯樊噲玄孫之子章皆爲列侯，復爵。[4]賜故曲周侯酈商等後玄孫酈明友等百一十三人爵關內侯，食邑各有差。[5]

[1]【今注】代孝王：漢文帝之子劉參。傳見本書卷四七。廣宗：諸侯王國名。其地本書《地理志》未載。《廣宗縣志》（1933年版）認爲，廣宗縣（今河北廣宗縣）"西漢爲鉅鹿郡堂陽、經縣及廣宗國地"，"東漢爲廣宗國、廣宗縣及經縣地"。若依此説，則此廣宗國與東漢廣宗國一脈相承，其地當在今河北南部廣宗縣、威縣一帶。東漢廣宗國治所在今河北威縣東，此廣宗國治所或亦在此。

[2]【顏注】師古曰：盱，音許于反。"台"音"怡"。【今注】江都易王：江都，王國名。都廣陵（今江蘇揚州市北）。江都易王劉非爲景帝之子，傳見本書卷五三。　盱台：侯國名。治所在今江蘇盱眙縣東北盱眙山側。　廣川：諸侯王國名。治信都（今河北衡水市冀州區）。錢大昕《廿二史考異·漢書一》指出，《諸侯王表》《景十三王傳》皆作"盱台侯子"，此處當脫一"子"字。又《諸侯王表》作"廣世王"，《景十三王傳》作"廣陵王"，皆與本紀不同。錢氏認爲此時廣陵已封廣陵王胥之後人，而廣川此時已改爲信都，封楚孝王孫景，此處當爲"廣世"。沈欽韓《漢書疏證》認爲，"廣世國"並無記載，當是因"世"與"川"兩字相似而致誤。當爲"廣川"。紹封之王所封祇有數千户，從信都國割出亦屬正常。王先謙《漢書補注》同意沈説，並指出荀悦《漢紀》、《資治通鑑》皆作"廣川"，且並無"子"字。易王非子建，武帝元狩二年（前121）反叛被殺，今立宮奉易王之後。《漢書辭典》指出，《水經注·陰溝水》云："水又東逕廣鄉城北。圈稱曰：襄邑有蛇丘亭，故廣鄉矣，改曰廣世。"辭條作者認爲，此當即廣世國，其地在今河南睢縣境。今案，沈欽韓以本書《地理志》不載廣世國爲據駁錢大昕，其説不立。與宮同封之廣宗、廣德二國亦無記載。

此次分封，當是以“繼絕世”爲名。廣宗、廣德皆爲美稱，有祝願劉氏宗親繁衍，體現皇家恩德之意。然則宮之封國名當亦相類，應爲“廣世”。其地或可從《漢書辭典》之説。

[3]【今注】廣川惠王曾孫倫：王先謙《漢書補注》指出，惠王劉越之孫劉文在漢宣帝地節四年（前66）得以紹封，傳子海陽，甘露四年（前50）以罪廢。故今立倫奉惠王後。胡三省指出，這是王莽以“繼絕世”邀買人心。倫，王先謙《漢書補注》綜合錢大昕、朱一新等説，指出本書《諸侯王表》“倫”作“揄″，《廣川惠王傳》作“痬″，然《王子侯表》、《中山靖王傳》、荀悦《漢紀》、《資治通鑑》皆作“倫″，《景十二土傳》所載廣川惠王曾孫倫亦即此人，誤繫於中山靖王傳後。然則“倫”當爲是，“痬″“揄″俱以形似而訛。　廣德：諸侯王國名。其地本書《地理志》未載。漢成帝鴻嘉二年（前19）曾封中山靖王後裔劉雲客爲廣德王，治黝縣（今安徽黟縣東北）。此廣德國治所或亦在此。

[4]【顏注】師古曰：“共”讀曰“恭”。復，音扶福反。【今注】博陸：霍光封號。漢昭帝始元二年（前85）始封。一説爲廣平之義。一説爲城名，在今北京市密雲區東南。　張敖：趙王張耳之子，劉邦女魯元公主之夫。本繼承其父王爵，因其相貫高密謀刺殺劉邦，而被降爲宣平侯。　絳：侯國名、縣名。治所在今山西侯馬市東鳳城古城。高祖六年（前201）封周勃爲絳侯，文帝後元元年（前163）國除，復爲縣。平帝元始二年（2）紹封絳侯國。周勃玄孫共：周勃，傳見本書卷四〇。共，王先謙《漢書補注》引蘇輿説，指出本書《高惠高后文功臣表》亦作“共”，但《周勃傳》作“玄孫之子恭”。　舞陽：縣名。治所在今河南舞陽縣西。高祖六年封樊噲爲舞陽侯，景帝中元六年（前144）國除，復爲縣。　樊噲：傳見本書卷四一。

[5]【今注】曲周：侯國名、縣名。治所在今河北曲周縣東。高祖六年封酈商爲曲周侯，景帝中元元年（前149）國除。武帝建元四年（前137）置縣。　酈商等後玄孫酈明友等百一十三人：錢

大昭《漢書辨疑》指出，根據本書《高惠高后文功臣表》，明友是
酈商玄孫之孫，此處記載當誤。王先謙《漢書補注》指出，《高惠
高后文功臣表》作"猛友"。又《資治通鑑》記載爲"百一十七
人"，當時連霍陽等人一起數之。酈商，傳見本書卷四一。

郡國大旱，蝗，[1]青州尤甚，民流亡。[2]安漢公、
四輔、三公、卿大夫、吏民爲百姓困乏獻其田宅者二
百三十人，[3]以口賦貧民。[4]遣使者捕蝗，民捕蝗詣
吏，以石斗受錢。[5]天下民訾不滿二萬，及被災之郡不
滿十萬，勿租稅。民疾疫者，舍空邸第，爲置醫藥。[6]
賜死者一家六尸以上葬錢五千，四尸以上三千，二尸
以上二千。罷安定呼池苑，以爲安民縣，[7]起官寺市
里，募徙貧民，縣次給食。至徙所，賜田宅什器，假
與犁、牛、種、食。[8]又起五里於長安城中，[9]宅二百
區，以居貧民。

[1]【今注】案，王先謙《漢書補注》指出，與此繫蝗災於夏
季不同，本書《五行志》記此事在秋天，或是終而言之。

[2]【今注】青州：西漢武帝所置十三刺史部之一。轄境約當
今山東德州市、高唐縣以東，河北吳橋縣及山東馬頰河以南，濟
南、安丘、高密、萊陽、棲霞、乳山等市以北地。

[3]【顏注】張晏曰：王莽爲太傅，孔光爲太師，王舜爲太
保，甄豐爲少傅，是爲四輔。莽復兼大司馬，馬宮爲司徒，王崇
爲司空，是爲三公。【今注】四輔：《尚書·周書·洛誥》載有
"四輔"，然其所指爲何，並無確切記錄。《尚書大傳》始釋之爲
"前曰疑，後曰丞，左曰輔，右曰弼"。《史記》卷二《夏本紀》亦
有"四輔臣"的記載，然亦無確指。因王莽好古，在其執政後始設

此稱謂，然其指代的具體職位多有變化。在哀帝剛去世時，王莽以孔光爲太傅，有觀點認爲，當時已讓太傅與三公並稱四輔。平帝元始元年（1）正月，以孔光爲太師，王舜爲太保，甄豐爲少傅，之後王莽任太傅，合稱四輔。至王莽自立爲皇帝，始建國元年（9）正月，復以王舜爲太師，平晏爲太傅，劉歆爲國師，哀章爲國將，稱爲"四輔"。有觀點認爲，王莽設置四輔與三公並行，是以四輔負責内朝事務，而由三公負責外朝事務。（參見徐冲《西漢後期至新莽時代"三公制"的演生》，《文史》2018年第4輯）

[4]【顔注】師古曰：計口而給其田宅。

[5]【顔注】師古曰：量蝗多少而賞錢。

[6]【顔注】師古曰：舍，止也。

[7]【顔注】師古曰：中山之安定也（安定，蔡琪本作"安安"）。池，音大河反（池，殿本作"沱"）。

[8]【顔注】師古曰：種，音之勇反。

[9]【顔注】如淳曰：民居之里。

秋，舉勇武有節明兵法，郡一人，詣公車。[1]九月戊申晦，日有蝕之。[2]赦天下徒。使謁者大司馬掾四十四人持節行邊兵。[3]

[1]【今注】公車：漢代官署。爲衛尉的下屬機構，設公車令，掌管宫殿司馬門的警衛。天下上事及徵召等事宜，經由此處受理。

[2]【今注】晦：農曆每月最末一日。 日有蝕之：查諸日食表，公元2年11月23日，亦即漢平帝元始二年九月戊申確有日食，陝西西安地區食甚時刻爲上午8點47分，食分爲0.90，與此記載相合。（參見張培瑜《三千五百年曆日天象》）。

[3]【顔注】師古曰：行，音下更反。【今注】謁者：職官

名。春秋戰國已有，秦、漢承之。西漢時掌賓贊受事，郎中令（光祿勳）屬官，員七十人，秩比六百石。　掾：本意爲輔佐，後被用以統稱副官、佐吏等官署吏員。

　　遣執金吾候陳茂假以鉦鼓，[1]募汝南、南陽勇敢吏士三百人，[2]諭説江湖賊成重等二百餘人皆自出，送家在所收事。[3]重徙雲陽，[4]賜公田宅。

　　[1]【顏注】晉灼曰：《百官表》執金吾屬官有兩丞、候、司馬。應劭曰：將帥乃有鉦鼓，今茂官輕兵少，又但往諭曉之耳，所以假鉦鼓者，欲重其威也。鉦者，鐃也，似鈴，柄中上下通。師古曰："鉦"音"征"。鐃，音女交反。

　　[2]【今注】汝南：郡名。治上蔡（今河南上蔡縣西南）。南陽：郡名。治宛縣（今河南南陽市宛城區）。

　　[3]【顏注】如淳曰：賊雖自出，得還其家而已，不得復除，尚當役作之也。師古曰：如説非也。言身既自出，又各送其家人詣本屬縣邑從賦役耳。

　　[4]【顏注】服虔曰：重，成重也。作賊長帥，故徙之也。【今注】雲陽：縣名。屬左馮翊，治所在今陝西咸陽市淳化縣西北。

　　冬，中二千石舉治獄平，歲一人。[1]

　　[1]【顏注】李奇曰：吏治獄平端也。

　　三年春，詔有司爲皇帝納采安漢公莽女。[1]語在莽傳。又詔光禄大夫劉歆等雜定婚禮。[2]四輔、公卿、大夫、博士、郎、吏家屬皆以禮娶，親迎立輅併馬。[3]

[1]【顏注】師古曰：婚禮有納采、問名之禮，謂采擇其可娶者。

[2]【今注】光祿大夫：西漢武帝時改中大夫置，掌論議。屬光祿勳，秩比二千石。

[3]【顏注】服虔曰："輅"音"謠"，立乘小車也。併馬，驪駕也。師古曰：新定此制也。併，音步鼎反。【今注】博士：官名。秦置，漢因之，隸屬九卿之一奉常（太常）。漢武帝罷黜百家之前，博士治各家之學，其後乃專立儒學一家。掌議政、制禮、藏書、顧問及教授經學、考核人才、奉命出使等。初秩比四百石，後升比六百石。

夏，安漢公奏車服制度，吏民養生、送終、嫁娶、奴婢、田宅、器械之品。立官稷及學官。[1]郡國曰學，縣、道、邑、侯國曰校。[2]校、學置經師一人。鄉曰庠，聚曰序。[3]序、庠置孝經師一人。

[1]【顏注】如淳曰：《郊祀志》曰"已有官社，未有官稷，遂立官稷於官社之後"。臣瓚曰：漢初除秦社稷，立漢社稷，其後又立官社，配以夏禹，而不立官稷。至此始立官稷。光武之後，但有官社，不立官稷。師古曰：淳、瓚二說皆未盡也。初立官稷於官社之後，是爲一處。今更創置建於別所，不相從也。

[2]【今注】道：有少數民族聚居的縣級行政區劃。 邑：封給皇太后、皇后、公主等女性皇族的縣級行政區劃。

[3]【顏注】張晏曰：聚，邑落名也。師古曰：聚小於鄉。聚，音才喻反。

陽陵任橫等自稱將軍，[1]盜庫兵，[2]攻官寺，[3]出囚徒。大司徒掾督逐，皆伏辜。

[1]【今注】陽陵：縣名。治所在今陝西咸陽市東北。本爲漢景帝劉啓陵園（遺址在今陝西咸陽市渭城區正陽鎮張家灣）之名，陵在弋陽縣，景帝五年（前152）因陵名縣。元帝永光三年（前41）隸屬左馮翊。陽陵遺址出土了"陽陵令印"銅印及封泥，另有"陽陵丞印""陽陵右尉"等封泥，均是因陵名縣的例證。

[2]【今注】庫兵：庫藏的兵器。

[3]【今注】官寺：官署。

安漢公世子宇與帝外家衛氏有謀。宇下獄死，誅衛氏。[1]

[1]【今注】誅衛氏：王莽吸取哀帝與其外戚打壓王氏的教訓，刻意隔絕平帝與其母族衛氏的交往。莽子宇恐平帝成年後報復，私下多次聯繫衛氏家族，試圖能夠促成衛氏家族來京。見王莽意堅，王宇與其師父、妻兄商議，暗地布置神鬼之事，欲以之説服王莽。事發覺，王宇夫妻被殺，衛氏幾被族滅，僅平帝之母未獲罪。王莽窮治此獄，牽連頗廣，元帝妹敬武公主、梁王劉立、王莽六叔紅陽侯王立、王莽三叔之子平阿侯王仁皆受牽連自殺。事見本書卷九七下《外戚傳下》、卷九九上《王莽傳上》。

四年春正月，郊祀高祖以配天，宗祀孝文以配上帝。[1]

[1]【今注】郊祀：在郊外祭祀。　宗祀：祭祀祖宗的禮儀，一般在室内，即所謂明堂（傳説中古代天子宣明政教的地方）舉行。案，《孝經》有云"昔者，周公郊祀后稷以配天，宗祀文王於明堂，以配上帝"。王莽附會此説，而立此制。據本書卷九九《王莽傳》記載，王莽居攝後"郊祀天地，宗祀明堂"，可見新莽沿襲

此制。本書《禮樂志》有謂"顯宗即位，躬行其禮，宗祀光武皇帝于明堂"，是知東漢亦襲此制。

改殷紹嘉公曰宋公，周承休公曰鄭公。[1]

[1]【今注】案，漢武帝元鼎四年（前113），封周王後裔嘉爲周子南君。元帝初元五年（前44），封周子南君爲周承休侯。隨著儒學在西漢後期的盛行，董仲舒所創立的"三統説"影響越來越大。此説以黑統、白統、赤統三統循環附會王朝興亡，歷朝之重要禮儀顏色皆當與統相符。根據此種理論，當朝帝王應"存二王之後"，以體現"三統"。由於秦朝不被"三統説"認作正朔，因而殷商、周朝被視作漢朝的前兩朝。至成帝綏和元年（前8）二月，乃以"三統説"爲據，封孔子後裔吉爲"殷紹嘉侯"。三月，復封"二王之後"爲殷紹嘉公、周承休公，至此，復改封爲宋公、鄭公。

詔曰：蓋夫婦正則父子親，人倫定矣。前詔有司復貞婦，歸女徒，[1]誠欲以防邪辟，[2]全貞信。及眊悼之人[3]刑罰所不加，聖王之所制也。惟苛暴吏多拘繫犯法者親屬，婦女老弱，搆怨傷化，百姓苦之。[4]其明敕百僚，婦女非身犯法，及男子年八十以上七歲以下，[5]家非坐不道，詔所名捕，它皆無得繫。[6]其當驗者，即驗問。[7]定著令。

[1]【顏注】師古曰：復，音方目反。

[2]【顏注】師古曰："辟"讀曰"僻"。

[3]【顏注】師古曰：八十曰眊，七年曰悼。眊者老稱，言

其昏暗也。悼者，未成爲人，於其死亡，可哀悼也。眊，音莫
報反。

[4]【顔注】師古曰：搆，結也。

[5]【今注】男子年八十以上七歲以下：王先謙《漢書補注》
引俞樾説，《禮記·曲禮》規定八十、九十爲耄，七歲爲悼，悼與
耄即使有罪，亦不加刑，此當爲漢制所本。本書《刑法志》述成帝
定令，稱年未滿七歲而賊鬪殺人及犯殊死者，皇帝同意減死，正與
此相合。且景帝時詔書“年八十以上，八歲以下，當鞠繫者，頌繫
之”，“八歲”亦當作“七歲”。

[6]【顔注】張晏曰：名捕，謂下詔特所捕也（特，大德本
作“得”，殿本作“時”）。【今注】詔所名捕：周壽昌《漢書注
校補》指出，名捕，意謂詔書明確指出名字令捕捉者。

[7]【顔注】師古曰：就其所居而問。【今注】即驗問：周壽
昌《漢書注校補》指出，《後漢書》卷一《光武紀》對老者、幼
兒、婦人有“即就驗”之令，顔師古説蓋本此。然二者用語不同，
周氏以爲意思亦不同，“即驗問”當爲“立刻驗問”之意。王先謙
《漢書補注》同意周説，並指出荀悦《漢紀》云“其當驗問者則驗
問”，而古“即”“則”字同，亦非就所居驗問之意。

　　二月丁未，立皇后王氏，[1]大赦天下。遣太僕王惲
等八人置副，假節，分行天下，覽觀風俗。[2]賜九卿已
下至六百石、宗室有屬籍者爵，[3]自五大夫已上各有
差。[4]賜天下民爵一級，鰥寡孤獨高年帛。

[1]【今注】王氏：王莽之女。事見本書卷九七下《外戚傳
下》。

[2]【顔注】師古曰：行，音下更反。

[3]【今注】六百石：秦漢職官系統中，六百石是一個重要的

分界綫，其各項待遇遠較其下各級爲高。二十等爵中，九級以上爵位祇有六百石以上官吏纔能被授予。是以本書卷八《宣紀》云"吏六百石位大夫，有罪先請，秩禄上通"。出土睡虎地秦簡亦云"六百石爲顯大夫"。是知六百石爲長吏與普通吏員之分界。（參見楊振紅《秦漢官僚體系中的公卿大夫士爵位系統及其意義——中國古代官僚政治社會構造研究之一》，《文史哲》2008 年第 5 期）

[4]【顏注】師古曰：五大夫，第九爵。【今注】案，已，蔡琪本、大德本、殿本作"以"。

夏，皇后見于高廟。加安漢公號曰宰衡。[1]賜公大夫人號曰功顯君。[2]封公子安、臨皆爲列侯。

[1]【顏注】應劭曰：周公爲太宰，伊尹爲阿衡，采伊、周之尊以加莽。【今注】宰衡：西漢平帝時加王莽號。王莽因伊尹爲阿衡，周公爲太宰，故采此二人稱號爲宰衡，加於安漢公之上以自尊。宰衡位上公，在諸侯王上，掾史秩六百石。

[2]【今注】案，大，蔡琪本、殿本作"太"。　功顯君：蔡邕《獨斷》指出，異姓婦女以恩澤所封曰君，地位類似長公主。周壽昌《漢書注校補》指出，皇后之母賜封君，自景帝王皇后母臧兒封平原君始。後漢時則屢見。王莽母爲平帝皇后祖母，故亦得封君。

安漢公奏立明堂、辟廱。[1]尊孝宣廟爲中宗，孝元廟爲高宗，天子世世獻祭。[2]

[1]【顏注】應劭曰：明堂所以正四時，出教化。明堂上圓下方，八窗四達（窗，殿本作"牕"），布政之宫，在國之陽。上八窗法八風（窗，殿本作"牕"），四達法四時，九室法九州，

十二重法十二月，三十六户法三十六旬（旬，蔡琪本作"雨"，殿本作"風"），七十二牖法七十二候。《孝經》曰："宗祀文王於明堂，以配上帝。"上帝謂五時帝太昊之屬。黄帝曰合宫，有虞曰總章（總，殿本作"緫"），殷曰陽館，周曰明堂。辟廱者，象璧圜，雍之以水，象教化流行。【今注】明堂：古代帝王宣明政教的地方。凡朝會、祭祀、慶賞、選士、養老、教學等大典，都在此舉行。　辟廱：即辟雍，西周天子所設大學。

　　[2]【今注】案，王先謙《漢書補注》指出，王莽尊孝元廟號，以討好元后。

　　冬置西海郡，徙天下犯禁者處之。[1]梁王立有罪，自殺。[2]

　　[1]【今注】冬：王先謙《漢書補注》引宋祁説云："新本去'冬'字。"周壽昌《漢書注校補》據下文"冬，大風吹長安城東門"，亦指出此"冬"字當删。　置西海郡：據本書卷九九《王莽傳》記載，王莽欲粉飾太平，乃使人以金幣誘羌人獻鮮水海、允谷鹽池等地，王莽以之設西海郡。"西海"所指，即鮮水海，亦即今之青海湖。青海海晏縣文化館藏虎符石匱銘文有謂"西海郡虎符石匱始建國元年十月癸卯工河南郭戎造"。由此基本可證實石匱來源地青海海晏縣三角城遺址當即平帝時王莽所置西海郡之治所。（參見安志敏《青海的古代文化》，《考古》1959 年第 7 期；姜法春《再述"西海郡虎符石匱"》，《群文天地》2014 年第 4 期）

　　[2]【今注】梁王立有罪：梁，諸侯國名。都睢陽（今河南商丘市睢陽區）。立爲文帝子梁孝王劉武之後代。傳見本書卷四七。王先謙《漢書補注》指出，梁王立因與平帝母家衞氏交通而被迫自殺。又引朱一新説，指出本書《諸侯王表》記此事在平帝元始二年(2)。考本書《文三王傳》，梁王立自殺後二年，王音獲封梁王，

時在元始五年（5），與《諸侯王表》相符。此紀繫於元始四年（4），當誤。

分京師置前煇光、後丞烈二郡。[1]更公卿、大夫、八十一元士官名位次[2]及十二州名。分界郡國所屬，罷置改易，天下多事，吏不能紀。[3]

[1]【今注】案，《資治通鑑》卷三六《漢紀》孝平皇帝元始四年胡三省注認爲，前煇光當領長安以南諸縣，後丞烈當領長安以北諸縣。

[2]【顏注】師古曰：更，改也。

[3]【今注】罷置改易：王莽對各郡名改易極多，詳見本書《地理志》。

冬，大風吹長安城東門屋瓦且盡。

五年春正月，祫祭明堂。[1]諸侯王二十八人、列侯百二十人、宗室子九百餘人徵助祭。[2]禮畢，皆益戶，賜爵及金帛，增秩補吏，各有差。[3]

[1]【顏注】應劭曰：禮五年而再殷祭，壹禘壹祫。祫祭者，毀廟與未毀廟之主皆合食於太祖。師古曰："祫"音"洽"。

[2]【顏注】師古曰：徵，召也。【今注】諸侯王二十八人：錢大昕《廿二史考異·漢書一》細數當時諸侯王見存者，認爲祇有二十二人。

[3]【今注】案，《資治通鑑》卷三六《漢紀》孝平皇帝元始五年胡三省注指出，此句意爲：爲已封者增加受封戶數，無爵者賜爵位，已有爵者賜金帛，已有官職者增官秩，未有官職者補吏。

卷一二　平紀第十二

743

詔曰：蓋聞帝王以德撫民，其次親親以相及也。昔堯睦九族，舜惇叙之。[1]朕以皇帝幼年，且統國政，[2]惟宗室子皆太祖高皇帝子孫及兄弟吳頃、楚元之後，[3]漢元至今，十有餘萬人，雖有王侯之屬，莫能相糾，[4]或陷入刑罪，教訓不至之咎也。傳不云乎？"君子篤於親，則民興於仁。"[5]其爲宗室自太上皇以來族親，各以世氏，郡國置宗師以糾之，致教訓焉。[6]二千石選有德義者以爲宗師。考察不從教令有冤失職者，宗師得因郵亭書言宗伯，請以聞。[7]常以歲正月賜宗師帛各十匹。

[1]【顏注】師古曰：《虞書·堯典》云"昔在帝堯，克明峻德（峻，殿本作"峻"，下同不注），以親九族，九族既睦，平章百姓"。《咎繇謨》曰"惇叙九族，庶明勵翼"。言堯能明峻德之士而任用之，以睦高祖玄孫之親，迺令百姓平和章明。舜又厚叙此親，使衆庶皆明其教，而自勉勵翼戴上命也。故此詔引之。

[2]【顏注】師古曰：朕者，太皇大后自稱也（大后，蔡琪本、大德本、殿本作"太后"）。

[3]【顏注】師古曰：吳頃謂高帝之兄仲也。初爲代王，後廢爲合陽侯，而子濞封爲吳王，故追諡仲爲吳頃王。"頃"讀曰"傾"。

[4]【顏注】師古曰：糾謂禁察也。

[5]【顏注】師古曰：此《論語》載孔子之辭也。言上能厚於親屬，則下皆化之，起爲仁行也。以《論語》傳聖人之言，故謂之傳。他皆類此。

[6]【今注】郡國置宗師以糾之：何焯《義門讀書記》卷一五認爲，此詔本意並不在於教訓宗室子弟。當時諸侯王與編戶民無

異，然宗室子弟數量已高達十餘萬。王莽擔心諸劉相結起事，故以黨於王氏之宗室子弟管理、監視之。

[7]【顏注】晉灼曰：宗伯，宗正也。師古曰：郵，行書舍也。言爲書以付郵亭，令送至宗伯也。"郵"音"尤"。【今注】宗師得因郵亭書言宗伯：周壽昌《漢書注校補》據本書《百官公卿表》，指出平帝元始四年（4），將宗正改名爲宗伯。是年於各宗室王侯郡國置宗師一員。

羲和劉歆等四人使治明堂、辟廱，[1]令漢與文王靈臺、周公作洛同符。[2]太僕王惲等八人使行風俗，[3]宣明德化，萬國齊同。皆封爲列侯。

[1]【顏注】師古曰：爲使者而典其事。【今注】四人：王先謙《漢書補注》指出，四人爲劉歆、平晏、孔永、孫遷。

[2]【顏注】師古曰：文王築靈臺，周公成雒邑（雒，蔡琪本作"洛"），言與之符合。【今注】靈臺：《詩·大雅·靈臺》有云："經始靈臺，經之營之。庶民攻之，不日成之。經始勿亟，庶民子來。"歷代注家皆認爲此句詩描寫的是周文王築靈臺之事。

周公作洛：周武王死後，其弟管叔、蔡叔聯合紂王之子武庚造反。輔政的武王弟周公旦東征平滅武庚之亂後，營建洛邑，置成周八師，以鎮撫東方。

[3]【顏注】師古曰：行，音下更反。【今注】八人：王先謙《漢書補注》指出，八人爲王惲、閻遷、陳崇、李翕、郝黨、謝殷、逯普、陳鳳。

徵天下通知逸經、古記、天文、歷算、鍾律、小學、史篇、方術、本草及以五經、《論語》、《孝經》、《爾雅》教授者，[1]在所爲駕一封軺傳，[2]遣詣京師。

至者數千人。

[1]【今注】逸經：散失的儒家經典。　古記：指古代流傳下來非西漢官學傳習的釋經篇目。記，戰國時儒家學者闡釋《六經》義理、文句的文字。　天文：觀測演算天象運行，並進行相關占卜解釋的學問。　歷算：殿本作"歷算"，指曆法演算。　鍾律：研究音樂規律並用來解釋儒家經典的學問。　小學：研究文字字形、字義及字音的學問。包括文字學、音韻學及訓詁學等。　史篇：《史籀篇》的省稱，又稱史籀、籀書、史書、大篆、籀文，相傳爲周宣王太史籀所作的大篆體字書，近現代研究者又多認爲其爲春秋戰國時的作品。原書已佚，但在東漢許慎編著的《説文解字》中，對其所收大篆文字多有保留。案，中國古代文字在先秦秦漢時期主要經歷了甲骨文、金文、大篆、小篆、秦隸、漢隸幾個階段，字形由圓而方，筆畫日趨簡潔，逐漸失去了原始象形的特點。《史籀篇》所收的大篆字體起著承上啓下的作用，在中國文字發展史上有著重要地位。　方術：主要指醫術、養生、求神仙之類的學問。　本草：關於草藥藥性的學問。　五經：先秦儒家原始經典《詩》《書》《禮》《樂》《易》《春秋》號爲"六經"。後《樂經》散佚，乃爲五經。在漢代，指圍繞《詩經》《尚書》《儀禮》《易經》《春秋》等五部儒家經典進行研究而形成的學問。　論語：孔子及其弟子言論的彙編，由孔子門生及再傳弟子集録整理，是研究孔子及儒家思想的重要資料。　孝經：儒家講孝道之書，相傳爲曾子弟子所作。　爾雅：中國古代最早的解釋詞義的專著，由漢初儒者綴輯舊文遞相增益而成。

[2]【顏注】如淳曰：律，諸當乘傳及發駕置傳者（乘，殿本作"秉"），皆持尺五寸木傳信，封以御史大夫印章。其乘傳參封之。參，三也。有期會累封兩端，端各兩封，凡四封也。乘置馳傳五封之兩端各二（之，殿本作"也"），中央一也。軺傳

兩馬再封之，一馬一封也。師古曰：以一馬駕軺車而乘傳。傳，音張戀反。【今注】軺傳：這裏指由郵驛準備，使者所乘的馬車。軺，指輕便的小車。傳，指郵驛。

閏月，立梁孝王玄孫之耳孫音爲王。[1]

[1]【今注】玄孫之耳孫：王先謙《漢書補注》指出，本書卷四七《文三王傳》作"玄孫之曾孫"。

冬十二月丙午，帝崩于未央宮。[1]大赦天下。有司議曰：禮，臣不殤君。皇帝年十有四歲，宜以禮斂，加元服。[2]奏可。葬康陵。[3]詔曰：皇帝仁惠，無不顧哀，[4]每疾一發，氣輒上逆，害於言語，故不及有遺詔。[5]其出媵妾，皆歸家得嫁，如孝文時故事。[6]

[1]【顏注】臣瓚曰：帝年九歲即位，即位五年，壽十四。師古曰：漢注云，帝春秋益壯，以母衛太后故怨，不悅。莽自知益疏，篡殺之謀由是生（殺，殿本作"弒"，本注同下），因到臘日上椒酒，置藥酒中。故翟義移書云"莽鴆弒孝平皇帝"。【今注】帝崩：對於顏師古注所引王莽毒殺平帝的說法，美國學者畢漢斯以其嫁女予平帝爲由，認爲其沒有作案動機〔參見崔瑞德、魯惟一主編《劍橋中國秦漢史》（第三章），中國社會科學出版社1992年版〕。此說顯然是未注意到王莽隔絕乃至殺害平帝母家衛氏一事。單就動機而言，王莽確有作案動機。或因此故，毒殺平帝之說在反莽起義中流傳甚廣。然此說之源頭實出自翟方進之子翟義。本書卷八四《翟方進傳》中載翟義與外甥陳豐商議起事時僅云王莽"必代漢家，其漸可見"，起事後忽有"言莽鴆殺孝平皇帝"之說。可

見翟義實不知此事之原委，爲起事而造此説而已，班固之意甚明。且如後文所言，平帝去世後無遺詔，似非精心策劃之結果。綜上，王莽雖有殺平帝之動機，然史料中並無其殺平帝之確據。平帝是病死還是毒殺，抑或是被以其他方式害死，已不可知。班固於此僅略言其"崩"，正可見其嚴謹。　未央宫：漢正宫。在秦章臺基礎上修建，位於漢長安城地勢最高的西南角龍首原上，因在長安城安門大街之西，又稱西宫。（參見李毓芳《漢長安城未央宫的考古發掘與研究》，《文博》1995 年第 3 期；陳蘇鎮《未央宫四殿考》，《歷史研究》2016 年第 5 期）。

[2]【顏注】師古曰：斂，音力贍反。

[3]【顏注】臣瓚曰：在長安北六十里。【今注】康陵：漢平帝劉衍與皇后王氏同塋異穴的合葬陵園，位於今陝西咸陽市渭城區周陵鎮大寨村東（參見劉慶柱、李毓芳《西漢十一陵》；焦南峰等《漢平帝康陵考古調查、勘探簡報》，《文物》2014 年第 6 期）。

[4]【顏注】師古曰：言帝平生多所顧念哀憐。

[5]【今注】案，輒，殿本作"輙"。

[6]【顏注】師古曰：媵妾，謂從皇后俱來者。媵之言送也。媵，音食證反，又音"孕"。【今注】孝文時故事：據本書卷四《文紀》，文帝去世時有遺詔云"歸夫人以下至少使"。

贊曰：孝平之世，政自莽出，褒善顯功，以自尊盛。觀其文辭，方外百蠻，亡思不服；[1]休徵嘉應，頌聲並作。[2]至乎變異見於上，民怨於下，莽亦不能文也。[3]

[1]【顏注】師古曰：《大雅·文王有聲》之詩曰："自西自東（蔡琪本、大德本、殿本作"自東自西"），自南自北，無思不服（無，大德本、殿本作"亡"）。"言武王於鎬京行辟雍之禮

（雍，蔡琪本作"廱"），自四方來觀者皆感其德化，心無不歸
服。故此贊引之。

　　[2]【顏注】師古曰：休，美也。徵，證也。

　　[3]【顏注】如淳曰：不可復文飾也。

漢書　卷一三

異姓諸侯王表第一^[1]

[1]【今注】案，朱一新《漢書管見》謂八表及《天文志》皆班昭踵成之，見《後漢書》卷八四《列女傳》。

　　昔《詩》《書》述虞夏之際，舜禹受禪，^[1]積德累功，洽於百姓，攝位行政，考之于天，^[2]經數十年，然後在位。殷周之王，乃繇卨稷，^[3]脩仁行義，歷十餘世，至于湯武，然後放殺。^[4]秦起襄公，章文、繆、獻，^[5]孝、昭、嚴稍蠶食六國，^[6]百有餘載，至始皇，迺并天下。以德若彼，用力如此其嬀難也。^[7]

[1]【顏注】師古曰：古禪字，音上扇反。

[2]【顏注】師古曰：謂在璿璣玉衡以齊七政。考之于天，知已合天心不也。【今注】案，楊樹達《漢書窺管》謂此當如《孟子·萬章篇》所云，謳歌訟獄以民意表之者也。

[3]【顏注】師古曰：繇讀與由同。【今注】卨：即契，商的始祖。　稷：周的始祖。

[4]【顏注】師古曰：殺讀曰弒。它皆類此也。

[5]【顏注】師古曰：言秦之初大，起於襄公始爲諸侯，至文公、繆公、獻公，更爲章著也。襄公，莊公之子；文公，襄公之子

也。繆公，德公之少子；獻公，靈公之子也。

[6]【顏注】師古曰：孝謂孝公也，即獻公之子。昭謂昭襄王，即惠王之子，武王之弟也。嚴謂莊襄王，即昭襄王之孫，孝文王之子也。後漢避明帝諱，以莊爲嚴，故《漢書》姓及謚本作莊皆易爲嚴也。它皆類此。蠶食，謂漸吞滅之，如蠶食葉也（後漢，蔡琪本同，大德本、殿本作"後漢時"。如蠶食葉也，底本殘，據蔡琪本、大德本、殿本補）。

[7]【顏注】師古曰：蠽，古艱字也。【今注】案，用力如，底本殘，據蔡琪本、大德本、殿本補。

秦既稱帝，患周之敗，以爲起於處士橫議，諸侯力爭，四夷交侵，以弱見奪。[1]於是削去五等，[2]墮城銷刃，[3]箝語燒書，[4]內鋤雄俊，外攘胡粵，[5]用壹威權，爲萬世安。[6]然十餘年閒，猛敵橫發乎不虞，[7]適戍彊於五伯，[8]閭閻偪於戎狄，[9]嚮應瘣於謗議，[10]奮臂威於甲兵。鄉秦之禁，適所以資豪桀而速自斃也。[11]是以漢亡尺土之階，繇一劍之任，五載而成帝業。[12]書傳所記，未嘗有焉。何則？古世相革，皆承聖王之烈，[13]今漢獨收孤秦之弊。鐫金石者難爲功，摧枯朽者易爲力，[14]其執然也。故據漢受命，譜十八王，月而列之，天下一統，迺以年數。[15]訖于孝文，異姓盡矣。

[1]【顏注】服虔曰：言因橫議而敗也。應劭曰：孟軻云"聖王不作，諸侯恣行，處士橫議"。師古曰：處士謂不宦於朝而居家者也。橫音胡孟反。次下"橫發"，其音亦同也。

[2]【顏注】應劭曰：周制，五等，公、侯、伯、子、男五等爵。

[3]【顏注】應劭曰：壞其堅城，恐復阻以害己也。聚天下之

兵，鑄以爲銅人十二，不欲令民復逆命也。古者以銅爲兵。師古
曰：墮音火規反。

[4]【顏注】應劭曰：禁民聚語，畏其謗己。箝，緘也。箝與
鉗同。晉灼曰：許慎云“箝，籋也”。師古曰：晉説是也。謂箝籋
其口，不聽妄言也，即所謂禁耦語者也。箝音其占反。籋音躡（其
占反，蔡琪本同，大德本作“其古反”，殿本作“某占反”）。

[5]【顏注】師古曰：攘，卻也。粤，古越字。

[6]【顏注】師古曰：令威權壹歸於己。

[7]【顏注】師古曰：虞，度也。意所不度，謂之不虞。

[8]【顏注】師古曰：適讀曰讁。讁戍，謂陳勝、吳廣也。伯
讀曰霸。五霸謂昆吾、大彭、豕韋、齊桓、晉文也。讁音陟厄反
（豕韋，蔡琪本、大德本、殿本作“豕章”）。【今注】適戍：即讁
戍。兵役名。秦、漢以讁發之名，强制人民戍守邊疆，謂之讁戍。
讁發人等有罪吏、在逃犯人、贅婿、有市籍的賈人，以及曾有市籍
者、父母曾有市籍者、祖父母曾有市籍者。因而又稱“七科讁”。
有時讁發還及於閭里貧民，如秦末“發閭左適戍漁陽”。

[9]【顏注】應劭曰：《周禮》二十五家爲閭。閻音簷，門閭
外旋下廇，謂之步簷也。閭閻民，陳勝之屬，言其逼秦甚於戎狄
也。師古曰：閭，里門也。閻，里中門也。陳勝、吳廣本起閭左之
戍，故惣言閭閻，應説非也。閭左解在《陳勝傳》。偪音逼。【今
注】閭閻：指里巷內外的門，亦泛指平民。

[10]【顏注】服虔曰：癉音慘。應劭曰：秦法，誹謗者族。
今陳勝奮臂大呼，天下莫不嚮應，嚮應之害吏癉烈於所謗議也。師
古曰：嚮音響。應者，如響之應聲。癉，痛也。服音是也。

[11]【顏注】師古曰：鄉讀曰嚮，謂曩時也。秦禁，謂墮城
銷刃、箝語燒書之屬是也。

[12]【顏注】師古曰：繇讀與由同。任，用也，事也。

[13]【顏注】師古曰：革，變也。烈謂餘烈也。

[14]【顏注】師古曰：鑴，琢石也，音子全反。

[15]【顏注】應劭曰：譜音補。項羽爲西楚霸王，爲天下主，命立十八王，王高祖於蜀漢。漢元年，諸王畢封各就國，始受命之元，故以冠表焉。張晏曰：時天下未定，參錯變易，不可以年紀，故列其月，五年誅籍，乃以年紀焉（漢元年，底本殘，據蔡琪本、大德本、殿本補）。【今注】案，統、廼，底本二字皆殘，據蔡琪本、大德本、殿本補。

漢	元年一月[3]
楚	西楚霸王項籍始爲天下王，命立十八王。
分爲衡山	王吳芮始，故番君。[4]
分爲臨江	王共敖始，故楚柱國。[5]
分爲九江	王英布始，故楚將。
趙　常山[1]	王張耳始，故趙將。
分爲代	二十七[6]　王趙歇始，故趙王。
齊　臨淄[2]	王田都始，故齊將。
分爲濟北	王田安始，故齊將。
分爲膠東	二十[7]　王田市始，故齊王。
雍　分關中	王章邯始，[8]故秦將。
塞　分關中	王司馬欣始，故秦長史。[9]
翟　分關中	王董翳始，[10]故秦都尉。
燕	王臧荼始，故燕將。[11]
分爲遼東	三十[12]　王韓廣始，故燕王。
魏	十九　王魏豹始，[13]故魏王。
分爲殷	王司馬卬始，[14]故趙將。
韓	二十二[15]　王韓成始，故韓王。
分爲河南	王申陽始，故楚將。

二月	三月	四月 [39]
二　都彭城。[16]	[34]	[40]
二　都邾。[17]		
二　都江陵。[18]		
二　都六。[19]		
二　都襄國。[20]		
二十八　都代。[21]		
二　都臨淄。[22]		四　田榮擊都，降楚。
二　都博陽。[23]		
二十一　都即墨。[24]	二十二	二十三
二　都廢丘。[25]	[35]	[41]
二　都櫟陽。[26]		
二　都高奴。[27]		
二　都薊。[28]		
二十一　都無終。[29]	三十一 [36]	三十二 [42]
二十　都平陽。[30]	二十一	二十二
二　都朝歌。[31]	三	四
二十二　都陽翟。[32]	[37]	[43]
二　都雒陽。[33]	[38]	

五月	六月
[44]	六
	六
	六
	六
	六
	三十二
五　王田榮始，故齊相。	二
	六　田榮擊殺安。屬齊。
二十四　田榮擊殺市。屬齊。	
[45]	六
	六
	六
	六
三十四	三十五
二十三	二十四
五	六
[46]	二十七　項籍誅成。
	六

七月	八月
七	八
七	八
七	八
七	八
七	八
三十三	三十四
三	四
邯守廢丘，漢圍之。[47]	八
七　欣降漢。	屬漢，爲渭南、河上郡。[49]
七　翳降漢。	屬漢，爲上郡。[50]
[48]	[51]
三十六　臧荼擊殺廣。屬燕。	
二十五	二十六
七	八
王鄭昌始，項王立之。	二
七	八

九月	十月	十一月
九	十	十一
九	十	十一
九	十	十一
九	十	十一
九　耳降漢。	代王歇還王趙。	三十七
三十五　歇復趙王。	歇以陳餘爲代王，號成安君。[52]	二
五	六	七
九	十　漢拔我隴西[53]	十一
九	十	十一
二十七	二十八	二十九
九	十	十一
三	王韓信始，漢立之。[54]	二
九　陽降漢。	屬漢，爲河南郡。[55]	

十二月	二年一月
十二	二年一月
十二	二年一月
十二	十三
十二	二年一月
三十八	三十九
三	四
項籍擊榮，走平原，民殺之。	項籍復立故齊王田假爲王。
十二　漢拔我北地。[56]	二年一月
十二	二年一月
三十	三十一
十二	三十三[57]
三	四

| 二月 |
| 二 |
| 二 |
| 十四 |
| 二 |
| 四十 |
| 五 |
| 田榮弟橫反城陽，[58]擊假，假奔楚。殺假。 |
| |
| |
| 二 |
| |
| |
| 二 |
| |
| 三十二　豹降，爲王。 |
| 十四　卬降漢。 |
| 五 |
| |
| |

三月　項王三萬人破漢兵五十六萬。	四月
三	四
三	四
十五	十六
三	四
四十一	四十二
六	七
王廣始，故田榮子，橫立之。	二
	二
三	四
三	四
三十三　從漢伐楚。	三十四　豹歸，畔漢。
屬漢，爲河內郡。[59]	
六　從漢伐楚。	七

五月	六月
五	六
五	六
十七	十八
五	六
四十三	四十四
八	九
三	四
三	
五　漢殺邯。屬漢爲中地、隴西、北地郡。[60]	
五	六
三十五	三十六
八	九

七月	八月	九月
七	八	九
七	八	九
十九	二十	二十一
七	八	九
四十五	四十六	四十七
十	十一	十二
五	六	七
七	八	九
三十七	三十八　漢將韓信擊虜豹。[61]	屬漢，爲河東、上黨郡。[63]
十	十二[62]	十二

十月	十一月	十二月
十	十一	十二
十	十一	十二
二十二	二十三	
十	[65]	布降漢。
四十八　漢滅歇。[64]		
十三	屬漢，爲太原郡。[66]	
八	九	十
十	十一	十二
二年一月	二	三

三年一月	二月	三月	四月
三年一月	二	三	四　圍漢滎陽。[67]
三年一月	二	三	四
二十五	二十六	二十七	二十八
十一	十二	十三	十四
三年一月	二	三	四
四	五	六	七

五月	六月	七月
五	六	七
五	六	七
二十九	三十	三十一
十五	十六	十七
五	六	七
八	九	十

八月	九月	十月
八	九	十
八	九	十
子尉嗣爲王。[68]	二	三
十八	十九	二十
八	九	十
十一	十二	三年一月

十一月	十二月
十一　漢將韓信擊殺龍且。	十二
十一	十二
四	五
復趙，王張耳始，漢立之。	二
二十一　漢將韓信擊殺廣。屬漢，爲郡。	
十一	十二
二	三

四年一月	二月	三月	四月
四年一月	二	三	四
四年一月	二	三	四
六	七	八	九
三	四	五	六
齊國。	王韓信始，漢立之。	二	三
四年一月	二	三	四
四	五	六	七

五月	六月	七月	八月
五	六	七	八
五	六	七	八
十	十一	十二	十三
	更爲淮南王。[69]	王英布始，漢立之。	二
七	八	九	十
四	五	六	七
五	六	七	八
八	九	十	十一

九月	五年[72]　即皇帝位。
九	正月　漢誅籍。王韓信始。
九	十[73]　芮徙長沙。[74]
十四	十二月　漢虜尉。[75]
三月[70]	二年[76]
十一	十二月乙丑，耳薨。[77]
	以太原爲國。[78]
八	徙韓信王楚。[79]
九　反。漢誅荼。[71]	後九月，王盧綰始，故太尉。
置梁國。	王彭越始。[80]
十二	四年
初置長沙國。	二月乙未，王吳芮始，六月，薨。

六年	七年
十一月信廢爲侯。	
三	四
子敄嗣爲王。	二
王韓信始。九月，信反，降匈奴。	
二	三
二	三
五　信徙太原。	
成王臣嗣。	二

八年	九年	十年
五	六	七
三　敖廢爲侯。^[81]		
四	五	六
四	五	六　越反，誅。
三	四	五

十一年	十二年	孝惠元年	二年
八　布反，誅。[82]			
縮反，降匈奴。[83]			
六	七	八	哀王回嗣。

三年	四年	五年	六年	七年
				初置魯國。^[84]
				初置淮陽國。
				復置常山國。
				初置呂國。^[85]
二	三	四	五	六

| 高后元年 |
| 四月，王張偃始，高后外孫。 |
| |
| 四月辛卯，王强始，高后所詐立孝惠子。 |
| |
| 四月辛卯，王不疑始，高后所詐立孝惠子。 |
| |
| 四月辛卯，王呂台始，高后兄子。 |
| |
| |
| |
| |
| |
| |
| |
| |
| |
| |
| 七 |

二年
二
二
不疑薨，謚曰哀，無子。十月癸丑，[86]王義始，故襄城候。
台薨，謚曰肅。子嘉嗣爲王。
共王若嗣。

三年	四年
三	四
三	四
二	
一[87]	義立爲帝。五月丙辰，王朝始，故軹侯。
一[88]	二[89]
二	三
二	三

五年	六年
五	六
五　強薨，謚曰懷，無子。	王武始，故壺關侯。
三[90]	三
四	
四	嘉坐驕廢。十一月，[91]王呂産始。
	初置梁國。[92]
四	五

七年

七

二

四

趙王吕禄始，高后兄子。

産徙梁。十一月丁巳，[93]王大始，故平昌侯。

初置燕國。

二月，[94]王吕産始。

六

八年	孝文元年
八 偃廢爲侯。	
三 武以非子誅。	
五 朝以非子誅。	
八月，漢大臣共誅禄。	
七月癸丑，[95]王吕通。八月，漢大臣共誅通。	
二 漢大臣共誅産。	
七	八

二年	三年	四年	五年	六年	七年
靖王産嗣。	二	三	四	五	六

八年	九年	十年	十一年	十二年	十三年
七	八	九	十	十一	十二

十四年	十五年	十六年	後元元年	二年	三年
十三	十四	十五	十六	十七	十八

異姓諸侯王表第一

四年	五年	六年	七年
十九	二十	二十一	二十二　來朝，薨。無子，國除。

[1]【今注】案，王先謙《漢書補注》謂《史記·秦楚之際月表》作“趙更名常山”。

[2]【今注】案，王先謙《漢書補注》謂《史記·秦楚之際月表》作“齊更名臨淄”。

[3]【顏注】應劭曰：諸王始受封之月也。十八王同時稱一月。趙歇起已二十七月，徙爲代王。皆以月數旁行題都上云。【今注】案，錢大昭《漢書辨疑》認爲，此“一月”，據本紀，是乙未歲之第五月。漢都南鄭獨不著，以別於十八王。王先謙《漢書補注》謂此“一月”，非漢元年（前206）正月，乃漢實王之第一月，即漢元年建卯二月也。當如錢説。

[4]【顏注】師古曰：番音蒲河反。【今注】番君：吳芮曾於秦末任番陽（今江西鄱陽縣）縣令，有政聲，極得民心，當時號爲“番君”。

[5]【顏注】師古曰：共讀曰恭。【今注】柱國：官名。戰國時楚國設置。原爲保衛國都之官。柱國原爲國都之意。《戰國策·齊策三》：“安邑者，魏之柱國也；晉陽者，趙之柱國也；鄢郢者，楚之柱國也。”高誘注：“柱國，都也。”後爲楚最高武官，亦稱上柱國。位僅次於令尹。

[6]【今注】二十七：趙歇始立爲趙王，至此已二十七個月，今徙爲代王。

[7]【今注】二十：田市始立爲齊王，至此已二十個月，今徙爲膠東王。

[8]【今注】王章邯始：王先謙《漢書補注》謂本書卷三一《項籍傳》載“王咸陽以西”。

[9]【今注】王司馬欣始：王先謙《漢書補注》謂本書《項籍傳》載“王咸陽以東至河”。　長史：官名。漢代三公、將軍府皆設，爲諸掾史之長，秩千石。

［10］【今注】王董翳始：王先謙《漢書補注》謂本書《項籍傳》載"王上郡"。

［11］【顔注】師古曰：荼音大胡反。

［12］【今注】三十：韓廣始立爲燕王，至此已三十個月。

［13］【今注】十九：魏豹始立爲魏王，至此已十九個月。　王魏豹始：王先謙《漢書補注》謂本書《項籍傳》載"王河東"。

［14］【今注】王司馬卬始：王先謙《漢書補注》謂本書《項籍傳》載"王河內"。

［15］【今注】二十二：韓成始立爲韓王，至此已二十二個月。

［16］【今注】彭城：縣名。治所在今江蘇徐州市。

［17］【今注】邾：縣名。治所在今湖北黃岡市北。

［18］【今注】江陵：縣名。治所在今湖北江陵縣西北。

［19］【今注】六：縣名。治所在今安徽六安市北。

［20］【今注】襄國：縣名。治所在今河北邢臺市西南。

［21］【今注】代：縣名。治所在今河北蔚縣東北。

［22］【今注】臨淄：縣名。治所在山東淄博市東北。

［23］【今注】博陽：縣名。治所在今山東泰安市東南。

［24］【今注】即墨：縣名。治所在今山東萊西市西南。

［25］【今注】廢丘：縣名。治所在今陝西興平市東南。

［26］【今注】櫟陽：縣名。治所在今陝西西安市高陵區東北。

［27］【今注】高奴：縣名。治所在今陝西延安市東北。

［28］【今注】薊：縣名。治所在今北京市西南。

［29］【今注】案，二十一，大德本作"三十一"，蔡琪本、殿本作"卅一"。　無終：縣名。治所在今天津市薊州區。

［30］【今注】平陽：縣名。治所在今山東鄒城市。

［31］【今注】朝歌：縣名。治所在今河北淇縣。

［32］【今注】案，二十二，蔡琪本、殿本作"廿三"，大德本作"二十三"。　陽翟：縣名。治所在今河南禹州市。

［33］【今注】雒陽：縣名。治所在今河南洛陽市東北。

[34]【今注】案，王先謙《漢書補注》謂此下八格當補五"三"字，一"廿九"字，二"三"字。

[35]【今注】案，王先謙《漢書補注》謂此下四空格各補一"三"字。

[36]【今注】案，三十一，蔡琪本、殿本作"卅二"，大德本作"三十二"。

[37]【今注】案，王先謙《漢書補注》謂此格補"廿四"。

[38]【今注】案，王先謙《漢書補注》謂此格補"三"字。

[39]【今注】案，《史記·秦楚之際月表》有"諸侯罷戲下兵，皆之國"。

[40]【今注】案，王先謙《漢書補注》謂此下七空格補五"四"字，一"三十"字，一"四"字。

[41]【今注】案，王先謙《漢書補注》謂此下四空格各補一"四"字。

[42]【今注】案，三十二，大德本作"三十三"，蔡琪本、殿本作"卅三"。

[43]【今注】案，王先謙《漢書補注》謂此格補"廿五"，下格補"四"。

[44]【今注】案，王先謙《漢書補注》謂此下七空格補五"五"字，一"三十一"字，一"五"字。

[45]【今注】案，王先謙《漢書補注》謂此下四空格各補一"五"字。

[46]【今注】案，王先謙《漢書補注》謂此格補"廿六"，下格補"五"。

[47]【今注】案，《史記·秦楚之際月表》有"七"字。

[48]【今注】案，《史記·秦楚之際月表》有"七"字。

[49]【今注】渭南河上：皆郡名。高祖元年（前206）置，九年罷，改屬內史。

[50]【今注】上郡：郡名。治膚施（今陝西榆林市東南）。

　　［51］【今注】案，《史記·秦楚之際月表》有"八"字。

　　［52］【今注】案，王先謙《漢書補注》謂"安成"當作"成安"。

　　［53］【今注】隴西：郡名。治狄道（今甘肅臨洮縣）。

　　［54］【今注】案，王先謙《漢書補注》謂《史記·秦楚之際月表》"王韓信"作"韓王信"。

　　［55］【今注】河南：郡名。治雒陽（今河南洛陽市東北）。

　　［56］【今注】北地：郡名。治義渠（今甘肅寧縣西北）。

　　［57］【今注】案，三十三，大德本同，蔡琪本、殿本作"十三"。

　　［58］【今注】城陽：縣名。治所在今山東鄄城縣東南。

　　［59］【今注】河內：郡名。治懷縣（今河南武陟縣西南）。

　　［60］【今注】中地：郡名。漢武帝太初元年（前104）改爲右扶風。治長安（今陝西西安市西北）。

　　［61］【今注】案，本書卷一《高紀》載韓信擊豹在八月，虜豹在九月。此表合記之。

　　［62］【今注】案，十二，蔡琪本、大德本、殿本作"十一"，是。

　　［63］【今注】河東：郡名。治臨汾（今山西曲沃縣北）。　上黨：郡名。治長子（今山西長子縣西南）。

　　［64］【今注】案，《史記·秦楚之際月表》有"屬漢爲郡"四字。

　　［65］【今注】案，殿本此處有"十一"二字。

　　［66］【今注】太原：郡名。治晉陽（今山西太原市西南）。

　　［67］【今注】滎陽：縣名。治所在今河南滎陽市東北。

　　［68］【今注】案，《史記·秦楚之際月表》"尉"作"驪"。

　　［69］【今注】案，王先謙《漢書補注》謂"王"當爲"國"。

　　［70］【今注】案，王先謙《漢書補注》謂"月"字衍。

　　［71］【今注】反漢誅荼：據本書《高紀》，燕王臧荼反在高祖五年（前202）七月，虜荼在九月。

［72］【今注】五年：此表自此以後，皆是年經月緯，如年表例。

［73］【今注】案，"十"字衍。

［74］【今注】案，王先謙《漢書補注》謂據《史記·秦楚之際月表》，衡山屬淮南國。

［75］【今注】案，王先謙《漢書補注》謂《史記·秦楚之際月表》載："屬漢，爲南郡。"

［76］【今注】案，王先謙《漢書補注》謂此爲改月書年之始，上下文分書年月，義同。

［77］【今注】案，十二月，當作"七月"，說見本書卷三二《張耳傳》。

［78］【今注】案，王先謙《漢書補注》謂都馬邑也。

［79］【今注】案，王先謙《漢書補注》謂本書《高紀》載："王淮北，都下邳。"《史記·秦楚之際月表》云："王楚，屬漢，爲四郡。"

［80］【今注】案，王先謙《漢書補注》謂都定陶。

［81］【今注】敖廢爲侯：事起於高祖八年（前199），廢侯在九年。詳見本書《張耳傳》。

［82］【今注】布反誅：據本書《高紀》，英布反在十一年（前196）七月，殺布在十二年冬。

［83］【今注】綰反降匈奴：據本書《高紀》，盧綰反始於十一年（前196），降匈奴在十二年四月高帝崩後。

［84］【今注】案，錢大昭《漢書辨疑》稱當在"高后元年"下；在此，誤也。下並同。王先謙《漢書補注》認爲，置國，例書於前一行，非謂在"七年"下也。錢說誤。

［85］【今注】案，錢大昕《廿二史考異·漢書一》謂魯本楚地，故與楚一行。呂即濟南，本齊地，與齊一行。淮陽與臨江非一地，而同在一行，以其皆楚之分也。

［86］【今注】十月癸丑：朱一新《漢書管見》謂《史記·漢興以來諸侯王年表》作"七月癸巳"。

［87］【今注】案，王先謙《漢書補注》謂"二"字衍。

［88］【今注】案，王先謙《漢書補注》謂"二"字衍。

［89］【今注】案，王先謙《漢書補注》謂"三"字衍。

［90］【今注】案，三，蔡琪本、大德本、殿本作"二"。

［91］【今注】十一月：《史記·漢興以來諸侯王年表》作"七月丙辰"。高后六年（前182）七月癸亥朔，無丙辰日。

［92］【今注】案，錢大昕《廿二史考異·漢書一》謂前梁王彭越與魏同一行，以梁本六國魏地故也。此梁國與韓同行，殊非其類，恐轉寫之訛。

［93］【今注】案，十一月丁巳，《史記·漢興以來諸侯王年表》作"二月丁巳"。

［94］【今注】案，二月，朱一新《漢書管見》謂《史記·漢興以來諸侯王年表》作"七月丙辰"。

［95］【今注】案，七月癸丑，朱一新《漢書管見》謂《史記·漢興以來諸侯王年表》作"十月辛丑"。